オランダ風説書と近世日本

松方冬子

東京大学出版会

Dutch Reporting of World News
During the Tokugawa Period: 1641–1859

MATSUKATA Fuyuko

University of Tokyo Press, 2007
ISBN978-4-13-026215-6

目次

第一部　「通常の」風説書の確立

凡　例

一、本書においては、原則としてグレゴリオ暦を用いる。和暦の年月日を併記する場合は、〈 〉を用いて示す。引用和文史料中の年月日付は和暦である。

一、本書の引用史料及び引用文献において、原文中で（ ）を用いている場合にはそのまま（ ）を用い、筆者による補足や説明は〔 〕を以て表した。

一、本書引用の日本語史料は、読みやすさを考慮して、筆者が適宜読点、中黒を補った。［ ］は割書きを表す。漢字の旧字体・異体字は原則として、常用漢字に直した。頻出する「江」え、「尓」に、「者」は、「与」と、「得」え、「而」て、「子」ネ、以外の仮名は、現行通常の平仮名・片仮名に直した。「ゟ」と「仆」は、それぞれ「より」と「候」に直した。また、助詞の「ニ」や「江」などは、右寄せの小ぶりの字体で書かれている場合が多いが、右寄せとせず、他の文字と同じ大きさに統一した。

一、本書で用いるオランダ語史料は、特に断らない限り、オランダ国立中央文書館（旧称 Algemeen Rijksarchief、二〇〇二年に Nationaal Archief と改称した）所蔵である。連合東インド会社 Verenigde Oostindische Compagnie 文書は VOC、日本商館 Nederlandse Factorij Japan 文書は NFJ、植民省 Ministerie van Koloniën 文書は Kol.、外務省 Ministerie van Buitenlandse Zaken 文書は BuZa.、国王府 Kabinet des Konings 文書は KdK. を付して、所蔵番号を示す。

一、本書に引用したオランダ語史料の翻訳に関しては、もとより筆者が全面的な責任を負うべきものであるが、翻訳に際しては、レイニアー・H・ヘスリンク Reinier H. Hesselink、イサベル・ファン＝ダーレン Isabel van Daalen、シンティア・フィアレイ Cynthia Viallé、加藤榮一、松井洋子の各氏に御教示を得たことを記して謝意を表する。

一、オランダ語の拙訳を示す場合、訳語が定着していないものや原語を示したほうがよいと思われるものについては、訳語の後に、特に括弧等を付さずに原綴を付記した。

一、本書の拙訳においては、文脈に応じて、keyzer を「将軍」、hof を「幕府」又は「幕閣」、gouverneur を「奉行」などと訳出した。

一、本書におけるアジア地名の表記は、筆者の力量不足ゆえに、原則としてオランダ語史料上の代表的な表記に基づいて片仮名表記し（例えば、現インドネシア共和国のバンテンは「バンタム」、現スリランカは「セイロン」と表記した）、筆者の力量の及ぶ範囲で現行地名を注記した。相当する漢字が明白な中国地名は漢字に直した。

一、本書で「オランダ人」という場合、原則として「日本で当時オランダ人と見なされていた人」の意味である。

一、本書で「東インド会社」という場合は、特記しない限りオランダの連合東インド会社である。適宜「オランダ東インド会社」「会社」などと表記する。

一、ヨーロッパ人の姓と名の間、名と名の間は・で表し、複合姓は＝で連結して表記した。

一、法政蘭学研究会編、岩生成一監修、大森実・片桐一男・黒江俊子・向井晃・安岡昭男校註『和蘭風説書集成』（上）・（下）（日蘭学会、一九七六年・一九七九年）と、日蘭学会・法政蘭学研究会編、岩生成一監修、大森実・片桐一男・黒江俊子・向井晃・安岡昭男校註『和蘭風説書集成』（上）・（下）（吉川弘文館、一九七七年・一九七九年）は、頁数等も含めて、全く同じ内容である。本書では、『集成』と略記する。

一、板沢武雄『阿蘭陀風説書の研究』（日本古文化研究所報告第三、一九三七年）の解説部分は、改稿の上、板沢武雄『日蘭文化交渉史の研究』（日本史学研究叢書、吉川弘文館、一九五九年）に収録されている。本書では後者を用い、「板沢書」と略記する。

序　章

第一節　研究史

1　オランダ風説書の研究史

オランダ風説書とは、広義には、江戸時代に幕府の要請に応えて、オランダ人が日本人に提供した世界各地の情勢に関する時事情報のことであるが、狭義にはその情報を記載した和文の文書のことを指す。大きく分けると、一六四一〈寛永一八〉年に始まり一八五七〈安政四〉年に終わる（一九世紀のオランダ人の用語に従えば）「通常の」風説書[1]と、一八四〇〈天保一一〉年に始まり一八五九〈安政六〉年に終わる別段風説書の二種類が存在した。

風説書と呼ばれる情報を提供したのは、オランダ人だけではない。江戸時代に、オランダ人と並んで長崎での貿易を許されていた「唐人」（中国人を中心に、時期によってはシャム〈現タイ〉人、トンキン〈現ベトナム北部〉人なども含む）も唐船風説書（または「唐風説書」）を提出していた[2]。しかし、本書はオランダ風説書に焦点を絞る。

オランダ風説書（以下、本書では「風説書」）については、言うまでもなく分厚い研究史がある。その研究史は、大きく三つの時代に分けられる。第一期は、戦前から一九五〇年代にかけてであり、板沢武雄の仕事に代表される。第二期は一九六〇年代から七〇年代にわたり、法政蘭学研究会を中心に活発な研究活動が展開され、その成果は『和蘭風説書集成』上下二巻[3]に結実した。第三期は、一九八〇年代後半以降現在に至り、国内の情報史研究の隆盛と連動しつつ、主に風説書情報の「漏洩」、伝播を中心に顕著な成果を上げつつある。

第一期の最大の成果は、板沢武雄が一九三七年に発表した『阿蘭陀風説書の研究』[4]である。同書は風説書に関する最初の包括的研究であり、板沢は、「荷蘭上告文」[5]収載の一六六六〈寛文六〉年から一七四五〈延享二〉年に至る風説書と、一六四四〈正保元〉年以降の東インド会社長崎商館の「商館長日記」から、情報提供の記事を抽出したもの（これを「蘭文」と呼んでいる）を併せて年次順に紹介し、風説書の名称、目的と起原、内容、作成手続などについて解説を付した。同書の意義として、第一に、オランダ風説書についての初めての専論であること、第二に、オランダ風説書の史料紹介も同時に行なったこと、第三に、オランダ語史料、日本語史料を併用しながら、風説書という文書及び制度について包括的な理解をめざしたものであること、そして主に制度面では今なお諸研究の基礎となっていること、などが挙げられる。板沢の研究に続き、幸田成友[6]、武藤長蔵[7]、森克己[8]、沼田次郎[9]などによって、風説書正本（幸田が紹介した一本のみ）や写本が続々と紹介された。また、京口元吉は、独自の観点から風説書制度の叙述を試みた[10]。

第二期の研究は、板沢が主導し、後に岩生成一によって引き継がれた法政蘭学研究会によってなされたと言ってよい。一九六〇年代から同会のメンバーによって多数の個別論文が発表される[11]一方、日本各地に残存する風説書写本の蒐集が精力的に進められた。その成果である前述の『集成』は、第一期の板沢の仕事を核に、それまでの研究を文字どおり集成して刊行され、以後多くの研究者の利用に供されるようになった。板沢の著書の体裁を踏襲し、「蘭文」「和文」ともに大幅に増補して収録した上で、片桐一男が解題[12]を執筆した。この時期の研究は、一言で言えば、第一期の板沢の研究を下敷きにしながら、それを深化、進展させたものである。板沢によって提示された、オランダ風説書についての基礎的な事実に関する理解は、この時期に通説として定着したといってよいだろう。勿論、別段風説書が「通常の」風説書と異なる範疇として認識される等、特筆すべき新たな知見も加えられたが、枠組みは板沢を踏襲したものである。板沢の『阿蘭陀風説書の研究』の解説になく、『集成』の解題に新しく加えられた章は、「別段風説書」「和蘭風説書の終焉」「和蘭風説書の遺漏・伝播」などである。

第三期の研究は、主たる関心を、風説書が日本語の文書になってからの、日本人間での情報の〝漏洩〟、流布へと移した。扱われる時期は、当初マシュウ・C・ペリーの率いるアメリカ艦隊来航前後に集中していたが[13]、次第にアヘン戦争前後[14]、さらには文化・文政期[15]へと広がりつつある[16]。この間の諸研究によって、オランダ風説書がもたらした海外情報が日本国内の政治状況に対して持った意味に関する理解は格段に深まったといえる。

第三期の研究史の背後には、日本の国内における「情報史」の流れがある。例えば、中井信彦[17]、大藤修[18]、阿部征寛[19]、太田富康[20]、三浦忠司[21]などの個別研究があり、さらに宮地正人は、幕末期の風説留（入手した情報を集積したもの）の分析から、近代日本を準備した一つの基盤として日本全国にまたがる情報ネットワークとそれに立脚する「公論」の萌芽を見出すに至った[22]。

しかし、〝海外情報は幕府の独占物であったはずなのに、どうして漏洩したのか〟という論調[23]は、一面的ではないだろうか。風説書の内容が極秘にされたという説は、第一期の板沢の仕事に端を発しているようだが[24]、板沢の説は実証研究に裏づけされたものではなく、推測の域を出ていない。

総じて、オランダ人が日本に伝える現場で何が起きていたか、風説書がどのように作成されたか、すなわち風説書に関する基礎的事実については、現在も第二期、時には第一期の理解を前提としている面を否定できない状況にある。この状況を打開するためには、オランダ側史料によるオランダ側に視点を置いた研究が不可欠である。一方から他方へと伝達された情報の研究に、一方のみの史料を用いたのでは、片手落ちと言わざるをえない。

2　一九七〇年代近世対外関係史研究の新動向

風説書研究が第二期の最終段階を迎えていたころ、近世対外関係史研究は大きな飛躍の時を迎えていた。近世史研究全体の流れが幕藩制国家論へ移行する中で、一九七〇年代に入り近世の対外関係に対する理解も、「鎖国」とその「唯一の窓としての長崎」での貿易という段階から脱却していった[25]。「鎖国」は、戦前の「南方史」の流れを汲みつつ、オランダ語史料を用いて対外関係史を主導した岩生成一によって、最後に洗練され、定着した術語であった[26]。

一九七〇年代初頭、近世統一権力の成立を対外関係の文脈の中で解明しようという意識が生まれ、東アジア世界との関係への注意が喚起された[27]。山口啓二によって「通信の国」「通商の国」という言葉が掘り起こされ[28]、朝尾直弘により「武威」に基づく「日本型華夷意識」という言葉も生まれた[29]。

一九七〇年代後半から荒野泰典が、「押えの役[30]」「四つの口」（「長崎口」「対馬口」「薩摩口」「松前口[31]」）などの語で近世の対外関係の全貌を把握しようとし、例えば日朝関係の場合「外交権は将軍権力がにぎっており、宗氏はその下で朝鮮との通交業務を『家役』として担っている」とした[32]。一九八八年の著書[33]においては「鎖国」という言葉を否定し、かわりに「海禁」「日本型華夷秩序」概念を用いることを提唱するに至った。荒野の議論の最大の功績は、「押えの役」という言葉で、それまで国内の歴史とは無関係のように思われていた対外関係史を、当時の日本近世史の主流の一つであった役論[34]と融合させた点である[35]。

荒野の著書とそれに続いた論文集『幕藩制国家と異域・異国[36]』の公刊を以て、「四つの口」論に代表される新しい近世対外関係史の枠組みは定着したと考えられる[37]。

以上のような「鎖国」見直し論の根幹は、日朝関係を近世対外関係史の不可欠な要素として取り込むことにあったと思う。それは、近世国家が朝鮮侵略の失敗とその事後処理の過程で、中国との直接の関係構築を諦め、「日本型華夷秩序」（勿論虚構だが）を構想せざるをえなかった段階[38]で、幕府が自らの正統性の主張のために必要とした、対外的な承認を与える可能性と能力と権威があり、日本国内での説得力を持つ唯一の〝外国〟が、李氏朝鮮だったからだと思われる。つまり、一六一〇―三〇年代の幕府にとって、最も問題だったのは李氏朝鮮との関係をどう収めるかであったといえるであろう[39]。

反対に、一七世紀の幕府にとって、「長崎口」が主として担当したオランダ人や中国人（やシャム人やカンボディア人等）は、自らの正統性の認知主体たるに十分な〝外国〟ではなかったと思われる。「長崎口」が相手とした（あえて一般化すれば）武装海上貿易集団は、どれほど実態として〝国家〟に近い存在であったとしても[40]、幕府にとってはあくまで〝商人〟の集団でしかなく、正統性の認知主体としては不十分だったと考えられる。また、李氏朝鮮が、対馬という中世以来の仲立ちを有し、しかも海禁的な政策をとって、幕府にとって脅威ではなかったのに対し、「長崎口」が相手にしている諸勢力は広い海域を活動範囲とする、いわば得体の知れない危険な存在でもあった。幕府が長崎を直轄化して管理しなければならない相手だったのである[41]。

「鎖国見直し」論が、日朝関係重視であったため、日蘭関係史を自認する風説書第二期の研究と「鎖国見直し」論とは絡み合うことなく、平行線を辿って進んでいった。

3　一九七〇―八〇年代の理論的枠組みの問題点

一九七〇―八〇年代の枠組みには、荒野がその後も一貫して主張し続けている議論[42]も含めて、なお二つの問題点があるように思う。

第一には、「四つの口」のうち、「長崎口」が持っている特殊性をどう理解するかという点、第二には、近世の対外関係の中世との差異を強調しようとするあまり、近代との差異を軽視しがちなのではないか、ということである[43]。

第一の点は、李氏朝鮮との関係を司る「対馬口」の「押えの役」を対馬藩が担うという日朝関係史研究のモデルを、他の口に応用する形で論を組み立てたことから生じたと考えられる。「薩摩口」を薩摩藩が、「松前口」を松前藩が担うという主張については問題がないとしても、「長崎口」については、「役」の性格や担う主体が不明瞭である。(44)荒野の近年の論文(45)では、「長崎を『押え』ていたのは、将軍の名代である長崎奉行で、福岡・佐賀の両藩を始め、大村・島原など周辺の諸大名は、警固番などそれぞれに必要とされる役をお手伝いとして分担していた」(46)としている。さらに、同論文の別の箇所では『四つの口』での関係は、長崎が特権都市の『役』として（中略）独占的に担ってきた。」としている。(47)つまり、「長崎口」は、他の三つの口とは異なり、様々な社会集団がそれぞれ別の形で関わって維持されていた。本書では本格的に論じることはできないが、「長崎口」と「役」の関係については議論の余地があるように思われる。(48)

この点と関連して、〝「長崎口」は、「外国人をうけ入れ、日本国内に長期滞在を許した」場所であり、それ故に幕府の直轄都市とされたのに対して、他の三口は、「通常幕府から特別な許可を受けた日本人が貿易その他の対外活動をする」という点で、「長崎口」を区別して扱うべきだ〟とする、ロナルド・トビの意見(49)もある。言葉を変えれば、長崎は、（対馬藩家中に生まれついたなどの）特に特権を持たない日本人が、（朝鮮通信使の通行などの）特別な場合でなくとも、（海外渡航は厳禁されていたので、日本国内で会うしかない）外国人と出会える唯一の場所であった。(50)この事実が、〝長崎が「鎖国」日本に開いた唯一の窓〟とかつて感じられ、今なお感じ続けられている一つの理由であろう。

また、横山伊徳は独自の観点から、都市長崎に対する幕府の政策を論じており、今後進むべき方向性を示唆している。(51)

第二の、すなわち近代との差異の問題の核心は、近世国家において日本の「外交」を担っていたのは幕府であるという位置づけがどこまで妥当か、という点にある。「徳川幕府は（中略）対外関係全般を強力な統制のもとに置いて独自の外交を行なった」(52)という主張は、中世との対比において（また、天皇ではなく幕府が主語だという意味で）妥当だとしても、あまり強調しすぎると近世国家の対外関係を近代的なものと混同させてしまう懸念がある。つまり、「四つの口」、特に幕府直轄都市である「長崎口」による対外関係と、近代の国家公務員としての外交官が担う外交関係の間の違いが不明瞭になってしまう。荒野は、「これら三つの藩（対馬、薩摩、松前）は、それぞれが『押え』ている『国』以外の『国』との関係からは疎外されて」[53]おり、例えば対馬藩が朝鮮人以外の漂流民に対処する場合は、長崎へ護送することが義務づけられていることを指摘し、「明らかに対外関係全般にわたって扱える権利は幕府にのみある」[54]とする。しかし、そのような機能を「長崎口」が有していたということと、「外交」権を幕府が掌握していたということは同義であろうか。

「対馬口」については、柳川一件での国書改竄などの事例研究[55]により、日本と外国との意識の違いを吸収する緩衝材としての、「口」の役割が既に指摘されており、「薩摩口」についても琉球の首里王府の主体性についての研究がある[56]。「長崎口」についても同様の事例研究があるが[57]、さらに積み重ねが必要である。本書は、「長崎口」が有していた、人・物・情報の管理機能のうち、情報の側面に焦点を当てて検討する。「長崎口」の場合、前述のように対外関係処理機能は、幕府（奉行や江戸から派遣される目付など）・西国諸藩・都市長崎が分担しており、事情は複雑であった。前述の〝海外情報（近世においては外交情報と置き換え可能のように思えるが、本来別のものである）が民間に「漏洩」した〟という発想も、外交情報は国家の（近世の場合は〝幕府の〟）機密である、という近代以降の常識の産物だと思われてならない[58]。情報面で「長崎口」が本来有していた機能を実証的に明らかにしていく作業が必要とされている。

この理由で、筆者は、近世日本の対外関係に「外交」という言葉を使うことに消極的である。「外交」をどう定義するかにもよるが、筆者は、仮に「プロトコル protocol を共有する、形式上対等な国家間の関係」と考えて、本書では用いることを避ける。プロトコルは、日本語に直しにくい言葉であるが、トビの訳書では「外交儀礼」と訳されている。本書第六章の最後で筆者が「書札礼」という言葉で表そうとしたものも、実はプロトコルである。極端に一般化して言えば、「人ないし人の集団同士において、付き合い上必要な、互いに解読可能な象徴または象徴的行為」と訳せるであろう。近世の日本は、たしかに李氏朝鮮との間には、漢字文化など共通のプロトコルを持っていた。しかし、両者とも「対等」だと思っていたわけではなく（双方少なくとも国内的には、対等だとするわけにいかなかった）、プロトコルの意図的、恣意的な誤解の上にのみ両者の関係は成立していた。[59] トビは、一八五三年にマシュウ・ペリーの艦隊を迎えた近世日本にも「外交 diplomacy」があったことを強く主張し、それが欧米の国際社会と異なるプロトコルに立脚していただけなのだとする。[60] しかし、第六章に見るように、ウィレム二世の親書を受け取り、返書を送るに際して、幕府は日朝関係で用いているプロトコルをそのまま適用しようとはしなかった。返書が漢文で書かれたため、文字通りの書札礼の面では日朝関係を参考にしたが、日本側が用いようとしたプロトコル、言い換えれば踏襲しようとした先例は、一八世紀末以来ロシアとの交渉の過程で築き上げつつあったプロトコルであった。[61]

4　一九九〇年代以降対外関係史研究の潮流

一九九〇年代以降の対外研究史の流れは、第一に、「鎖国」批判つまり「四つの口」論の深化へ、第二に、近世を通じた対外関係の変容過程の解明へと向かっていった。

第一の「四つの口」の深化の例としては、鶴田啓が、[62]「口」の実態は一七世紀の末に形成されるが、「口」意識が整理されて定着するのは一九世紀初めであり、それと同時に「口」の実態は崩れていくという整理をしている。[63]

第二の方向は、政治史的に対外政策を緻密に実証していく研究である。山本博文は、いわゆる鎖国令を実証的に再検討し、[64] 幕府が最初から「鎖国」という体制を想定していたのではないことを明らかにした。また、幕府自身も、大名（特に西国諸藩）も、幕府の「武威」が、外国にも通用する実態を決して伴っておらず、単なる国内宣伝に過ぎないことを知っていたとする。[65] そして、「鎖国」はあくまでヨーロッパ諸国との関係を意識して取られた政策であるとする。[66]また、藤田覚は、幕府の政策担当者の意識における「鎖国の祖法化」の過程を追い、〝鎖国の国法と呼ばれたものは、実は一八世紀後半以降ロシア等からの使節に対して与えられた返書の内容である〟ことを実証した。[67]山本や藤田の研究の結果、政策としての「鎖国」[68]が、欧米勢力対策であったことが明白になったと思う。[69]日本にとって、中国の動静（例えば、明清交代・三蕃の乱・アヘン戦争など）が近世を通じて最大の対外関心の的だったことは事実だと思うが、[70]（明清交代の一時期を除いて）中国や李氏朝鮮は日本にとって直接の軍事的脅威にはならなかったのである。

一方で、日蘭関係を主にした実証研究[71]は、「鎖国」見直し論の渦とは離れたところで続けられてきた。横山伊徳は、地球規模の視野で世界史の動向の中に日本を位置づける諸論文を発表し続けている。[72]

5　一九九〇年代以降情報史研究における海外情報の位置

第三期における風説書の研究は、「海外情報」[73]研究として、一九九〇年代以降の情報史研究の一翼を担ってきた。海外情報の「漏洩」を対象とする研究は多い。[74]すなわち、江戸時代には、諸藩が海外情報（広く言えば、幕府の有する政治情報）を入手することは厳禁されており、にもかかわらず、個別の、人格的な、内々の関係を辿って、関係諸藩は幕府役人等から情報の入手に努めた、という論である。これは、日本近世史における情報史が、従来「民衆は厳しい情報統制下に置かれていたと考えられていた」[75]ことを前提に、情報活動を民衆（ないしは下位者）の主体性による情報の〝獲得〟として、一種の反権力運動的な側面のみに着目してきたことに由来すると考えられる。

鳥井裕美子は、「通詞体制の崩壊」という言葉で、一八五五（安政二）年を「長崎口」が役目を終える一つの画期とする。[76]その立論の根拠の一つが、同年のオランダ風説書（「略風説書」[77]と「通常の」風説書）の写しが、年番通詞から西国一四藩及び佐賀藩の武雄・諫早・深堀領に伝達されたことが確認できる、ということである。[78]鳥井は、オランダ風説書の公然たる流布が幕府権力の失墜を象徴するとする。

また、岩下哲典も、最近の著書で「江戸時代における海外情報は、いわゆる『鎖国』下の海外情報の管理・統制下にあって、かなり限定された形でしか流通していなかった。〔中略〕海外情報のネットワークの存在が社会変革の前提だった。[79]」と述べている。

しかし、まず、幕府の有する情報を、関係諸藩が個別の関係を辿って入手すること一般が情報の〝漏洩〟であったのか、すなわち幕府の有する情報は原則秘密であったのか、を問う必要がある。例えば、宮地正人は、一八五三年以降を視野に以下のような指摘をしている。すなわち、諸藩は、江戸城内では「御用頼」の大目付・「出入」の御城坊主・「御用頼」の外国奉行、また、長崎では奉行所や通詞等々からも情報収集をしていた。[80]すなわち、長崎のみならず、幕藩関係において一般的に、「頼」「出入」などの関係[81]が存在し、それを通じて諸藩は情報を入手したのである。本来、幕藩関係において、『裏』や『人脈』は決して後ろめたい存在」ではなく、[82]そのような関係が慣例化・制度化したものが「頼」「出入」などであったと考えられる。幕府も内々に諸藩を統制でき、場合によっては諸藩の側が持っている情報を地役人のほうが入手する例もあるなど、[83]幕府にも利点のある制度だったと思われる。勿論、このようなシステムであれば、幕府役人の中には、役務に伴って入手した情報を知らせる相手を、独自の判断でできるだけ限定しようとする者や、あるいは自分個人の利益のために、情報をできるだけ高く〝売ろう〟とする者も現れ、それに対し諸藩はあの手この手で情報を得ようとする。従って、一見幕府の情報は原則秘密であったかのようだが、むしろ役務上知りえた情報をどう扱うか、原則としてその役人の裁量に任されていたと考える方が自然だと思われる。

さらに、海外情報を論じる場合には、幕府の有する一般的な政治情報とは異なる特殊性を加味して考えなくてはならない。例えば「長崎口」において、オランダ人と日本人との間にはすべての場面で、長崎の地役人であるオランダ通詞が介在していたと言っても過言ではない。[84]正式な通詞以外にも、出島に出入する下層労働者はある程度オランダ語が話せたと思われるし、蘭学者なら蘭文を読むことはできたと思われる。しかし、公式の文書の翻訳や重大な情報伝達・交渉の場での通訳は、通詞仲間が独占していた。また、出島に出入する職人等も、通詞仲間が介在して管理していた。(85) 従って、通詞の「境界性(86)」は否定しがたい。オランダ通詞はオランダ貿易に依存しなければ生計が成り立たず、当然自らの生活を守るために情報を操作することがあったのである。(87) つまり、海外情報の特殊性は、この時代においては、幕府への情報の集中ではなく、むしろ通詞の恣意、一般的に表現すれば「長崎口」の裁量権、を可能にする方向に作用していたと言えるだろう。

一方、西国諸藩は聞役と呼ばれる藩士を長崎の蔵屋敷に常駐させ、通詞らと「出入」関係を結び、それに依拠して海外情報を入手した。この点に関しては、沼倉延幸(88)、梶輝行(89)、山本博文(90)などの論考がある。保谷徹は、これらの論考を整理する中で、「幕府が期待した役儀を〔九州の諸大名が〕果たす限りにおいて、彼ら聞役の情報収集活動はある種のシステムとして幕藩体制に組み込まれていたものとも考えられる。」と指摘している。(91) 対外関係の役務を分担しているため、幕府も彼等が海外情報を知っていることをある程度必要としていたと思われる。(92) 勿論、一八五二年のペリー艦隊来航予告情報のように、特別に極秘扱いされるものがあったことは事実である。(93) しかし、情報の広がりを幕府役人が避けようとする場合も、その動機は〝海外情報は幕府が独占すべきもの〟という原則ではなく、個別の事情による場合が多かったようである。例えば、松本英治によれば、長崎奉行がニコライ・レザノフの来航予告情報の流布を忌避したのは、それによって輸入品価格の下落がもたらされるのではないかと恐れたことにある。レザノフ来航予告情報の場合は、商館長が書面で長崎奉行に告げたにもかかわらず、その情報を長崎奉行は江戸に送らなかったが、それが後で露見しても、長崎奉行や商館長が罰せられたわけではない。(94) 長崎奉行は、在任中に蓄財のできる役職であった。(95) その〝利権〟自体を、幕府が常に否定していたとは思われない。長崎奉行もまた、「長崎口」の一員であった。

このように考えると、鳥井が述べるように、年番通詞が西国諸藩に風説書情報を流したからといって、即「通詞体制の崩壊」とは解釈できないのではないかと考えられる。むしろ、「長崎口」の機能はまだ十分機能していたという解釈さえ可能である。[96] 一八五八年蕃書調所[97]は、別段風説書を長崎で翻訳する前に江戸に送り自分たちに翻訳させ、「開板」させることを幕府に願い出た。その願いは、評議の末却下される。評議の主な内容は、別段風説書を蕃書調所で先に翻訳すると、長崎奉行所に情報が入るのが遅くなるということである。[98]「長崎口」のある種の〝利権〟であった、情報発信の裁量権を守ることを、幕府自身が支持したのである。研究史上紹介された諸事例から導き出すべき結論は、幕府が、政治情報に関して、常に秘匿するなり逆に積極的に政治宣伝に利用するなりという、原則的な方針を持っていなかったということではないだろうか。幕府役職者や地役人が情報を秘匿するか、特定の人物のみに知らせるか、公開するかは、その場の状況に従って変わり、個々の役人の判断に任されていた。[99]

しかし、幕府は、情報を積極的に流すことによって情報を支配する権力[100]へと変貌を遂げつつあった。一八五九〈安政六〉年には、「英吉利国条約並税則」など安政の五ヶ国条約の条文が、須原屋等の民間業者によって刊行されたのである。[101] 一八六二〈文久二〉年には、蕃書調所訳『官版バタビヤ新聞』〈オランダ領東インド政庁機関紙『ジャワ新聞 *Javasche Courant*』の和訳〉が、万屋兵四郎により発売される。版行するとなれば、情報は諸藩のみならず一般庶民にも平等に知れ渡る。日本の各開港地に多数の外国船が来航し、様々な情報を流すようになった時、もはや「長崎口」の海外情報独占権は放棄されざるをえなかった。

風説書第三期の研究が、国内における問題へと発展したため、風説書研究は近世対外関係史研究の潮流とはますます乖離しているのが現状であろう。しかし、国内の情報史研究は、風説書の研究にも有益な視点や切り口を提供してくれている。例えば、近世における時事情報の商品化、情報を運ぶ定期的な通信手段の整備、一八六八〈慶応四／明治元〉年、日本の「近代化」と同時に開始された『太政官日誌』の刊行の事実などは、高部淑子が既に指摘している。[102]

第二節　本書の課題と収録論文

1　本書の課題

本書の課題は、対外関係史研究の現状を常に念頭に置きながら、風説書に関する事実関係を史料学的見地から実証的かつ動態的に再検討し、今後の風説書研究の基礎を構築することにある。オランダ風説書は、『和蘭風説書集成』が良質の史料集として広く使われていることもあり、研究に利用されることは多い。しかし、オランダ風説書それ自体を対象とする研究は、前節に述べたようにまだ不十分である。

本章冒頭で述べたように、狭義の「風説書」が、江戸幕府の意を得て作成された日本の近世文書である以上、風説書は幕府の対外政策、ひいては近世日本の対外関係の表れの一つである。しかし他の文書と違って、風説書は、オランダ語と日本語という二つの言語がぶつかり合うところに存在する非常に特殊な史料である。史料学研究の素材として非常に興味深い。「史料学」という言葉は、近年頻繁に使われるようになって来ているが[103]、ここでいう史料学の含意は、比較的素朴に、歴史学研究の基礎である史料批判ということである。「風説書」という文書にはどのような背景があり、どのように作成され、そこには誰のどのような意図が込められていたのか、というような関心である。

例えば、風説書の背景にあった口頭での情報伝達[104]は非常に重要である。また、風説書を「鎖国」を支えた制度の一つとして静態的に捉えるのではなく、近世日本をとりまく世界情勢の変動の中に、しかるべく位置づけることが必要である。にもかかわらず、風説書研究の現状では、このような関心での研究はほとんどなされて来ていない。情報が和文に翻訳されて国内に入ってからの伝播に関心が集中したからである。しかし、オランダ側の背景の理解なくしては、和文風説書の理解さえおぼつかない。

一般にオランダ風説書は、本章冒頭で筆者自身がそうしたように「オランダ人がもたらした海外情報である」と説明される。誤りではないが、当事者の一方であったオランダ人から見れば、情報の流れは決して一方通行ではなかった。言語と言語のぶつかり合いは、文化と文化の、世界観と世界観のぶつかり合いである。オランダ商館長もそして通詞も、言語的にも文化的にも世界観の上でもオランダの文法で書かれている情報を、いかに日本の文法に書き直して伝えるべきか、あるいは伝えてはならないのか、常に模索し続けなくてはならなかった。その判断のためには、日本についての知識や情報が不可欠であったが、長崎で得られる知識は十分とはいえなかった。情報の伝達は、操作や遮断の、理解は誤解の、コミュニケーションはミスコミュニケーションの、危険を常に孕んでいた。

本書では、オランダ人が情報を〝どのように伝えたか〟だけでなく、〝どのように伝え(られ)なかったのか〟にも注意を払ったつもりである。極端に一般化すれば、人間は興味のあることしか知ろうとせず、自分の世界観に合致することしか理解しないのではないか。例えば、本書では詳しく触れることができなかったが、一六四〇年代の幕閣が示すヨーロッパ王侯間の姻戚関係への強い興味[105]は、当時の日本国内において、既に姻戚関係が大名間の同盟(とは言わぬまでも良好で濃密な)関係の指標となっていたことを窺わせる[106]。また、一八四五年イギリス艦サマラング号来航[107]の際、オランダ商館長に対してなされたイギリスの海軍力についての詳細な質問[108]は、「武威」を拠りどころとする幕府権力の関心をしかるべく示している。恐れるべきは海軍だけでなく、領事裁判権や片務的最恵国待遇を含む通商条約の文面でもあることを、幕府が理解するのは困難だった[109]。

また、本書第七章にみるように、「議会」「法廷」「植民地」など欧米の近代的な制度や概念、あるいは世界地理についての体系的な知識の不足も、理解できない理由の一つだった。江戸時代、蘭学という形である程度体系的な知識が輸入されていたが、医学・天文学・軍事科学などが中心であった。時事情報を理解するのに必要な背景的知識は、体系的に入りにくかった。いつ、何が、どのように、日本語(たいてい漢語であることに注目)に翻訳され、〝理解〟できるようになったのか、それは本書の範囲を超える次の研究課題である。日本語の史料だけからそれを明らかにすることは難しい。本書第七章で試みたように、欧米と日本の言説の対比、さらにはいわゆる漢訳洋書の影響などの分析によって、初めてその課題は達成される。

本書では、情報面における「長崎口」の実際の機能や幕藩制国家における役割に注目する。それが「押えの役」と呼べるかどうかは別として、江戸時代の日蘭関係は、江戸幕府よりも長い歴史を持つ、国際貿易都市長崎の機能に多くを負っていた。江戸・大坂など他の直轄都市で既に指摘されているように、近世の都市は複数の自立的な個別町から構成され、個別町の集合体としての惣町もまた自立的な機能を有していた。[110]江戸から派遣されてくる長崎奉行は頻繁に交替し、複雑な長崎貿易の実態を把握するには至らなかった。一方、前述のように長崎奉行は大きな利権を伴う地位だった。その結果、程度の差はあれ、自分の在任中はその利権を守り、それに吸着しようとする傾向が生まれた。赴任してくる長崎奉行は、「長崎口」に取り込まれ、その一部となっていく。ましてや、地役人と呼ばれる長崎代官・長崎町年寄・オランダ通詞や唐通事[111]は、幕府を欺いてでも、オランダ人や中国人との良好な関係を維持し、その貿易から利益を得ようとした。例えば、通詞たちは西国諸藩との「出入」関係を結び、通詞という役職からのみ得られる希少な情報を提供することにより、莫大な見返りを得ていた。彼等は、近代的な外交官とは程遠い存在であった。

そのような「長崎口」に生きる人々独自の心性は、日本側だけでなく、商館長を初めとするオランダ商館員たちにも共通していた。本書にみられるように、彼等は日本で上手に交渉を進めるためには、バタフィアの指示を仰ぐのではなく、長崎で判断して行動しなければならないことが多かった。バタフィアの総督もそれを知っており、最終的な判断は商館長に一任された。商館員は、勿論貿易のために長崎に来ていたのであるが、日蘭貿易は、次第に本方（一八世紀まではオランダ東インド会社の、一九世紀にはオランダ領東インド政庁の公貿易）から脇荷（商館員の私貿易）へと比重を移していく。[112]公的な利益と私的な利益が一致するとは限らなかった。[113]

本書は、「四つの口」論から大きな影響を受けている。従って、筆者は、オランダ風説書が、幕府の唯一の海外情報の情報源だったと思っているわけでは全くない。幕府が、複数のルートからの情報を比較検討しながら、対外政策を決定していたことに疑問の余地はない[114]。ただ、他のルートは多くの場合、船の出航地の情報や中国に関する[115]、あるいは中国で入手した情報に限られていた[116]。「唐船」は、当時の明や清の版図を越えて、東南アジア各地から情報をもたらしていた。しかし、「唐船」がもたらす情報は、主として出航地やその周辺の情報に限られており[117]、オランダ風説書と比べると、情報のカバーする地域という点で大きな限界があった。それ以外の地域からの情報が入る可能性は、潜入した宣教師や、イギリスやロシアの使節、帰還した日本人漂流民などからの、単発的なものであった。「鎖国」政策の主たる〝仮想敵国〟であった欧米勢力についての詳しい情報を定期的に提供したのは、オランダ風説書だけだったのである。

2　本書の構成と収録論文

本書は、二部構成をとっている。

第一部では、キリスト教を初めとするヨーロッパ諸国のもたらす危機が現実的であり、また鄭氏勢力の存在などにより東アジア海域が軍事的に不安定だった、一六四〇—七〇年代を中心に、第二部では欧米列強の近代的植民帝国主義が、東アジア世界の脅威であることが明らかになる一八四〇年代を、考察の主たる対象とする。その時代にこそ欧米諸国に関する情報が最も必要とされ、それが風説書のあり方に画期をもたらしたのである。

オランダは、一七世紀に隆盛を極めたものの、四回にわたる英蘭戦争を初めとするイギリスやフランスからの挑戦をうけ、没落していった。一八世紀の末には、イギリスの圧倒的優位が確立する。一八世紀の末にイギリスで生まれ、一九世紀にヨーロッパの大陸部に広がった産業革命は、自国の産業の製品販売地を必要とした。オランダ東インド会社が土着の王侯との良好な関係を保つことで軍事、治安維持費用を抑え、通商による利潤を上げることができた時代は終わった。列強は、武力を投じてアジア諸国を植民地化する方向に転じていく。オランダ東インド会社は、一七九九年に多大な債務を抱えて解散、一九世紀のオランダ領東インド（現在のインドネシア）統治は、いわゆる強制栽培制度に象徴される植民地統治に変貌した。[118] オランダ本国は、一八〇〇年前後の二〇年間以上にわたる大動乱の時代を経て、オランダ共和国からオランダ王国へと移行し、近代化を遂げた。[119]

従って、第二部で用いている植民省文書を初めとするオランダ語史料は、もはや近代史料と呼ぶべき量と質を備えている。バタフィア（現インドネシア、ジャカルタ）にいる「総督 Gouverneur-Generaal」も、長崎出島にいる「商館長 opperhoofd」も、一八世紀末まではオランダ東インド会社の職員であるのに対し、一九世紀以降はオランダ領東インド政庁の職員である。[120] ただし、日蘭貿易は何事もなかったかのように続けられ、日本商館文書は一七―一九世紀の文書を含んでいる。

第一部では「通常の」風説書を対象に、第一章で、幕府が提出を義務づけた一六四一年の時点で、和文風説書がまだ成立していなかったこと、第二章で、和文風説書の成立が一六六六年であること、第三章で、一七世紀に風説書による情報提供を可能にした背景には、オランダ東インド会社の時事情報配信システムがあったこと、第四章で、幕末に至るまで風説書の「原文」と呼ばれるような、証拠能力のある蘭文テキストは存在しなかったこと、を論ずる。そのような風説書のあり方自体が、「長崎口」による情報操作を可能にした。オランダ船が伝えた情報は「長崎口」で時にとどめられ、時にはそのまま、時には歪曲されて江戸に伝えられた。そして、そのような機能は「長崎口」にとってだけでなく、幕府やオランダ東インド会社、オランダ領東インド政庁にも必要とされたのである。

第二部では、日蘭双方がそのような「長崎口」に依存した体制を打ち破ろうとした、一八四〇年代の日蘭関係に焦点をあてる。第五章では、一八四〇年にオランダ領東インド総督が、別段風説書の蘭文テキストを、バタフィアで調製して日本に送付することを決定したこと、ほぼ同時に幕府も、長崎から風説書の「蘭文」を提出するように長崎奉行に命じたことを論証する。第五章から、アヘン戦争の影響を受けて、日蘭双方で（おそらく直接の因果関係抜きに）同時に情報面における「長崎口」排除の動きが始まったことがわかる。第六章では、別段風説書とも深い関わりを持つ、一八四四年のオランダ国王ウィレム二世の親書の送付の背後にあったオランダ側の真意を論ずる。第七章では、今まで紹介されたことがなかった一八四五年の別段風説書蘭文テキストの拙訳をその情報源とともに紹介し、これも未紹介だった同年の別段風説書和文テキストと比較する。第八章では、別段風説書の内容がアヘン問題を中心とする清英関係から世界情勢へ一般化する過程と、「通常の」風説書への影響を論ずる。

最後に終章を設け、オランダ風説書終焉の事情を説明する。

（1）　現在我々が学術用語として「オランダ風説書」と呼ぶものについて、日本側には「風説書」という一定程度固定的な（つまり術語として用いることができる）史料用語が存在するが、オランダ側にはこれに相当するような術語が存在せず、「知らせ nieuws」などの一般的な用語が使用された。これは本書（主に第四章）に述べるように、日本側に和文文書が存在し、オランダ側に蘭文文書が存在しなかったことと、大きく関わると考えられる。オランダ側では、一八四〇年に別段風説書 Apart Nieuws が成立すると、それと区別する意味で、それまでの風説書を「通常の」風説書 Gewoon Nieuws と呼ぶようになった。本書においても、別段風説書との区別が必要な場合は、「通常の」風説書と表記する。（板沢武雄『日蘭文化交渉史の研究』〈日本史学研究叢書、吉川弘文館、一九五九年〉一七八頁、片桐一男「和蘭風説書集成解題―和蘭風説書の研究―」〈以下、「解題」〉『和蘭風説書集成』〈上〉、三頁、参照。）

（2）　浦廉一「華夷変態解題―唐船風説書の研究―」林春勝・林信篤編『華夷変態』上（東洋文庫、一九五八年）、森睦彦「阿片戦争情報としての唐風説書―書誌的考察を主として―」（『法政史学』二〇号、一九六八年）、松浦章「康熙南巡と日本」津田秀夫先生古稀記念会編『封建社会と近代』（同朋舎出版、一九八九年）、松浦「安永五年の唐船風説書」有坂隆道先生古稀記念会編『日本文化史論集』（同朋舎出版、一九九一年）、松浦「乾隆南巡と唐船風説書」『明清時代の法と社会』編集委

員会編『和田博愛教授古稀記念　明清時代の法と社会』（汲古書院、一九九三年）、Ishii, Yoneo (ed.), *The Junk Trade from Southeast Asia: Translations from the Tôsen Fusetsu-gaki*, 1674-1723 (Singapore, 1998) など。

なお、「唐船」（オランダ側の史料では、「シナ・ジャンク船 Chinese jonk」または単に「ジャンク船 jonk」）は、時期によって意味するところがかなり異なっていた。一八世紀半ばまでは、東南アジアの（多くは華僑資本の）船の来航も多く、特に一六七〇年代までは鄭氏の船の勢力が強かった。一八世紀末頃より、中国からの船、特に乍浦など限られた港からの船のみとなる。しかし、船を仕立てたのが誰か、出航地はどこか、史料上明らかにできない場合が多い。本書においては、以上を踏まえた上で、引用部分を除き、原則として「中国船」で統一する。

（3）　法政蘭学研究会編『和蘭風説書集成』（上）・（下）（日蘭学会、一九七六年・一九七九年）。日蘭学会・法政蘭学研究会編『和蘭風説書集成』（上）・（下）（吉川弘文館、一九七七年・一九七九年）。両者は頁数等も含めて全く同じ内容である。以下、『集成』と略記する。

（4）　板沢武雄『阿蘭陀風説書の研究』（日本古文化研究所報告第三、一九三七年）。その解説部分は、板沢武雄『日蘭文化交渉史の研究』（日本史学研究叢書、吉川弘文館、一九五九年）に所収。本書では、後者を用い、「板沢書」と略記する。

（5）　学習院大学図書館所蔵。

（6）　幸田成友「寛政九巳年の和蘭風説書」（『史学』一六―三号、一九三七年）。

（7）　武藤長蔵「長崎出島和蘭商館長の風説書」（『商業と経済』二二―二号、一九四二年）。

（8）　森克己「国姓爺の台湾攻略とオランダ風説書」（『日本歴史』四八号、一九五二年）。

（9）　沼田次郎「オランダ風説書について」（『日本歴史』五〇号、一九五二年）。

（10）　京口元吉「甲比丹と和蘭風説書」（『史観』二四号、二五号、二六・二七合併号、一九三九―一九四〇年）。

（11）　岩生成一「和蘭風説書の研究と現存状態について」（『日本歴史』一八一号、一九六三年）、片桐一男「阿蘭陀風説書についての一考察」（『日本歴史』二二六号・二二七号、一九六七年）、片桐「フェートン号事件が蘭船の長崎入港手続に及ぼしたる影響」（『法政史学』一九号、一九六七年）、片桐「蘭船の長崎入港手続と阿蘭陀風説書」（『長崎市立博物館館報』七号、一九六七年）、片桐「鎖国時代にもたらされた海外情報」（『日本歴史』二四九号、一九六九年）、安岡昭男「和蘭別段風説書とその内容」（『法政大学文学部紀要』一六号、一九七〇年）、片桐「杉田玄白と海外情報」（『日本歴史』二七二号、一九七一年）など。

(12) 片桐前掲「解題」。
(13) 加藤祐三『黒船前後の世界』(岩波書店、一九八五年)、山口宗之「ペリー来航予告をめぐる若干の考察」(『九州文化史研究所紀要』三〇号、一九八五年)、藤田彰一「阿蘭陀別段風説書の漏洩」(『洋学史研究』四号、一九八七年)、岩下哲典『幕末日本の情報活動─「開国」の情報史─』(雄山閣出版、二〇〇〇年)に収録の諸論文(初出は、一九八七─一九九一年)、後藤重巳「幕末期における長崎情報の伝達─特に豊後岡藩の事例─」(『別府大学史学論叢』二〇号、一九九〇年)、青木美智男「ペリー来航予告をめぐる幕府の対応について」(『日本福祉大学経済論集』二号、一九九一年)、沼倉延幸「関白鷹司政通とペリー来航予告情報」(『青山史学』一三号、一九九二年)、嶋村元宏「阿部家旧蔵『別段風説書』について─ペリー来航前夜の世界情勢─」(『神奈川県立博物館研究報告─人文科学─』二一号、一九九五年)。最近のものでは、佐藤隆一「彦根・土浦両藩と阿蘭陀風説書」片桐一男編『日蘭交流史　その人・物・情報』(思文閣出版、二〇〇二年)など。
(14) 岩下哲典「阿片戦争情報の新・考察─幕府における情報の収集・分析、鷹見家資料から─」(『泉石』三号、一九九五年)、岩下「アヘン戦争情報の伝達と受容─天保一〇年から一三年まで─」明治維新史学会編『明治維新と西洋国際社会』(吉川弘文館、一九九九年)など(ともに岩下前掲書に再録)。
(15) 片桐一男「鷹見泉石と海外情報─文化・文政年間─」(『泉石』二号、一九九二年)、松本英治「北方問題の緊迫と貸本『北海異談』の筆禍─文化期における幕府の情報統制─」(『洋学史研究』一五号、一九九八年)、藤田覚「近世後期の情報と政治─文化年間日露紛争を素材として─」(『東京大学日本史学研究室紀要』四号、二〇〇〇年、藤田『近世後期政治史と対外関係』(東京大学出版会、二〇〇五年)に再録)、松本「レザノフ来航予告情報と長崎」前掲『日蘭交流史』。
(16) また、岩下哲典・真栄平房昭編『近世日本の海外情報』(岩田書院、一九九七年)のような論文集も編まれている。
(17) 中井信彦「色川三中の黒船一件記録について」(『史学』五〇号、五一─一・二号、五一─三号、一九八〇─一九八一年)。
(18) 大藤修「地域とコミュニケーション─地域史研究の一視点─」(『地方史研究』一九五号、一九八三年)。
(19) 阿部征寛「堀口貞明の思想と行動」(『横浜開港資料館紀要』八号、一九九〇年)。
(20) 太田富康「幕末期における武蔵国農民の政治社会情報伝達」(『歴史学研究』六二五号、一九九一年)。
(21) 三浦忠司「北奥における商人の情報活動」(『日本歴史』五八五号、一九九七年)。
(22) 宮地正人「風説留から見た幕末社会の特質─『公論』世界の端緒的成立─」(『思想』八三一号、一九九三年)、宮地『幕末維新期の文化と情報』(名著刊行会、一九九四年)。

(23) 例えば岩下哲典「海外情報はなぜ民間に漏れたか」青木美智男・保坂智編『新視点日本の歴史五』(新人物往来社、一九九三年)等の問題の立て方自体がそれを表している。

(24) 板沢書、一九五―一九九頁。

(25) 朝尾直弘「鎖国制の成立」歴史学研究会・日本史研究会編『講座日本史四 幕藩制社会』(東京大学出版会、一九七〇年)。山口啓二「日本の鎖国」『岩波講座世界歴史 近代三 近代世界の形成Ⅲ』(岩波書店、一九七〇年)。

(26) 岩生成一『日本の歴史一四 鎖国』(中央公論社、一九六六年)、岩生「鎖国」『岩波講座日本歴史 近世二』(岩波書店、一九六七年)。しかし、岩生が「鎖国」と言うとき、決して〝国を完全に鎖す〟という意味ではなかったことは明らかである。ただし、岩生は、東アジア海域におけるオランダの覇権を強調するあまり、「かくてオランダ人は、〔中略〕順次その競争国民の阻止・排除にほぼ成功して、日本をしてまったく東亜の国際社会から孤立せしめることができた」とする(岩生前掲「鎖国」九八頁)など、中国や東南アジアの海上勢力を軽視した嫌いはある。

(27) 例えば、田中健夫「東アジア通交機構の成立と展開」(前掲『岩波講座世界歴史 近代三』四〇八―四〇九頁)では、一七世紀の対外関係史研究が、貿易史に偏りすぎていることを指摘、東アジア国際社会における中国・日本・朝鮮の対外関心や「外交体制」等を明らかにする必要を説いた。

(28) 山口前掲「日本の鎖国」。

(29) 朝尾前掲「鎖国制の成立」。

(30) 荒野泰典「幕藩制国家と外交―対馬藩を素材として―」(『歴史学研究』別冊特集、一九七八年)。

(31) 荒野「大君外交体制の確立」加藤榮一・山田忠雄編『講座日本近世史二 鎖国』(有斐閣、一九八一年)。なお、「口」にのみかぎ括弧を付す論者もある。

(32) 荒野前掲「幕藩制国家と外交」。

(33) 荒野『近世日本と東アジア』(東京大学出版会、一九八八年)。

(34) 枚挙に暇がないが、例えば、高木昭作「幕藩初期の身分と国役」(『歴史学研究』別冊、一九七六年、高木『日本近世国家史の研究』〈岩波書店、一九九〇年〉に再録)、吉田伸之「役と町―江戸南伝馬町二丁目他三町を例として―」(『歴史学研究』四七一号、一九七九年、吉田『近世巨大都市の社会構造』〈東京大学出版会、一九九一年〉に再録)、尾藤正英「徳川時代の社会と政治思想の特質」(『思想』六八五号、一九八一年)など。

(35) 対馬藩における「押えの役」については、鶴田啓「『朝鮮押えの役』はあったか」(第一〇四回史学会大会報告、於東京大学、二〇〇六年一一月一九日、報告要旨は『史学雑誌』一一六―一号〈二〇〇七年〉に収録)も参照のこと。

(36) 加藤榮一・北島万次・深谷克己編著『幕藩制国家と異域・異国』(校倉書房、一九八九年)。

(37) 加藤榮一「鎖国論の現段階」(『歴史評論』四七五号、一九八九年、加藤『幕藩制国家の形成と外国貿易』〈校倉書房、一九九三年〉に再録)等で総括された。なお、日本国内の動きと並行して類似の観点を提示した研究に、ロナルド・トビ著、速水融・永積洋子・川勝平太訳『近世日本の国家形成と外交』(創文社、一九九〇年)がある。トビの著書は、一九八四年にアメリカにおいて英語で出版され(*State and Diplomacy in Early Modern Japan: Asia in the Development of the Tokugawa Bakufu*, Princeton University Press, 1984)、かなり遅れて邦訳が出版された。トビの仕事は日本国内における八〇年代以降の研究動向を踏まえたものであり、大枠において共通点が多い。しかし、著者は、引用している先行研究が欧米の研究であること、日本語で書かれた先行研究の引用が厳密でないこと、叙述のスタイルが日本の学術書とは異なるため日本語の論文に引用しにくいことなどから、日本の学界の潮流にうまく位置付けるのは難しい。勿論、アメリカを中心とする欧米の学界に向けて、独自に大きな展望を開いてみせたトビの偉業に賛辞を惜しむものではない。

(38) 荒野前掲書、三三―三四、一七四―一八一頁。荒野「江戸幕府と東アジア」荒野編『日本の時代史一四　江戸幕府と東アジア』(吉川弘文館、二〇〇三年)二四―二八、四〇―四八頁。朝鮮侵略後の国交再開に向けての活動の実態については、李啓煌『文禄・慶長の役と東アジア』(臨川書店、一九九七年)が詳しい。最近の成果としては、渡辺美季「鳥原宗安の明人送還―徳川家康による対明『初』交渉の実態―」(『ヒストリア』二〇二号、二〇〇六年)。

(39) 幕府は、琉球やアイヌについては、一七世紀末までどちらかというと日本に同化させる方針で臨んだ(荒野前掲「江戸幕府と東アジア」一四〇―一四九頁、池内敏「大君の外交」歴史学研究会・日本史研究会編『日本史講座六　近世社会論』〈東京大学出版会、二〇〇五年〉一三六―一三九頁)。

(40) オランダ連合東インド会社は、オランダ共和国連邦議会が発給した特許状によって、「喜望峰より東、マゼラン海峡より西」においては交戦権、条約締結権など国家に匹敵する権限を有していた。また、一六四〇年代から一六六〇年代まで「中国人」の最大勢力であった鄭氏は、表向きは「復明」を唱え、二〇年以上台湾を領有した国家に近い勢力であった(岸本美緒「東アジア・東南アジア伝統社会の形成」『岩波講座世界歴史一三　東アジア・東南アジア伝統社会の形成』〈岩波書店、一九九八年〉、永積洋子「東西交易の中継地台湾の盛衰」佐藤次高・岸本美緒編『地域の世界史九　市場の地域史』〈山川出版社、一九九九年〉、木村直樹「異国船紛争の処理と幕藩制国家—一六六〇年代東アジア海域を中心に—」藤田覚編『一七世紀の日本と東アジア』〈山川出版社、二〇〇〇年〉などを参照)。また、「唐船」のなかには、カンボディアやシャムの国王仕出しの船も含まれていた(例えば、池内前掲「大君の外交」)。

(41) 一七世紀段階では、幕府には、対外関係を統一的にみなければならない必然性はなく、「口」が対象とする国家や民族はそれぞれ全く性格が異なったのである(藤田「はじめに」前掲『一七世紀の日本と東アジア』参照)。

(42) 荒野「日本の鎖国と対外意識」(『歴史学研究』別冊、一九八三年)、荒野「一八世紀の東アジアと日本」歴史学研究会・日本史研究会編『講座日本歴史六　近世二』(東京大学出版会、一九八五年)、荒野『「鎖国」を見直す』(かわさき市民アカデミー出版部、二〇〇三年)など多数。

(43) 荒野泰典「近代外交体制の形成と長崎」(『歴史評論』六六九号、二〇〇六年)で克服しようとしているが、課題と論点の提示にとどまっていると思う。

(44) 荒野も、福岡・佐賀両藩の「長崎(に来航する中国人・オランダ人をはじめとする外国人)に対する『押えの役』」とする説(荒野前掲「幕藩制国家と外交」一九七八年)から都市長崎が担う「公役」とする説(荒野前掲『近世日本と東アジア』一九八八年、xii頁)へと変えるなど、ゆれがある。

(45) 荒野前掲「江戸幕府と東アジア」。

(46) 荒野前掲「江戸幕府と東アジア」一三九頁。

(47) 荒野前掲「江戸幕府と東アジア」一六三頁。

(48) この点については、戸森麻衣子「幕府の長崎湊支配—浦上村淵の船と「百姓」をめぐって—」、横山伊徳「長崎の都市経営と出島・唐人屋敷—小舟・人足・遊女—」(ともに、科学研究費補助金基盤研究(A)「一七—一八世紀アジア諸地域の港町における異文化交流の諸相の比較研究」〈研究代表者:羽田正〉の研究会〈於那覇、二〇〇五年三月四日〉における口頭報告)が示唆的である。

(49) ロナルド・トビ「変貌する『鎖国』概念」永積洋子編『「鎖国」を見直す』(国際文化交流推進協会、一九九九年)。

(50) 荒野「長崎口の形成」前掲『幕藩制国家と異域・異国』。

(51) 横山伊徳「一八—一九世紀転換期の日本と世界」歴史学研究会・日本史研究会編『日本史講座七　近世の解体』(東京大学出版会、二〇〇五年)。

(52)　荒野前掲「大君外交体制の確立」一一八頁。
(53)　荒野前掲「幕藩制国家と外交」。
(54)　荒野前掲「幕藩制国家と外交」。
(55)　田代和生『書き替えられた国書—徳川・朝鮮外交の舞台裏—』（中央公論社、一九八三年）。
(56)　豊見山和行「一七世紀における琉球王国の対外関係—漂着民の処理問題を中心に—」前掲『一七世紀の日本と東アジア』。
(57)　例えば、木村直樹「一七世紀後半の幕藩権力と対外情報—一六七三年リターン号事件をめぐって—」（『論集きんせい』二〇号、一九九八年）、松井洋子「江戸時代出島における日蘭関係の担い手たち」東京大学・フランス高等研究院『第二回日仏コローク予稿集　ユーラシアにおける文化の交流と転変Ⅱ』（二〇〇四年）。
(58)　「外交」という言葉を使う場合、〝近代的な「外交」とは軍事、治安維持と並んで国家の専権事項で、外交情報は機密であり、外交官は国家公務員で機密保持義務がある〟という通念が付きまとうように思う。ただし、筆者は、近現代においても、その通念がかならずしも実際にすべての場合に貫徹していると考えているわけではない。
(59)　筆者が「形式上対等」の要素を加えたのは、ハロルド・ニコルソン著、斎藤眞・深谷満雄訳『外交』（UP選書、東京大学出版会、一九六八年）の「外交」の起源に関する考察（一一—二五頁）に示唆を受け、〝外交が重要になるのは、当事者同士が形式上対等な局面においてである〟と考えるからである。勿論、形式上対等でない国同士、例えば中国と冊封を受けた藩属国との間で、実際に交渉や駆け引きがなかったと言うつもりはない。さらに、例えば江戸幕府と藩の間にも、同様に交渉の余地はあったのであり、一方、中国と藩属国との間の冊封関係は、中国国内の皇帝と地域政権との関係を模して構想されていた。筆者が恐れるのは、国内政治の延長と認識されていた対外関係を「外交」と呼ぶことから生じる混乱である。
(60)　トビ前掲書、一八二—一九三頁。
(61)　幕府は、日朝関係のプロトコルと、それ以外の通商を求めてやって来る国々に適用しようとするプロトコル（後者は未完成に終わったが）を、使い分けていたと思われる。そして、一九世紀に日本にやって来た欧米列強も、かならずしも日本に独自のプロトコル（後者）があることに無知だったとは思えない。ロシア、アメリカは、対日接近に際して経験のあるオランダに協力を求めた（横山前掲「一八—一九世紀転換期の日本と世界」、本書第六章）し、オランダは、一八四四年の親書送付に際し、ヨーロッパから見れば最も交流経験の蓄積厚い「他者」であるアジアの国、オスマン・トルコとの間の先例を参考にしようとしている（永積洋子「通商の国から通信の国へ—オランダの開国勧告の意義—」（『日本歴史』四五八号、一

九八六年〉、Kol. 4297 no. 7)。
(62) 鶴田啓「近世日本の四つの『口』」荒野泰典・石井正敏・村井章介編『アジアのなかの日本史Ⅱ　外交と戦争』(東京大学出版会、一九九二年)、鶴田「一七世紀の松前藩と蝦夷地」前掲『一七世紀の日本と東アジア』。
(63) 池内敏「『武威』の国―異文化認識と自国認識―」井上勲編『日本の時代史二〇　開国と幕末の動乱』(吉川弘文館、二〇〇四年)でも、再び整理し直されている。
(64) 山本博文「幕藩権力の編成と東アジア」(『歴史学研究』五八六号、一九八八年増刊号)、山本『寛永時代』(吉川弘文館、一九八九年)、山本『鎖国と海禁の時代』(校倉書房、一九九五年)に収録の諸論文、初出は、一九八八―一九九三年。
(65) 山本前掲『鎖国と海禁の時代』二五五―二五六頁。
(66) 山本前掲『鎖国と海禁の時代』二〇一、二〇六頁。
(67) 藤田覚「鎖国祖法観の成立過程」渡辺信夫編『近世日本の民衆文化と政治』(河出書房新社、一九九二年)、藤田「対外的危機と幕府―鎖国祖法観と御威光・武威―」(『九州史学』一一六号、一九九六年)、藤田「対外関係の伝統化と鎖国祖法観の確立」前掲『一七世紀の日本と東アジア』。(『九州史学』所収論文を除き、藤田『近世後期政治史と対外関係』〈東京大学出版会、二〇〇五年〉に再録。)
(68) 第一の方向と第二の方向の整合性を考えるときに必要なのが、「鎖国」を、「鎖国体制」の意味で用いるのか、「鎖国政策」の意味で用いるのかを明確にする作業であろう。江戸時代の対外関係総体を論じようとする第一の方向は、「鎖国」を前者、すなわち「鎖国体制」の意味で用いていることが多く、当然、李氏朝鮮・琉球との関係も組み込むべきであるという議論になる。しかし、幕府の鎖国「政策」が念頭においていたのは、危険視し、排除するべき相手、つまり欧米諸国だったと考えられる。
(69) 近世の対外関係を一言で表す言葉として「鎖国」を用いるか、「海禁」「(日本型)華夷秩序」を用いるかという問題は、本書の対象外である。しかし、日本近世独自の対外政策や体制を表す言葉として、きちんと内容を理解した上で、前者を用いることに問題はないと思う。板沢武雄「鎖国および『鎖国論』について」(板沢書、五四九―五六一頁、初出は明治文化研究会編『明治文化研究論叢』〈一元社、一九三四年〉)によれば、「鎖国」が日本の江戸時代の政策や体制を表す言葉として生まれたことはほぼ確実である。逆に、中国史に関する十全な理解なくして、中国の政策ないし体制を表す言葉として中国で生まれた「海禁」の語を、日本に適用することには問題を感じる。研究対象としての中国の規模の大きさと、研究条件が中国の内外で整っていなかったことから、中国明清時代の研究史は、日本近世史研究史に比較して未だに粗く、中国史の概念を〝物差し〟として使うことには無理がある。中国史専門の研究者同士の間でも、例えば「海禁」の実証的な内容の理解は、大きく異なる。また、中国は陸上交通によっても、周辺諸国と関係を結んでいたことを看過してはならないだろう。

(70) むしろ、少なくとも一七世紀において、場合によっては一八世紀になっても、「四つの口」は李氏朝鮮・琉球・アイヌ・中国船・オランダ東インド会社を通じて、中国（明・清）に通じていたことを再認識すべきだと考える。「四つの口」は、直接的な経路を閉じられてしまった、中国との関係経路を間接的に確保するための「口」であった、ともいえる。貿易に注目するならば、「四つの口」を通じて流出した日本銀のほとんどの部分が、また「長崎口」や「松前口」を通じて入ってきた物産の一定部分も、中国に吸収され、それとの交換で中国産の生糸などが日本に入ってきた。しかし、一九世紀に入ると、特にアヘン戦争の後、中国は日本の最大の対外関心の的ではなくなったと考える。

(71) 本書に関係の深いものとしては、永積洋子『近世初期の外交』（創文社、一九九〇年）、永積「一七世紀後半の情報と通詞」（『史学』六〇―四号、一九九一年）、永積「一八―一九世紀はじめの日本におけるオランダ語学力の向上とロシア問題」（『東洋学報』七八―四号、一九九七年）。

(72) 横山伊徳「日本の開港とオランダの外交―オランダ外務省文書試論―」前掲『アジアのなかの日本史Ⅱ　外交と戦争』、横山「幕末・維新の国際情勢―オランダから見た日本―」坂野潤治・宮地正人・高村直助・安田浩・渡辺治編『シリーズ日本近現代史1　維新変革と近代日本』（岩波書店、一九九三年）、横山「日本の開国と琉球」曽根勇二・木村直也編『新しい近世史2　国家と対外関係』（新人物往来社、一九九六年）、横山「東アジアの緊張と日蘭関係　一九世紀」L・ブリュッセイ、W・レメリンク、I・スミッツ編『日蘭交流四〇〇年の歴史と展望』（日蘭学会、二〇〇〇年）、横山「一九世紀日本近海測量について」黒田日出男、メアリ・エリザベス・ベリ、杉本史子編『地図と絵図の政治文化史』（東京大学出版会、二〇〇一年）、横山「江戸期における北方空間認識と外国資料」石上英一編『日本の時代史三〇　歴史と素材』（吉川弘文館、二〇〇四年）、横山「出島下層労働力研究序説―大使用人マツをめぐって―」横山編『オランダ商館長の見た日本―ティツィング往復書翰集―』（吉川弘文館、二〇〇五年）、横山前掲「一八―一九世紀転換期の日本と世界」、横山「幕末対外関係史の前提について」（『人民の歴史学』一六九号、二〇〇六年）。

(73) 「海外情報」という用語は、研究の視点が日本の外に出ないことを無言の前提としていると筆者は考える。本書の立場とは異なるため、本書第一章以下では原則として用いない。

(74) 藤田彰一前掲論文、岩下前掲『幕末日本の情報活動』など多数。
(75) 高部淑子「日本近世史における情報」（『歴史評論』六三〇号、二〇〇二年）。
(76) 鳥井裕美子「安政二年の長崎—通詞体制の崩壊？—」日蘭交流四〇〇年記念シンポジウム報告書『江戸時代の日本とオランダ』（洋学史学会会長　栗原福也発行、二〇〇一年）、鳥井「安政二年の対外交渉と通詞」長崎県立長崎図書館　郷土史料叢書〔一〕『オランダ通詞会所記録　安政二年萬記帳』（長崎県立長崎図書館、二〇〇一年）。
(77) 長崎に来航するオランダ船に対し、入港前に行なわれる検問に対する回答書類。船名・船長の名・バタフィア出帆の日付などを記したもの。一八〇八年のフェートン号事件以来、作成された。片桐一男「解題」『集成』（上）、一五—二〇頁。本書では詳しく論じない。
(78) 鳥井前掲「安政二年の対外交渉と通詞」。
(79) 岩下哲典『江戸の海外情報ネットワーク』（吉川弘文館、二〇〇六年）四—五頁。
(80) 宮地正人「幕末の政治・情報・文化の関係について」（宮地前掲『幕末維新期の文化と情報』）一七—二〇頁。宮地は、豪商農にも情報に対する強い要求があったことを指摘している。しかし、本書に関する限り、関係諸藩と豪商農は区別する必要があると思う。
(81) これらの関係については、千葉一大「『取次』・『後見』・『御頼』・『懇意』—盛岡南部家の事例から—」（『弘前大学国史研究』一〇八号、二〇〇〇年）、藤田覚「幕府行政論」前掲『日本史講座六　近世社会論』など。
(82) 高木昭作『江戸幕府の制度と伝達文書』（角川書店、一九九九年）ⅰ頁。
(83) 舟橋明宏「天草郡地役人江間家の『御館入』関係について」渡辺尚志編『近世地域社会論—幕領天草の大庄屋・地役人と百姓相続—』（岩田書院、一九九九年）。
(84) オランダ人の日本語修得は、幕府によって禁止されており（金井圓『近世日本とオランダ』（放送大学教育振興会、一九九三年）一二二頁参照）、オランダ側に日本語通詞はいなかった。勿論、商館員の中には、内々には日本語に通じていた者もいたが、公的には日本語が使えなかった。幕府が、商館員によるキリスト教布教の可能性（と日本情報の流出）を懸念したためだと思われる。従って、翻訳段階での情報操作は日本側でのみ可能であった。
(85) 横山前掲「出島下層労働力研究序説」。
(86) 荒野泰典「通訳論—序説—」『アジアのなかの日本史Ⅴ　自意識と相互理解』（東京大学出版会、一九九三年）。

(87) 永積前掲「一七世紀後半の情報と通詞」、本書第一章以下。
(88) 沼倉延幸「開国前後、長崎における海外情報の収集伝達活動について―熊本藩・五島藩長崎聞役（留守居）の活動を中心に―」（『書陵部紀要』四七号、一九九六年）。天保末年から、安政年間を対象に検討している。
(89) 梶輝行「長崎聞役と情報」前掲『近世日本の海外情報』（一九九七年）。
(90) 山本博文『長崎聞役日記―幕末の情報戦争―』（筑摩書房、一九九九年）。
(91) 「解説」保谷徹編『幕末維新論集一〇　幕末維新と情報』（吉川弘文館、二〇〇一年）三五〇頁。
(92) 中村質「初期の未刊唐蘭風説書と関連史料―幕府の海外情報管理をめぐって―」田中健夫編『日本前近代の国家と対外関係』（吉川弘文館、一九八七年）。
(93) 岩下前掲『幕末日本の情報活動』等、多数の研究がある。
(94) 松本前掲「レザノフ来航予告情報と長崎」。
(95) 長崎県史編集委員会編『長崎県史　対外交渉編』（吉川弘文館、一九八六年）四一五―四一七頁。福地源一郎『長崎三百年間―外交変遷事情―』（博文館、一九〇二年）二一〇―二一三頁も、長崎奉行や長崎地役人の役得の多さに言及する。
(96) 鳥井が安政二年「通詞体制崩壊」説の論拠とする、決まった家筋以外からの通詞の登用については、本書の対象外であり、ここで論ずることはできない。しかし、通詞の不足、逆に言えば通訳及び翻訳業務の飛躍的増加は、一八五五年に突発的に起きたものではなく、一八五〇年代を通じて進行していたと考えられる。
(97) 一八五五年幕府は、天文方のうち蕃書和解御用を独立させ、洋学所を江戸に設立した。一八五六年、洋学所は蕃書調所と改称された。
(98) 東京大学史料編纂所『大日本古文書　幕末外国関係文書』二二（一九三九年、東京大学出版会、一九七三年覆刻）補遺、二九―三一頁。風説書の廃止をオランダ領事官が願い出ていることも考慮に入れられているが、結局幕府はその存続を求める（本書終章参照）。
(99) 国家権力が、政治情報を秘匿しようとし、かつ往々にしてその政策が貫徹しなかったことは、ヨーロッパ諸国においてもみられたことである。ピーター・バーク著、井山弘幸・城戸淳訳『知識の社会史―知と情報はいかにして商品化したか―』（新曜社、二〇〇四年）一七六―一八一、一八五―一九九、二一一―二一三頁参照。
(100) いくつかのヨーロッパの国家権力は、かなり早い時期から積極的な政治宣伝を行なっている。例えば、イギリス政府の官報『ロンドン・ガゼット』は、一七世紀半ばの発刊当時から一八世紀半ばまで、他の民間紙を圧倒する情報量と発行部数を誇り、フランス政府の官報『ガゼット』も、一七五一年以降刊行が続けられて世論を政府の側に導くために利用された（バーク前掲書、一一三―一一四、一二〇頁）。オランダ領東インドでは、一八一〇年に総督ヘルマン・ダーンデルスが、一連の行政改革の一環として最初の機関紙を発刊し、同紙は紆余曲折を経て『ジャワ新聞』として定着、強い影響力を持った（Von Faber, G. H., *A Short History of Journalism in the Dutch East Indies*, Sourabaya, 1930）。

また、中国でも中央の動静を地方官僚に伝えるために、「邸報」と呼ばれるある種の官報が、遅くとも宋代には成立したとされる。清朝半ばの一八世紀には、『京報』が、一種の政府広報として、出版・発売された。内容は、宮廷の消息や人事異動・勅令や政令・上奏文の概要などで、原則日刊、複数の民間出版業者によって発行された（小糸忠吾「中国・西方間の交流と邸報―一八世紀末までの進展を探る―」〈『ソフィア』一〇七号、一九七八年〉、足立利雄・三沢玲爾「中国報紙〈新聞〉史研究（Ⅱ）―邸報および小報について―」〈『関西大学社会学部紀要』一五―一号、一九八三年〉など）。『京報』の影響力は、相当強かったと考えられている。なお、官報刊行の民間委託は、本書第七章にみるように、香港政庁によってもなされている。

(101) 東京都江戸東京博物館編『世界のなかの江戸・日本―（財）東洋文庫のコレクションを中心に―』（展示図録、二〇〇四年）九九頁参照。杉本史子氏のご教示による。

(102) 高部淑子「一九世紀後半の情報活動と地域社会」（『歴史学研究』六六四号、一九九四年）。

(103) 例えば、高木俊輔・渡辺浩一編『日本近世史料学研究―史料空間への旅立ち―』（北海道大学図書刊行会、二〇〇〇年）、東京大学史料編纂所編『歴史学と史料研究』（山川出版社、二〇〇三年）。

(104) 高木昭作前掲『江戸幕府の制度と伝達文書』六頁以下。

(105) 東京大学史料編纂所編『日本関係海外史料　オランダ商館長日記』訳文編之九、二九、三九―四一頁、『同』訳文編之一〇、一二二、一二六頁。

(106) 拙稿「『不通』と『通路』―大名の交際に関する一考察―」（『日本歴史』五五八号、一九九四年）、拙稿「浅野家と伊達家の和睦の試みとその失敗―正徳期における近世大名社会の一断面―」（『日本歴史』六一七号、一九九九年）等参照。

(107) 現インドネシアの地名スマランに由来する船名であるが、イギリス艦として来航し、研究史上「サマラング」号として知られていることから、本書でも後者を用いる。

(108) オランダ国立中央文書館所蔵ビック家文書 Collectie Bik, No. 49, "Vraag Punten"。Boxer, Charles R., *Jan Compagnie in Japan, 1600-1817*, The Hague, 1936, pp. 185-187 は、「一八四〇—二年の英清間『アヘン戦争』に関して、出島のオランダ人に対し、長崎当局によってなされた質問」（原文英文）とするが、ビック家文書の前後の文書から考えて、一八四五年のサマラング号長崎来航時の（商館長への）聞き取り調査のオランダ側の記録であろう。

(109) 渡辺浩「『御威光』と象徴—徳川政治体制の一側面—」（『思想』七四〇号、一九八六年、渡辺『東アジアの王権と思想』〈東京大学出版会、一九九七年〉に再録）、高木昭作前掲『日本近世国家史の研究』などを参照。

(110) 吉田前掲『近世巨大都市の社会構造』、吉田『日本の歴史一七　成熟する江戸』（講談社、二〇〇二年）など。

(111) 通詞については、前掲『長崎県史　対外交渉編』三九一—四一三頁、片桐一男『阿蘭陀通詞の研究』（吉川弘文館、一九八五年）、松井洋子「長崎におけるオランダ通詞職の形成過程—オランダ語史料に見る『小通詞』の成立まで—」（『日蘭学会会誌』二一—二号、一九九七年）、鳥井裕美子「海外情報・異文化の翻訳者—阿蘭陀通詞の役割—」『海外情報と九州—出島・西南雄藩—』（九州大学出版会、一九九六年）、横山前掲「出島下層労働力研究序説」など。

(112) 永積洋子「オランダ商館の脇荷貿易について—商館長メイランの設立した個人貿易協会（一八二六—一八三〇年）—」（『日本歴史』三七九号、一九七九年）、永積「会社の貿易から個人の貿易へ—一八世紀日蘭貿易の変貌—」（『社会経済史学』六〇—三号、一九九四年）。

(113) 一八世紀半ばには、長崎商館長を一、二回務めれば十分に金持ちになれると、オランダ人の間で広く言われていた（永積前掲「会社の貿易から個人の貿易へ」）。

(114) 例えば、李氏朝鮮が、アヘン戦争情報を得ようとする場合、北京に赴く自国の使節にほぼ全面的に依拠していたのとは対照的である（三好千春「アヘン戦争に関する燕行使情報」〈『史艸』三〇号、一九八九年〉）。

(115) トビは、幕府が一六七〇年代に中国情報の入手のため複数の「口」を確保していたことを実証し、それぞれの「口」の情報源としての限界にも言及している（トビ前掲書、九五—一三五頁）。

(116) 例えば、真栄平房昭「幕末期の海外情報と琉球—太平天国の乱を中心に—」地方史研究協議会編『琉球・沖縄—その歴史と日本史像—』（雄山閣、一九八七年）、真栄平「近世日本における海外情報と琉球の位置」（『思想』七九六号、一九九〇年）。

(117) 勿論、少なくともアヘン戦争までの東アジアにおける、中国の物心両面での存在感の圧倒的な大きさと、冊封使や朝貢使の往来の結果として現実に維持された中国に「世界の」情報が集中する仕組みにより、〝中国情報〟の重要性は、我々が思う以上に大きかったと思われる。

(118) 以上の記述は、永積昭『オランダ東インド会社』(近藤出版社、一九七一年)、今来陸郎編『世界各国史七　中欧史(新版)』(山川出版社、一九七一年)、科野孝蔵『オランダ東インド会社』(同文舘出版、一九八四年)、森田安一編『世界各国史一四　スイス・ベネルクス史』(山川出版社、一九九八年)などによる。

(119) この約二〇年間のオランダ風説書は、オランダ船の本国―バタフィア間・バタフィア―日本間の運行が難しかったため、内容、頻度ともに貧弱である。むしろ、幕府の世界情勢理解を助けたという意味では、商館長ヘンドリック・ドゥーフへの通詞の尋問のほうが貴重である(佐藤昌介「フランス革命およびナポレオン戦争期における日本とオランダ―『婆心秘稿』を手掛りにして―」佐藤『洋学史論考』(思文閣出版、一九九三年))。

(120) 本書では、バタフィアに置かれた、総督を長とする組織を、会社時代は「総督府」、一九世紀は「政庁」として区別した。

〔補注〕なお、本章脱稿後、荒野泰典の講演「世界のなかの近世日本―近世国際関係論構築に向けて―」(第五七回歴博フォーラム「総合展示リニューアル(近世)に向けて1『国際社会の中の近世日本』」、於国立歴史民俗博物館、二〇〇六年一二月一七日)がなされた。今後の近世対外関係史を考える上で、示唆的な内容に富んでいるが、本章には反映させることができなかった。

第一部　「通常の」風説書の確立

第一章　風説書確立以前のオランダ人による情報提供

はじめに

一八二七〈文政一〇〉年秋から一八三二〈天保三〉年秋まで日本商館長を務めたヘルマン・メイランは、その著書『ヨーロッパ人の日本貿易史概観』の付録に「情報の報告」の一節を設けて以下のように記している。

〔オランダ〕船の船長やその他の乗客が上陸してから二、三時間後、ヨーロッパ及び東インドの情報を聞くために、通詞仲間が〔出島の〕乙名・出島町人・目付等とともに商館長のもとに赴く。戦争や講和・戦闘や勝利・王位の継承・王の死、その他似たようなできごと等といった一般的な情報がこの時提供され、通詞等によって書き留められる。さらにその情報は日本文字で美しく書かれ、商館長が署名をし、そのまま臨時の飛脚を立てて江戸に送られる。

「日本文字で美しく書かれ、商館長が署名をし」た文書は、「風説書」と一般に呼ばれる。[1]

風説書の開始時期について、板沢武雄は、風説書は一六四四〈寛永二一〉年の「商館長日記」[2]にみられるものを初見とし、それは一六四三年一二月一七日の幕府からの命令に従ったものだと指摘した。[3] 京口元吉・片桐一男は、板沢を修正して、風説書は一六四一年より開始されたとする。[4] しかし、この時期のオランダ人による情報提供は、『集成』

所収の「蘭文」すなわち「商館長日記」の抄録を虚心にみればわかるように、オランダ人が口頭で述べた内容を通詞が書き留める形で行なわれた。(5) 一六四〇年代に、書き留められた文書に商館長が署名したのか否か、「商館長日記」からは確認できない。従って、一六四一年を以て風説書の成立と即断することには若干の無理がある。

無理が生じた原因の一つは、風説書とは何かという定義を明確にしないままに議論してきたことにある。風説書が確立した後の様相は、冒頭のメイランの記述からわかる。筆者は、風説書という制度の構成要素は、①オランダ人に対する幕府の情報提供の義務づけ、(6) ②それに応えての情報提供の事実、③商館長が署名をした和文の風説書の作成、の三つであると考える。(7) オランダ人が情報を提供することは、商館が平戸にあった時代から既に行なわれており、(8) 歴史的順序としては、②情報提供の事実のほうが、①幕府の義務づけに先行した。③和文風説書が定型的な文書として確立するのは、第二章にみるように、一六六〇年代である。風説書の成立時期として定説となっている感のある一六四一年は、このうちの①の年次である。②と①を以て風説書の成立と呼ぶことも不可能ではない。しかし、一六四〇—五〇年代に、風説書と呼べる文書は、蘭文でも和文でも存在していなかったと思われるので、本章では「風説書」の語は用いないことにし、③の段階を風説書の確立と呼ぶ。

本章では、風説書確立までの過程を明らかにするための一段階として、③以前、すなわち一六四〇—五〇年代における、①幕府による情報提供の義務づけと、②オランダ人による情報提供の実態について、明らかにすることを課題とする。(9)

当時の国内外の情勢を、以下に概観しておきたい。

日本においては、一六三九年にポルトガル人が追放され、一六四一年にオランダ商館が平戸から長崎に移された。しかし、イギリス人・デンマーク人などを受け容れるかどうかは、幕府としても未確定であった。(10) また、一六四二年のアントニオ・ルビノ神父一行密入国事件、(11) 一六四三年の梶目大島事件(12)と宣教師の密入国が相次ぎ、幕府は神経をとがらせていた。

一方、オランダは黄金時代を迎えていた。東アジアにおいては、オランダが一六四一年にポルトガルからマラッカ(現マレーシア、ムラカ)を、一六四二年にスペインから台湾の基隆を奪取し、スペイン・ポルトガルの両旧教国勢力が力を失っていった。ヨーロッパでは、一六四八年にミュンスターの講和(いわゆるウェストファリア条約)が結ばれ、ドイツ・スペイン両ハプスブルク家の力が後退する形で、八〇年戦争とドイツ三〇年戦争が終結、スペインは最終的にオランダの独立を承認した。それに伴い、新教国対旧教国という従来の図式が崩れはじめた。一六四〇年にポルトガルが、勢力の弱まったスペインの支配下から独立を宣言、一六四一年にはスペインとの戦争を有利にするため、オランダと一〇年間休戦する条約を締結、四二年には条約が発効した。しかし、アジアではポルトガルとオランダは熾烈な勢力争いを展開しており、休戦協定にもかかわらず、しばしば軍事抗争に発展した。

さらに、オランダにとっては、明の衰えに乗じて力をつけた鄭氏の勢力が大きな問題であった。一六四一年には鄭芝龍(一官)が日本貿易に参入、オランダの中継基地であったタイオワン(台湾の安平付近)に中国産生糸が入らなくなる。一六四六年には鄭芝龍の根拠地福州が清軍の前に陥落するが、その後も鄭氏の日本貿易は続けられた。オランダにとっては、中国船の排除が重要な課題となった。そのため、海上における中国船拿捕と、幕府に中国船の渡来を禁止させようとする情報戦の二つの方法がとられた。

第一節　一六四〇—五〇年代の日蘭関係と情報提供の義務づけ

1　参府賜暇の際の「条約」

「通航一覧」は、「阿蘭陀国部」に「御暇賜並御法令」の条を設けて、毎年和暦の年末から正月頃(明暦の大火以降は原則として三月頃）に参府した商館長が、賜暇の賜物を受け取ると同時に、大目付兼宗門改役から読み聞かせられる「御法令」（『徳川実紀』においては「条約」と呼ばれている。[13]以下便宜上「条約」とする）を収載している。[14]「通航一覧」によると、この「条約」三ヶ条が初めて読み聞かせられたのは、一六五九年四月（万治二年三月）であり、内容は、第一条がローマ教徒[15]との通交の禁止、第二条がローマ教徒についての情報提供の義務づけ、第三条が日本に渡海する中国船の拿捕の禁止である。その後一六六一年、一六六六年、一六七三年に少しずつ内容が追加されて、「通航一覧」が成立した一八五〇（嘉永三）―五三年にもなお、その「条約」が商館長の参府賜暇の際に読み聞かせられていた。従って、一六五九年が一つの画期となって、情報提供の義務づけの伝達が慣例化したということになる。

本節の課題は、片桐の指摘する一六四一年から、一六五九年までに情報提供の義務づけが慣例化するまでの過程を明らかにすることである。

日本にいるオランダ人が幕府（具体的には当時の大目付兼宗門改役井上政重や長崎奉行）から情報の提供を命令、または勧告された事例を「商館長日記」から拾ってみると、一六四一年以降一六五九年まで、ほぼ毎年のように命令・勧告されていることがわかる。

命令・勧告された内容は、もしポルトガル人（またはポルトガル人とスペイン人、ポルトガル人・スペイン人・イギリス人）が、日本に対して何か計画することを聞いたならば（または日本に来るという噂を聞いたならば、日本に攻撃を加えようとしていると聞いたならば、など）、直ちに（または他の人々が報告する前に、など）、長崎奉行（または幕府）に報告せよ（または報告すれば将軍への奉仕になる、など）、というもので、相互にほとんど差異はない（以下「情報提供の義務づけ」とする）。伝達のしかたには、大きく分けて、参府の拝礼や賜暇の際に江戸城内で公的になされる場合（後の「条約」に繋がる）と、江戸の井上政重邸や長崎の奉行邸などで私的になされる場合の、二種類がある。命じる役目は、井上と長崎奉行というのが原則であるが、前者の場合、時に老中列席の上、などの記載がある場合もある。また、和文の文書を渡される場合と口頭でなされる場合がある。以下、時を追って公的な伝達の慣例化の過程をみていきたい。

2　一六四一年令

一六四一〈寛永一八〉年五月一一日にオランダ東インド会社平戸商館長マキシミリアン・ル＝メールは、参府の拝礼の際に、オランダ船の長崎入港とローマ教徒の日本渡航に関する情報提供の義務づけからなる、以下の二ヶ条の命令を言い渡された。

一、阿蘭陀之船、至長崎令着岸、商売等於右之地可仕之旨也、

一、きりしたんの宗門御制禁之上、自然自余之船に彼侶雖乗来於令存知者、早速可上啓、万一致隠密、後日令露見は、阿蘭陀之船日本江渡海可為御停止之由事、(16)

一六三九年、ポルトガル人追放の際にフランソワ・カロンに渡された「阿蘭陀人え相伝之覚書」は、宣教師をオランダ船で渡航させることの禁止のみで、情報提供の義務づけは含まない。(17)片桐の指摘のとおり、この四一年の命令が情報提供義務づけの最初であろう。なぜ、この年にこの命令がなされたのか。一つの理由は、片桐の指摘する如く、ポルトガル船の追放によって海外に関する情報源が減少したことである。しかし、より重要なのは、ポルトガル人追放を徹底し、宣教師の潜入を防止することである。さらに、一六四〇年、貿易嘆願に来たマカオ（澳門）からの使者を処刑したため、実際に報復攻撃が来ることを幕府は想定していた。山本博文は、四一年から幕府が全国に遠見番所を設置、真剣な警戒態勢に入ることを指摘している。(18)情報提供の義務づけも、沿岸防備体制強化と連動するものだろう。同時に、オランダ人もまたキリスト教徒であることをこのころ将軍が強く認識したことも理由の一つである。(19)幕府は、ポルトガル人の情報を幕府に提供させて、オランダ人がポルトガル人と同盟していないことを証明しようとしたのである。商館の長崎移転、貿易や行動上の制限、さらにこのころ日本人役人のオランダ人に対する態度も非常に悪くな

ったことが重なり、オランダ側は日本貿易の禁止や自発的撤退に追い込まれる可能性すら視野に入れなくてはならない状況下で、この命令に出会った[20]。

一六四一年の命令の後、同年七月二四日にル＝メールは、長崎に入港した船から知った情報を長崎奉行に報告した[21]。「商館長日記」には以下のように記されている。

我々は、〔中略〕以下のことを知った。すなわち、ポルトガル人たちはカムボディアに巣を作り、辺り一帯で、その地の国民やシナ人たちを介して抜け目なく当地〔日本〕向けの彼等の貿易を再度営もうとしていた由。我々は人を遣わしてそのことを〔中略〕何がしかの新情報として知事〔奉行〕に知らせたところ、彼はそのことに満足したかに見えた。しかも彼はそのことを総べて要点を摑んで長い文章に書き取らせ、しかも証拠書類の様式で三人の誓約をした通詞と二人の会社の通詞の手で、この新情報は我々から知ったものであるとして署名させた。そのため私は、〔日本側の〕人々が我々に足枷をかけようとしているのではないか、そして将来この種の新情報を告げずに置くほうがよいのではないか、と惧れ気遣っている[22]。

日本貿易の途絶で困窮したマカオのポルトガル人は、東南アジアの各地から中国船で日本へ商品を運んだ[23]。これは会社にとっても不利だったので、この後も度々幕府に報告した。右の記事からは、幕府がオランダ人に情報提供を命じたことを受けて、長崎奉行が早速オランダ人の提供した情報に飛びつき、過剰なほどの対応をしている様子がわかる。その後も、しばらくの間は、毎年夏〔グレゴリオ暦八―九月頃〕、南の季節風に乗ってオランダ船が長崎に入港するたびに、通詞が新しい情報を求めて商館長を訪問している[24]。オランダ人が義務づけられたのは、〝もし情報があれば〟提供することであったが、この通詞の行動により、着船ごとに情報を提供する結果になった。

3　一六四三年令

次に情報提供の義務づけがみられるのは、ブレスケンス号事件の一応の解決に際して出された命令においてである。ブレスケンス号事件とは、一六四三年、タルタリアへの航路開拓と日本の北方にあると信じられた金銀島の探検のために派遣されたオランダ船ブレスケンス号が、南部山田浦に入港したところ、乗員が南部藩の役人に拘束され、江戸に連行された事件である(25)。一六四三年一二月、例年より日程を繰り上げて参府したオランダ東インド会社長崎商館長(以下、「商館長」)ヤン＝ファン＝エルセラックに、幕府はブレスケンス号事件の当面の解決を告げ、三ヶ条の命令を出した。その内容は、まず一二月一七日に江戸城内で幕府年寄衆列席の上、商館長に言い渡され、エルセラックは総督への報告を約束した。同二一日には三ヶ条を記した、井上・両長崎奉行宛幕府年寄衆連署下知状(26)の写しがエルセラックの宿に届けられ、後に井上政重邸で口頭の説明が加えられた。

三ヶ条の内容は、第一条がブレスケンス号事件の解決の表明、第二条が今後オランダ船が漂着した場合の基本方針、第三条が情報提供の義務づけである。第一条では、ブレスケンス号事件について、以下のように説明している。すなわち、この年、異国船が日本近海に出没しており、宣教師やローマ教徒を乗せて来たかと疑い、ブレスケンス号の乗員を捕えた。しかし、尋問の結果、同船が宣教師もローマ教徒も一人も乗せて来なかったことが明らかになったので、またオランダ人は今まで将軍の恩寵を受けてきたので、赦免する。

つまり、幕府にとって、ブレスケンス号事件の最大の焦点は、ローマ教徒の日本潜入をオランダが援助したものではないか、と将軍が疑ったことにあると思われる(27)。ポルトガルとの一〇年の休戦は既に幕府に知られていた(28)。

次の一六四五年の参府時には、「商館長日記」によれば拝礼の際に、情報提供が命じられた。翌四六年の参府時も同様である。しかし、そのまま拝礼の際の義務づけが慣例化したわけではなく、四七年には、宣教師またはローマ教徒を日本に連れて来ることの禁止だけが江戸城では言い渡され、情報提供の義務づけは井上政重邸で伝えられた。

そして一六四七年の夏に、ポルトガルの独立を告げる、実質的には貿易再開を願うポルトガル国王ジョアン四世の使節船が長崎に入港した[29]。この使節が、途上バタフィアに立ち寄り補給を受けた、と証言したので、幕府はオランダ人にポルトガル人援助の疑惑を抱いた[30]（本章では、以下「ポルトガル使節援助問題」と呼ぶ）。そのため、一六四八年に参府した商館長フレデリック・コイエットは拝礼を許されず、その理由は少なくとも日本国内では、情報提供の義務を怠ったから、と理解された[31]。井上政重はオランダ人を弁護しようとしたという理由で将軍に叱責され、七ヶ月間出仕できなかった[32]。一六四八年九月に新商館長ディルク・スヌークが来着、すぐに口上書[33]を提出したが赦されず、将軍は、一一月六日、新旧商館長コイエットとスヌークは、尋問のため長崎に来ていた井上政重と二人の長崎奉行から、今後もし中国人やその他のルートからオランダ人が使節を援助したと証明されたときには、オランダ人の日本貿易を禁止し厳罰に処すよう命令するであろう、と言っていると告げられた。そして、ポルトガル人とは連合せず、特にローマ教徒を日本に連れて来ないように気をつけて、それに関して誓約書を出すことを勧められている[34]。そして、その二度目の誓約書を提出したにもかかわらず、四九年は、商館長の参府が許されなかった。この二年間は情報提供義務づけの伝達はなく、オランダ人が情報提供者として信用されていなかったことが窺われる。

一六四九年九月に、本国からと称して実はバタフィアで仕立てられた、ブレスケンス号事件解決に対する返礼の使節が到着した[35]。一六五〇年初頭にはポルトガル使節援助問題も一応解決したとされた。井上と長崎奉行は、商館長に拝礼の日取りを伝えるに際し、「何人かの中国人が、その件は〔ポルトガル〕使節が以前言ったとおりだと証言したにもかかわらず、（満足な証人がいないので）これについては真実を確認することはできないので、〔ポルトガル〕使節が真実を語ったのであろうとなかろうと、汝ら〔オランダ人〕は、将軍によって信用され、赦され、〔中略〕自由に貿易をすることを許可される」と伝えた[36]。五〇年は、参府賜暇の際に情報提供の義務づけが申し渡されたことを「商館長日記」で確認できる最初の年である[37]。しかし一六五〇年と五一年の参府時には、将軍徳川家光の病気も重なり、商館長は拝礼まで何ヶ月も江戸で待たなくてはならなかった。そのため、日蘭関係が完全に修復されたとは、商館長は認識しなかった㊳。

4　一六五二年令

一六五一年に家光が死に、五二年の参府時には、拝礼の際に四ヶ条からなる商館員及び使用人の規則が、和文の書面にして渡された。この書面は、商館長が長崎に持ち帰り、五月二三日になって蘭訳を受け取ったが、その内容は以下のようなものであった㊴。

①新将軍は、前の将軍以上にローマ教徒を恐れること。ポルトガル使節が去った後なので、商館長の弁解は確認がとれないが、オランダ人がこれまで日本に尽くし、これからも尽くし続ける意思を明らかにしたため、ポルトガル使節援助問題は解決したと見なし、これまでどおり通商を許可すること。②ポルトガル人を日本に渡航させること及びポルトガル人との通交の禁止。オランダ人がポルトガル人の対日計画に関して情報提供すれば将軍に対する奉仕となること。③中国船攻撃の中止勧告。

①は、将軍の代替りに伴い、新将軍徳川家綱政権下の対ポルトガル・対オランダ政策を確認し、同時にポルトガル使節援助問題をこれ以上は追求しないことを示し、問題の一応の解決を告げたものである。②は、一六五九年の「条約」の第一、二条と同内容で、③は「条約」第三条とほぼ同じである。中国船拿捕の問題が、情報提供の義務づけと組み合わせて扱われた最初の例である。この書面を以て、ポルトガル使節援助問題は一応解決したが、ブレスケンス号事件の時と同じく、オランダが感謝の使節を派遣することを幕府は望んでいたらしい㊵。

なお、一六四一年から五一年の間に、情報提供義務づけの私的な伝達は、「商館長日記」によると少なくとも一〇回行なわれている㊶。

一六五三年以降一六五八年までの参府においては、明暦の大火で賜暇の登城ができなかった一六五七年を除いて毎年、賜暇の際に情報提供が命じられた。この間の賜暇の特徴は、通詞のみが登城する年と、商館長自身が登城して賜暇の賜物を受け取る年とが、交互に来ることである。通詞のみが登城した年は、その翌日ないし数日後に商館長が井上邸（一六五八年は明暦の大火で井上邸が焼失したため江戸の長崎奉行邸）に呼ばれて、情報提供の義務づけが伝えられている。一六五三年の賜暇に、自ら登城したいと商館長が抗議すると、井上は将軍が新しい命令を出す必要のない時は、通詞が登城することになった⑫と説明している。しかし、一六五四年、五六年には新規の命令が出されていないのに、商館長が登城しており、説得力はない。一方、一六五八年には、井上と長崎奉行から、賜暇に登城するのは通詞だけだが、将軍の命令は二、三日以内に彼等の家に呼んで伝える、と商館長に連絡が入っており、奉行邸での伝達に「将軍か老中の代理人として派遣された」目付喜多見重勝も立ち会った⑬。つまり、井上邸・奉行邸での伝達も完全に非公式で私的なものではなく、半公的な性格を持っていたことがわかる。この間の通詞登城と商館長登城との間には、将軍の命令に関して質的な差異はないと考えられる。一六五八年に、商館長は情報提供の義務づけを「昔からの訓戒」と表現しており、既に慣例的なものと認識していたことがわかる。

5　一六五九年令

この年一六五八年、オランダ人の保護者であった井上政重⑭が引退、北条氏長が後任の大目付兼宗門改役となった。長い間オランダ人をめぐる情報を一手に管理していた井上が引退したことで、「条約」の伝達が、公私の曖昧な状態から、完全に公的なものに移行した。一六五九年以降少なくとも数年間の参府時には、賜暇の際、商館長が自ら登城、情報提供の義務づけも城中で伝えられている。「通航一覧」が、この年を命令伝達の開始年とする理由の一つは、以上のような伝達方法の公式化である。二つめの理由は、内容に関わる。一六五九年の義務づけは、「商館長日記」には同じく「通例の昔からの訓戒」と表現されている⑮が、中国船の拿捕の禁止が付け加えられている点で五八年段階と異なる。一六五八年には、井上と長崎奉行の私的な警告として、中国船の拿捕は将軍の禁令ではないが、日本の不利益になることなので、行なわないようにと申し渡されたが[46]、一六五九年には将軍の禁令として扱われるようになった。三ヶ条の「条約」が毎年伝えられるようになったのはこの年が最初だとする、「通航一覧」の記事の信頼性が確認できる。

小　括

情報提供の義務づけの伝達は、一六四一年に始まり、一六五九年を大きな画期として慣例化する。この過程において重要なのは、一六四一年、四三年、五二年、五九年の命令であろう。一六四一年は第一回の命令であり、一六四三年以降は慣例化への志向がみられ、家綱への代替りを経た一六五二、五三年から参府賜暇時の伝達が慣例化し、一六五九年以降中国船拿捕の禁止を含めた三ヶ条の「条約」として定着した。

この時提供を義務づけられた情報の内容は、あくまでローマ教徒やポルトガルを中心とする旧教国勢力の日本に対する企てであって、メイランの言う「一般的な情報」ではない。情報提供の義務づけは、この時期に現実に予測された事態への準備が目的であったといえる。

オランダ人もキリスト教徒であるという認識（に基づく商館の長崎移転）、ブレスケンス号事件、ポルトガル使節援助問題は、将軍がオランダに少しでもローマ教徒やポルトガル人との同盟の疑惑を感じ貿易の断絶すら想定した、一六四〇年代日蘭関係の三つの危機である。ポルトガル人が宣教師やローマ教徒の潜入を計画することを、将軍が現実的なものとして心配していたことが、その背景にあった。一六四一年、四三年、五二年の三つの義務づけ命令は、その危機の解決の一環として出された。幕府は最終的に、オランダ人とローマ教徒やポルトガル人との共謀はなかったと判断して、恩着せがましく赦免し、同時に情報の提供を義務づけて、オランダ人を日本国内のローマ教徒根絶に協力させるとともに、オランダ人自身の潔白を証明する材料とした。

幕府の建前としては、貿易を望んでいるのは一方的にオランダ人のほうである。幕府の論理では、オランダ人は通商許可を特別の愛顧の証として感謝し、通商関係の存続のために「奉公」に励むべきなのである。それがまた、特別の愛顧を生むであろう。(47) また「通航一覧」所収の「条約」の関連部分は、「不相替日本為商売渡海仕度奉存候はゝ、キリシタン宗門之儀に付而、被聞召可然儀於有之者、(中略)急度長崎奉行人迄可申上事」という表現であり、情報提供はいわば貿易許可の交換条件として設定されている。(48)「通航一覧」は風説書を「御奉公筋」として扱っている。(49)

メイランは冒頭の引用部分に続いて、以下のように述べている。

この情報の提供を、日本人は最重要案件と見なしている。日本人の言うことを信じるならば、それはオランダ人が、日本で受け入れを我慢できる友人と見なされる主要な理由である。(50)

幕府の論理は、一九世紀まで基本的には変わらなかった。ただし、この義務づけにはさほどの強制力がないことに、幕府も気づいていたと思われる。強制力があるとすれば、オランダ人以外の情報源の存在と、オランダ人が日本貿易の利益を手放したくなかったことだけである。しかし、前者は、日本人自身が海外に出て、情報の真偽を確かめるすべがない限り、オランダ人に対する〝圧力〟にしかなりえない。後者は、一七世紀には大きな保障となりえたが、日蘭貿易が縮小した一九世紀には、本書第二部にみるように日蘭双方の駆け引きの問題と化した。幕府が、情報提供を〝義務づけ〟できたのは、「はじめに」で指摘したように、既にオランダ人による情報提供が、既成事実として行なわれていたからだと思われる。つまり、義務づけの有無にかかわらず(従って強制力がなくとも)、オランダ人はポルトガル人等の情報を提供する、という目算が幕府にはあったからなのである。(51)

別の視点から見ると、情報提供の義務づけが毎年実行されるには、通詞がオランダ人に何か新しい情報はないかと、聞きに行くことが重要となる。新しい情報が入る機会である船の入港時をねらって、通詞が情報を取りに商館長を訪ねることが慣例になった。[52]

第二節　情報提供の義務づけに関する東インド総督の理解

本節では、以上の情報提供の義務づけが、風説書成立の過程でどのような意味を持つのかを問うため、オランダ人、特にオランダ東インド会社東インド総督（以下、「総督」）にそれがどう理解されたのかを探りたい。幕府が情報提供を義務づけようとした対象は、商館長なのか総督なのか、「商館長日記」中にも明記されていない場合が多いが、総督であることがはっきりする例もあり、[53]また実際においてもヨーロッパやアジア各地からの情報を集め、日本人への提供を判断することができたのは総督なので、[54]ここでは特に総督の認識に着目したい。特に重要と思われる、一六四一、四三年、五二年の命令を対象とする。

1　一六四一年令

一六四一年秋、新商館長エルセラックは、同年の幕府の命令をバタフィアに報告した。総督アントニオ・ファン＝ディーメンと東インド評議会は、同報告と帰任したル＝メールの口頭及び文書による報告から情勢を判断、対策を検討した。総督・評議会からエルセラックに宛てた一六四二年六月二八日付書翰には、以下のようにある。[55]

最高政府〔幕府〕と日本の国事顧問官たち〔老中〕から、我々は、陛下〔将軍〕の名に於いて、我々が知り得る限り、教皇の追随者がこの国に敵対し且つこの国の平和を乱す意図を示そうとする凡ゆる企てを暴くよう命令されていますから、それに従って、我々は、ローマ教の聖職者たちの間では、〔中略〕中国船その他の船腹を利用して、宣教師たちを日本に送り込もうとする作業と行動がしきりに行なわれているという、我々の有する良い情報を貴下に知らせずにはおけません。[56]

情報提供義務づけの命令を逆に利用して、ル＝メールが提供したのと同様の、カンボディアから中国船で宣教師たちを日本に送り込もうとする動きがあるという情報を日本人に提供することを改めて命じている。総督は、これに先立つ部分で、①商館の長崎移転と日本側の強圧的な態度から、日本との貿易断絶の可能性は十分にある、②しかし、オランダが日本の友人であり続けるよう、（オランダ人以外の）すべての外国人が追放されることを期待する、と述べている。貿易の断絶を懸念しつつも、情報を提供することが貿易存続の条件とは考えておらず、むしろ中国船を追い出すための作戦として用いている。

2 一六四三年令

一六四三年一二月の義務づけは、一六四四年秋の日本商館長書翰、及びバタフィアに帰任したエルセラックの口頭報告によって、ブレスケンス号事件の処理過程とともに、バタフィアに伝えられた。なお、総督ファン＝ディーメンが一六四四年に死亡した後、四六年までは総督は空席で、評議会がその任務を代行した。一六四五年六月三日付日本商館長ピーテル・アントニス・オーフルトワーテル宛東インド評議会書翰をみてみよう。

〔前略〕大きな満足をもって、我々の業務のその国〔日本〕に於けるまずまずの状況と、また、日本の向こう側〔北日本〕への我々の船の出現〔ブレスケンス号事件〕によって我々が予想した困難が、会社にとって最も良い結果になったということも理解しました。全能の神が、会社の同地〔日本〕での通商をますます繁栄させ、またあらゆる苦悩の外に置きたまわんことを、〔中略〕望みます。〔中略〕少しでも皇帝〔将軍〕の命令に逆らっていると判断されるかもしれないことは、何事も計画したり〔実行〕したりせずに〔いてください〕。〔日本人は〕それ〔将軍の命令〕に非常に厳格です。(57)

二つめの中略部分では、長崎に来航した中国船からローマ教徒が発見され、またそれに関するエルセラックの宣伝が功を奏して、中国人が日本で拷問されたという情報を得て、中国人が日本渡航を自粛することを期待している。
この書翰で、評議会は日本における会社の状況とブレスケンス号事件の有利な解決に満足を示し、会社の日本における今後の発展と一六四五年の江戸参府の成功を期待している。評議会は、日本側が期待した貿易断絶の危機感を持っておらず、会社に有利な展望を謳歌しており、従って貿易の存続が認められたことを大きな感謝に値する好意的な措置とは思わなかった。この認識は、返礼の使節をオランダが送らなかった原因でもある。

3　一六五二年令

一六五二年令は、同年一〇月一六日付商館長アドリアーン・ファン＝デル＝ブルフの書翰(58)でバタフィアに伝えられた。それに対する総督の認識が、一六五三年七月二一日付総督カレル・レイニールスの書翰で、新商館長コイエットに示された。

〔前略〕彼等〔日本人〕が言うところのコイエットが犯した誤り〔ポルトガル使節援助問題に関する対応を指す〕が、彼等〔日本人〕は犯罪だと受け止めたのですが、今や忘れられ、赦されたのですから、〔江戸の〕幕府で彼の前任者に劣らぬ敬意を払われ、早期の拝礼が実現することを信じたいと思います。〔中略〕我々が貿易のため日本に長く通い続けるつもりである限り、〔我々は〕彼等の命令や布告には喜んで服従しなくてはなりません。〔中略〕
我々は日本の布告と将軍の法律によって、今までにもそして改めて、もし我々が、ポルトガル人かその他の国民が前述の国〔日本〕の征服かまたは不利になることを、企てているかまたは実行していることについて何かを聞いたら、それを〔時々刻々と報告して〕明らかにしておかなくてはならないと義務づけられ命令されているのですから、幕府でも長崎でも大官たちのもとで前述の〔カントンでの〕いきさつを詳細に話すために、我々はカントンでのできごと(59)を貴下に伝えることを良いと考えました。もし貴下が、何らかの情勢判断をもとに、そうしない方がよいとか、悪く受け取られるかもしれないと思うのであれば、それについてはおとなしく口を閉ざしていたほうがよいですが。(60)

引用部分の前で、総督は商館長が早期の拝礼を許されたことや、その他の良い待遇を喜んでおり、ポルトガル援助問題は解決済みで、もはや心配する必要はない、と判断している。ただし、日本の法律や命令に従うこと、へりくだった態度をとることが、日本での貿易存続の必須条件であることを繰り返し強調している。情報提供が改めて命じられた、としていることから、一六五二年の命令を把握していることがわかるが、具体的な情報について商館長の判断によっては日本人に教えなくてもよい、としており、あくまで情報提供は会社の利益のためだと考えている。

小括

総督と評議会は、少なくとも一六四一年、五二年の命令については、情報提供が新たに〝義務づけ〟られたことを理解していた。勿論、総督は幕府の〝命令〟に従う義務も動機もなかった。しかし、オランダ人にとって情報提供の義務づけは、東インド会社の利益増進のための環境整備となった。競争相手である中国人、特に鄭氏勢力との対抗関係を有利にする目的で、幕府に情報を流すことの口実となるからである。総督の認識という面だけみると一六四一年の義務づけによって変化は特になく、オランダ人側では一六四一年は風説書成立の画期としてあまり重要ではないと思われる。

会社が、商売上の敵であるポルトガル人の日本渡航を援助するということは、総督・評議会にとっては全くありえないことであり、幕府がそれを深刻に恐れているとはわかっていなかったようである。ポルトガル使節援助問題も、誤り、日本人の言によれば犯罪、という程度の認識であった。総督の貿易断絶の危機認識は、一六四一年には確かに強かったが、一六四三年、五二年には深刻なものではなくなっていた。従って、日本人が期待した感謝の念を、総督が持つはずはなかった。

バタフィアでは、ポルトガル人等に関する情報の提供は、貿易許可の交換条件とは考えられてはいたが、総督が重要だと思ったのはむしろ、彼等からみて理不尽な将軍の命令すべてにひたすら従うことや、日本人に対して卑屈な態度をとることであった。

第三節　一六四七年ポルトガル使節来航事件に関するオランダ人の情報提供

1　ポルトガル使節来航事件の第一報――一六四三年――

本節では、当該時期にオランダが行なった情報提供の具体例として、前述のポルトガル使節来航事件を扱う。この事件は、後に情報提供の義務を怠ったことが原因でオランダが譴責される点で、重要かつ興味深い事例だと考えられる。

まず、使節が日本に到達するまでの動きを簡単に確認したい。(61) 一六四三年初頭にマカオからリスボンに使者が送られ、貿易の窮状と日本に送った使節が処刑されたことを訴えた。ポルトガル政府は、ゴンサロ・デ＝シケイラ＝デ＝ソウザを使節として日本に送ることを決定、一六四四年二月に二隻の船が出発するが暴風に遭い、アントニオ・フィアーリョ＝フェレイラを船長とする使節の乗った船は、スンダ海峡（スマトラ島とジャワ島の間）付近でオランダに保護を求め、バタフィアに移された。同地で、ポルトガルがオランダ船パウ号をゴアで抑留していたことの対抗措置として約四ヶ月抑留されたが、パウ号解放の報とともに自由を得、総督から航海士などの提供を得てマカオに着いた。その後一度ゴアに戻り、一六四六年八月、再び日本を目指してマカオを出帆するが、目的を達しないままマカオに帰った。一六四七年七月、使節は日本を目指して三度目の航海を行ない、同月中に長崎に入港した。

以上のポルトガル使節の動きを、オランダ東インド会社がどのように日本商館に伝え、それが幕府に伝わったのかをオランダ側の史料から見ていきたい。

この使節を派遣する計画について日本商館に伝えたのは、一六四三年五月九日付の新旧商館長宛総督ファン＝ディーメン書翰である。この段階ではまだ使節はポルトガルを出帆しておらず、あくまで計画段階である。以下、前後部分を含め引用する。

〔前略〕マカオの人々〔中略〕が、中国人たちとともに日本貿易を行なおうと努めるだろうということも既に明らかです。この行動について貴地〔日本〕の我々の友人に知らせなくてはなりません。〔中略〕ポルトガル人も再び日本に来るという希望を持ち続けており、ポルトガルの国王から同地に特別の遣使があるだろうと公言しています。貴下は我々の友人たち〔の意見〕について、この先の状況がどうなるのか情報を集め、可能性のある妨害策はすべて講じなくてはなりません。

同じく、もしイギリス人やデンマーク人がいつの日か日本に現れたら、〔日本人の〕意見はどのようなものだろうか、どのように遇するつもりか〔探ってください〕。他の諸国民を排して我々だけが、日本に渡航し往来することができるように、その件を取り計らうように。そのこと〔オランダ人だけが日本に渡航すること〕が、その国に安心と安らぎをもたらし、〔日本は〕我々によって満足させられ得る、と説明して〔ください〕。[62]

引用部分の趣旨は、オランダが日本貿易独占のためにするべき情報戦である。引用部分の第一段落は、中国船妨害策の一環として、マカオのポルトガル人と中国船の結びつきを日本国内の親オランダ派の日本人に告げることを命じている。（前略部分では、中国船がカンボディアから東インド会社に優る上質の商品を日本市場にもたらすであろう、という危機感を表明している。）二つめの中略部分では、ルビノ神父の一行が日本へ渡航したという具体的な情報を通詞や出島乙名の海老屋四郎右衛門に伝えることを命じ、〝中国船によって〟渡航したということをあえて付け加えている。第二段落が、ポルトガル使節の情報である。日本商館長にあらゆる妨害策を講じなくてはならないと命令していること、第三段落でイギリス人・デンマーク人が貿易を願った場合の日本人の対応を調べよ、と命じていることから、少なくともバタフィアでは、日本貿易を他のヨーロッパ人を排して独占できるという確信を持っておらず、ポルトガル人についても日本貿易に再度参入してくる可能性を若干は恐れていたのではないかと思われる。(63)「鎖国」政策が固定化していないことをオランダ人も認識し、日本人の意識を探ろうと努力している。一般にオランダ人は、オランダが十分な商品の輸入能力を持つこと、その前提として海上で軍事的優位を持っていることを日本側に強調しており、(64)ポルトガルやスペインの勢力を誇大化して日本人に伝える傾向は見えない。ただ、ポルトガルとの休戦を説明するに際しては、オランダ人の判断では脅威ではないにもかかわらず、スペインの日本への脅威を宣伝したようである。(65)

この書翰に対する返答として書かれた、一六四三年一〇月一日付総督宛新商館長エルセラック書翰は、以下のようなものである。

(現在の皇帝〔将軍〕が生きている限り)ポルトガル人が日本で許容される可能性は全くありません。我々は〔海老屋〕四郎右衛門殿や通詞たち(彼等はすべて我々の友人であり、彼等とは自由に話すことができますが、彼等の同席なくしては、他の立派で知識のある人々の誰とも交際することは許されていません)と、彼等〔ポルトガル人〕の国王が日本への特別の遣使を準備しているというポルトガル人の言明について、詳しく話をしました。〔中略〕〔彼等は〕我々にもし彼等〔ポルトガル人〕が日本に現れたならば、一年前に起きたよりも格段に苦痛を伴う死を以て殺されるであろう、と十全に請け合いました。〔従って〕彼等の国王〔の計画〕の話は本当とは思えません。〔中略〕

イギリス人、デンマーク人、フランス人及びその他のキリスト教国民が日本に現れた場合、〔中略〕疑いなく我々と同じように良い待遇を受けざるをえず、それを我々が妨げることは不可能です。

ポルトガル人がカンボディアやその他の土地でしていることについて、貴下の指図に従って前述の四郎右衛門殿や通詞たちと話しました。〔中略〕彼等は、〔ポルトガル人が〕中国人を使って日本貿易をすることをやめないであろうこと、日本を彼等のローマ教徒によって不穏な状態にしようと努めていることを、とてもよく理解しています。しかし、〔通詞等は〕我々に以下のように忠告しました。すなわち、奉行や指揮官たちには、ポルトガル人の状態や行動について彼等のほうから我々に尋ねない限り、そのことを話さない方がよい。〔中略〕〔ポルトガル人とオランダ人が〕敵同士であり、お互い他方について何も良いことは話さないであろうことは、よくわかっているのであるから〔、と〕[66]。

この書翰でエルセラックは、総督書翰の一点一点について返答している。引用部分第一段落はポルトガル使節について、それを通詞と出島乙名海老屋四郎右衛門に話したことを報告し、その目的を達することはできないであろうという商館長の見通しを示している。二つめの（ ）内は、総督の意図した「貴地の我々の友人」は、例えば井上など高位の人物であったかもしれないが、商館長が情報を告げることのできる相手は通詞と出島乙名だけである、という言い訳であろう。ポルトガル使節の件は、折から起きたブレスケンス号事件に紛れて、その後江戸で井上等に質問されたりした形跡はない。使節派遣の信憑性を疑った出島乙名や通詞の判断で、奉行には伝えられなかったか、または奉行が江戸に報告しなかった可能性もある。第二段落では、イギリス人・デンマーク人・フランス人については排除の確信は持てないことを示している。第三段落では、中国船排除のための情報活動を総督の指示に従って行なったことを報告し、それに対し通詞が、それを理解しつつも、単なる誹謗中傷と思われないために奉行から聞かれない限り言わないほうがよい、と忠告したことを伝えている。オランダ人は、既出の史料からわかるように、ポルトガル人が中国船を使って宣教師を送ろうとしているという情報を繰り返し伝えていた。そのたびに中国人・オランダ人双方の意見が徴され、奉行としてもどちらの意見を取るとも判断がつかなかったことから、通詞はこのような忠告をしたと思われるが、情報提供の現場における通詞の影響力の大きさが窺われる。

2　第二報――一六四四年――

翌一六四四年には、使節の第一回の航海が行なわれたが、バタフィアではそれを早期に知ることはできなかった。同じくエルセラック宛の四四年五月二日付総督ファン＝ディーメン書翰には、「ポルトガル人は日本へ航海することを絶望しはじめているようです。」[67]とある。そのすぐ前の部分では、日本貿易をオランダ人だけが独占する状況が望ましいが、それはエルセラックの判断どおり難しいであろうこと、しかし、ヨーロッパの他の国は日本貿易の様々な制限に耐えられず、長くはとどまれないであろうこと、当面はフランス・イギリス・デンマークの日本貿易参入を恐れる必要はないであろうこと、を記しており、総督がポルトガル使節を日本貿易の独占という観点から見ていることがわかる。

ところが、この後、イギリス船がインドのゴアからコーチン（インド西岸南部の都市）、マカオ経由で日本に来ようと計画しているという情報が新たにバタフィアにもたらされた。そのため、同年七月四日付の書翰ではファン＝ディーメンは以下のように述べる。

従って、〔イギリス船ウィレム号は〕〔中略〕日本に於いて利益を得る〔計画である〕ことは疑いなく、そのため前述のイギリス人たちが長崎か平戸へ現れることは間違いありません。〔中略〕この船が、どのような行動をとり、〔日本で〕如何に取り扱われるか、我々は強い関心を持っています。〔中略〕それ故貴下は、可能な限り、そして日本人を苛立たせることなく、長崎の執政官たちにこの〔イギリス船との〕交渉によってこの国が出会う不安や危険を説いて誘導し、そのために、この貿易が阻止され、イギリス人が日本への来航を禁止されるまで、実行し得るすべてを行わねばなりません。[68]

この書翰の内容は、「商館長日記」八月三一日条に要約されているが、この時通詞や長崎奉行に伝えられたかどうかはわからない。しかし、「商館長日記」九月二六日条によると、奉行に拷問された中国人ローマ教徒が、〃イギリス船がポルトガル商品を積んでマカオから日本に渡航を計画しており、マカオのポルトガル人も日本との貿易が許可されないだろうかということを調べるためにそのイギリス船で日本に来るだろう〃という噂を自白した[70]。少なくとも、このことを商館長に伝えた通詞の言を信じるならば、奉行は「極度に驚かされ、この話を部分的にせよ予告していたオランダ人の誠実さを評価し、前述のイギリス人等が当地に来たならば、容赦なく殺し、船と商品を燃やして灰にしてしまうであろうと我々に保証した[71]」。遅くとも九月二六日の段階では、商館長から通詞に、通詞から奉行に総督書翰の情報が伝えられていたのだろう。通詞は、この時オランダ人から聞いたこととして、鄭氏のもとでローマ教のミサが行なわれているという情報を奉行に伝えた、としている。このように、通詞は奉行の様子を見て適切だと判断したときに、オランダ人からの情報を奉行に伝えており、通詞に情報提供をした記事が「商館長日記」にみえる場合でも、その後すぐその内容が奉行に伝わっているのかは、疑わなくてはならない。

3　蘭葡休戦と日本側の疑念──一六四五─四六年──

翌一六四五年の二月一日から四日にかけて、参府していた商館長オーフルトワーテルは、井上政重から、ゴアからバタフィアへの距離はどれ程か、ポルトガル船が来航する際イギリスが援助する可能性はあるか、「来夏日本に来るべき」マカオのイギリス船が来航の際乗組員を殺せば、イギリス人は日本人に復讐するであろうか、イギリス人とポルトガル人が連合したら日本に不利なことをなし得るか、などの質問を受けている[72]。この頃には幕府内で、マカオからイギリス船かポルトガル船が日本に来るということが、かなり確実性のある情報として理解され、対策が協議されていたらしいことがわかる。山本博文は、一六四五年二月頃から、日本国内でポルトガル船来航に備えた動きが始まっていることを指摘しており[73]、この井上の質問もその一環と理解できる。山本は、マカオの使者が日本に嘆願に来るという、中国船に便乗したマニラの宣教師の一月二一日〈正保元年一二月二四日〉の自白[74]が契機となったとするが、井上の質問はポルトガル使節をイギリスと結び付けており、オランダ人の情報も踏まえられていたことがわかる。なお、ポルトガル使節とイギリスとの関係の取り沙汰はこの年で終わっている。

一六四五年の前掲六月三日付の東インド評議会書翰は再び、ポルトガル使節に言及する。

ポルトガル人は、どうやら、日本でかつて味わった利益をまだ忘れられないようです。去年、国王は二隻のガリオン船をマカオに直行させ、〔中略〕〔そのうちの〕もう一隻は同様の不運により当地〔バタフィア〕の港を選ばざるを得ず、当地より、去る四月初頭に前述の都市〔マカオ〕への航海を続けました。同船で、国王ドン・ジョアンの特使が、日本の皇帝〔将軍〕に向け、同国での通商を以前の状態に戻してもらえないかとの〔嘆願の〕目的で、ポルトガルからやって来ました。しかし、貴下はそのことを日本人に知らせる必要があるでしょう。そうすれば、彼等〔日本人〕に対して何か〔悪いこと〕が企てられていることを前もって告知することになるでしょう。イギリス人及びデンマーク人は、今年は同地〔日本〕へ向かうとは聞いていません[75]。

後に問題となる、使節のバタフィア寄港のことは、少なくとも日本商館員には正確に伝えられており、日本人には隠しておくようにという指示も出されていない。同一の書翰で、ポルトガルとの休戦が再び徹底されたことも伝えられている。東インド評議会は、それを日本人が喜ばないことを危惧しつつ、以下のように述べる。

しかし、この休戦を危険なく秘密にしておくことはできないでしょう。従って、他の人々によってそのことが明らかになる前に、そうなれば日本人に容易に悪感情を抱かせることになるでしょうから、貴下はそのことを〔日本人に〕知らせるほうが良いでしょう[76]。

この書翰を受けて、商館長オーフルトワーテルは、「バタフィアから遠くないところにある都市バンタムにいたと言われている」ポルトガル使節について、またポルトガルとの休戦について、通詞に伝えた。「バンタム」（現インドネシア、バンテン）の地名は、書翰にみえないので、船の乗員から口頭で伝えられたものであろう。通詞は、使節については、当面奉行に知らせるのに適切ではないので、後続の船が到着するまで延期すべきであると言ったが、休戦については通詞が奉行に報告したものと商館長は理解した(77)（実は知らされていなかったことが、翌年明らかになる）。

五隻めの船が入港した同年九月七日、通詞は奉行にポルトガル使節について「それについて我々に充てて書かれたものの詳細とともに」報告し、商館長は通詞から、奉行はオランダ人がこの問題をこんなにも詳細に告げたことに満足していたと知らされた。翌八日に奉行は、商館長にポルトガル使節の件を書面の形でも提出させた(78)。この記事をみる限り、通詞の奉行に対する報告は詳細で、バタフィア寄港のことも書かれていたはずである。しかし、後年問題になった時、双方この書面には触れていないので、使節船がバタフィアに寄港したことは、この書面には書かれていなかったのだろう。通詞が故意に隠したのか、またはバンタムにいたとのみ書かれていたのか、明らかではない。また、この書面そのものが江戸に送達されたのかも明らかではない。後に全く証拠として扱われていないことからも、文書はメモ的なものとして長崎奉行のもとに留め置かれ、奉行は自分の解釈を加えた書翰等をあらためて作成して、江戸に内容を伝えた可能性も十分にある。

翌一六四六年二月一三日、参府した商館長レイニール・ファン゠ツムは、将軍の側近久世広之・牧野親成と在江戸の長崎奉行馬場利重などから、「ポルトガルから日本に派遣された大使のことを知っているか」と質問され、「然り、だが、彼が当地に来る勇気があるかどうか、我々の間では疑われている」と答えた(79)。奉行だけでなく久世・牧野もこの問答に参加しているので、ポルトガル使節の問題についてオランダ人が何らかの情報提供をしていることは、幕府中枢あるいは将軍も認識していたことを確認できる。

一六四六年八月一三日には、バタフィアからシャム経由で来航したオランダ船の船長が、〝ポルトガル使節が日本に来航する〟というポルトガル人から聞いた噂をもたらした。そこで商館長は、〝これはポルトガル人たちの噂であって完全に確実なものではないが〟との忠告を添えて、このことを奉行に通知するように、と通詞たちに知らせた。[80]

同年八月二八日に日本に届いた六月一八日付の東インド評議会書翰では、ポルトガル使節の来日情報が確認され、長崎商館長に「もし、この書翰を受け取る前にまだ〔大使が〕日本に現れていなければ、貴下はこのことを知事〔奉行〕たちに知らせなくてはなりません。[81]」と指示された。同書翰では、イギリス人もデンマーク人も同年は日本へ向かわないようだ、という観測も示されている。これをうけて、書翰が届いた日の「商館長日記」には、ポルトガル人が貿易を再開してもらうためにゴアから使節を日本に派遣するつもりであるという情報を、東インド評議会の命令に従い、通詞を介し奉行に通知させた、とある。[82]ここまでが、使節来航以前にオランダ人が使節に関する情報を提供した経過である。

関連してポルトガルとの休戦に関する「商館長日記」の記事を紹介する。同年九月二日になって、前年通詞を介して奉行に知らせたはずの、ポルトガルとの休戦の徹底の知らせを、実は通詞が奉行に知らせず握りつぶしていたことが明らかになった。新旧商館長は、同日通詞たちを呼び集めて、以下のように言い渡した。

もしその〔休戦の〕合意が、最悪の場合会社の敵から前述の知事〔奉行〕たちに伝えられた時には、その〔黙っていた〕ことから多くの難題が持ち上がるかもしれない、従ってその到来を自分から明らかにし、我々の率直さと誠実さをそれによって明示し、あらゆる疑念を取り除くことが賢明だと思う。[83]

商館長は、「会社の敵」からの情報で、休戦が明らかにされた場合の不利を考え、正直に話すしかないと判断している。この判断は、この情報提供を指示した一六四五年六月三日付の評議会書翰の認識と一致している。「会社の敵」として想定できるのは、中国人と、密航してくる宣教師であるが、後者は常にいるわけではないので、主に中国人を指すのであろう。しかし、通詞たちの意見は、以下のようなものであった。

この難題は非常に熟慮を要する、とりわけ一番重要なのはこの難点である、たとえば〔噂によれば〕二隻のガリオン船で来つつある大使、そのことから他でもないあらゆる種類の悪い憶測がなされるかもしれないのである。然り、〔その大使は〕我々の助言と同意を得て当地へ向かって出発したのであるなどというように〔疑われるだろう〕。(84)

通詞たちは、ポルトガルの使節を蘭葡休戦と結び付け、奉行や幕府に不要な疑念を抱かせないように、休戦の徹底を故意に隠していたことがわかる。しかし、七日になって、商館長ファン＝ツムは、休戦徹底の命令が出されたことを奉行に告げるよう、強く通詞に勧告した。奉行は、蘭葡休戦徹底の命令について書面を提出するようにと命じた。商館長が提出した文書に奉行は不満で、通詞に書面を書き直させ、後でその書き直し後の内容を通詞を介して商館長に通告した。(85)

翌一六四七年、最初のオランダ船が到着する前にポルトガル使節は長崎に来航した。

小　括

以上の経過から、本節の小括として、以下の四点を指摘したい。

第一に、ポルトガル使節の情報は、商館長宛総督の書翰の中で、常に中国人や他のヨーロッパ人の動向との組み合わせで扱われており、何よりも対日貿易独占の観点から着目されていた。総督や商館長は会社の目的、すなわち中国人や他のヨーロッパ人排除のために情報を流した。この時点では、幕府の「鎖国」政策が未確定だったというだけでなく、ヨーロッパ諸国は現実に対日貿易を模索する動きを示しており、オランダも自国の日本貿易独占が確実でないことを知っていた。日本側も情報戦が展開されていることを一定程度理解し、敵対者同士がお互い悪い情報を流すことはわかっているとして、通詞がオランダ人を牽制することもあった。その中でこの時期、もはやポルトガルは情報戦の主要な標的ではなく、総督にとっては幕府に対する点稼ぎの材料である。総督はポルトガル使節の情報が入り次第、幕府に伝えることを指示している。使節のバタフィア寄港の件も日本商館に伝えているが、特にそのことを秘密にせよとは総督は命令していない。少なくとも総督・商館長の意識としては、ポルトガル使節に関して情報提供を怠ったつもりは全くなかったはずである。

第二に、商館長が情報提供を怠らなかったとしても、その内容を、通詞が奉行に、また奉行が江戸に、逐一伝えているのかは「商館長日記」からは確認できない。特に通詞はポルトガルとの休戦について、使節の問題と結び付けて考え、隠しておいたほどであるから、ポルトガル使節がバタフィアに立ち寄ったことについても故意に隠しておいた可能性は十分にある。通詞は、オランダ人がポルトガル人と同盟して日本を侵略するというような可能性がないことを認識していたようであるが、幕府でどう理解されるかを慮って、情報を操作していた。確かに、本国で締結されたポルトガルとの休戦条約とアジアでの部分的な交戦、といった微妙な国際情勢を、将軍や幕府が十分理解することは難しかったであろう。

前年に通詞に伝えたことがまだ奉行に伝わっていない事例まであるので、蘭文であれ和文であれ、商館長と通詞がその場で内容を保証して署名した幕府への提出文書が、この時期存在したとは考えられない。少なくともこの時期には、何をいつ奉行に伝えるかが、通詞の手によって操作可能であった。通詞がその場で商館長の話を書き取ったとしても、それは彼等の一時的なメモに過ぎなかった可能性が高い。またポルトガル使節援助問題や蘭葡休戦などについて文書を提出させられたように、奉行や井上が特定の問題について特に命じて（時には商館長の署名のある）文書を提出させることはこの時期にもみられるが、船の到着後即日作成される、後年の風説書とは別の範疇で考えたほうがよいであろう。その書面の内容も、ポルトガルとの休戦に関して奉行が書き換えを命じているように、一方的な情報提供ではなく、奉行や通詞のもとで操作されたものであった。通詞は、オランダ人に有利になるように操作しているように、少なくともオランダ人に対しては述べているが[86]、一方幕府に命じられてオランダ人を監視する立場でもあり、両者のバランスの中で自分たちの利益のために行動していたと考えられる。後年「風説書」という文書が作成されることには、オランダ人にとっても奉行や幕府にとっても、何を言って何を言わなかったのかの証拠とし、途中の情報操作を排除して責任の範囲を明確にするメリットがあったはずである。

第三に、情報の中身に関してであるが、オランダ人によって提供された情報が比較的正確であることは、既に板沢、片桐も指摘しており、ブレスケンス号事件やリターン号事件等について、幕府が外国人から得た情報を比較検討していたことも、既に指摘されている[87]。本章ではそれに加えて、蘭葡休戦についての総督・評議会や商館長の認識に端的に表れるように、オランダ側も他の情報源の存在を知って、正確な情報を提供せざるをえなかったという点を指摘したい。ポルトガル使節援助問題の弁明においても、使節を乗せた船がパウ号抑留との関係でバタフィアに寄港したこと等は伏せてあるものの、事実をかなり詳しく報告している[88]。オランダ人以外の幕府の情報源としては、主に中国人、場合によってはポルトガル使節、本章では十分論じる余裕がなかったが密航宣教師などがあり、オランダに正確な情報を提供させる圧力となった。

第四点に、幕府は、手に入れた情報を相互に比較して信憑性を高めようとし、オランダ人のほうも比較的正確な情報を提供していたが、その上でなお、オランダ人・中国人・ポルトガル人が相互に異なる申し立てをした場合、どれを採用するか、提供された情報を奉仕や功績と認めるかどうかは、幕府自ら確認する手段を持たない以上、結局幕府の恣意的な判断にかかっていた。一六四八年には中国人等の情報でポルトガル使節の言が確認されればオランダ人の貿易を禁止する、と脅したにもかかわらず、一六五〇年には中国人の証言を十分な証拠と認めず、オランダ人に貿易を許可している。中国人が証言したにもかかわらず、という表現は、商館長が自分の成功を総督や東インド会社の本国重役会に喧伝する意味で付け加えたという可能性もなくはないが、ポルトガル使節援助問題の解決が、ポルトガル使節とオランダ人の対論や、決定的な証拠によるものではないことは明らかである。ここでは実証できないが、幕府にとっては、この時期複数の（一つはヨーロッパ人の）交易相手（実際にはオランダ人と中国人）を情報提供者として確保しておくことが重要だったと思われる。

ブレスケンス号事件への返礼の使節が来日したことでポルトガル使節援助問題が解決し、将軍の代替りでそれが確かなものになるという一連の流れは、論理的には整合性がない[89]。しかし、結論として、オランダ人は、一六四八年と四九年の江戸参府の失敗に象徴される、将軍徳川家光の不興を乗り越えた。この過程で、オランダ人を交易相手として排斥しないことが確定していったことは確実であろう。

おわりに

ごく簡単に本章の内容をまとめてみたい。一六四一年から始まったオランダ人への情報提供の義務づけは、一六五九年に慣例化した。義務づけの意図は、ポルトガル人追放を徹底し、オランダ人がローマ教徒やポルトガルと同盟していないことを確かめるところにあったが、情報提供を日本貿易独占のための手段と考えるバタフィアの東インド総督と評議会にとっては、それが十分認識されていたとは言い難い。実際の情報提供の場では、通詞の裁量の幅が大きく、商館長と通詞が内容を保証して署名する和文風説書はこの段階では存在しなかったことがわかる。オランダ人は、他の情報源を恐れ、かなり正確な情報を提供していたが、様々な情報のどれを採用するかは結局幕府の恣意にかかっていた。

(1) Meijlan, German F., *Geschiedkundig Overzigt van den Handel der Europezen op Japan*, Batavia, 1833, pp. 355-356.

(2) 日本商館文書中の商館長の公務日記は、一冊ごとに固有の表題を持つが、一連の史料であるので、本書では「商館長日記」で統一し、NFJ番号で区別する。Roessingh, M. P. H., *Het Archief van de Nederlandse Factorij in Japan 1609-1860*, Algemeen Rijksarchief, 's-Gravenhage の第一部には Dagregister van de factorij te Hirado en te Deshima として一六三三—一八三三年の「商館長日記」(NFJ53—NFJ249) が、第二部には Dagregisters van de factorij te Deshima として、一八四三—一八六〇年の「商館長日記」(NFJ1613—NFJ1624) が収録されている。

(3) 板沢書、一八三頁。

(4) 京口元吉「甲比丹と和蘭風説書」中(『史観』二五号、一九四〇年)六六頁。片桐一男「和蘭風説書集成解題—和蘭風説書の研究—」『集成』(上)、五—七頁。

(5) この指摘は既に先学によってなされている。森克己「国姓爺の台湾攻略とオランダ風説書」(『日本歴史』四八号、一九五二年)、永積洋子「一七世紀後半の情報と通詞」(『史学』六〇—四号、一九九一年) など。

(6) 当時の幕府の立場及び日本国内の文脈では、「命令」あるいは「勧告」である。本文に述べるように、オランダ人に対して強制力があったとは思われないが、本書では便宜上「義務づけ」の語で統一する。

(7) 前述のメイランの記述からも、オランダ語で書かれた風説書が存在したとは読み取れない。本書第四章参照。

(8) 岩生成一『新版朱印船貿易史の研究』(吉川弘文館、一九八五年) 四三六頁以下など。

(9) 以下本章では、便宜上、原文書の所蔵番号等は、原文書の参照が必要な場合のみ記すこととし、既刊の訳文が参照可能な場合は省略する。「商館長日記」の既刊の訳文としては、村上直次郎訳『長崎オランダ商館の日記』(岩波書店、以下『村上訳』)、第二輯(一九五七年)、第三輯(一九五八年)、及び東京大学史料編纂所編『日本関係海外史料　オランダ商館長日記』(以下『日記』) 訳文編之四(上)(一九八三年)、同五(一九八五年)、同六(一九八七年)、同七(一九九一年)、同八(上)(一九九五年)、同八(下)(一九九七年)、同九(二〇〇一年)、同一〇(二〇〇五年)を用いた(統一のため表記には一部変更を加えた)。

(10) 沼田次郎「鎖国下の日本と西洋文化」沼田編『日本と西洋』(平凡社、一九七一年) 一七〇—一七一頁、山本博文『寛永時代』(吉川弘文館、一九八九年) 二四二—二四三頁、木村直樹「一七世紀後半の幕藩権力と対外情報—一六七三年リターン号事件をめぐって—」(『論集きんせい』二〇号、一九九八年) など。

(11)『日記』訳文編之六、一一六―一一七、一二三―一二四頁。『日記』訳文編之七、三〇―三一頁。
(12)梶目大島で捕縛された宣教師が、オランダ船でローマ教徒を日本に渡す企てがあると述べたため、オランダ船が捜索された（『日記』訳文編之八（下）、一一一、七一―一一頁）。
(13)『新訂増補国史大系　徳川実紀』第四篇（吉川弘文館、一九七六年）三〇一頁。
(14)『通航一覧』第六（国書刊行会、一九一三年、一九六七年清文堂出版より復刻）二二二―二二五頁。
(15)史料中の用語は「キリシタン宗門」「彼宗門之族」。オランダ側の史料では、「ローマ教徒 Roomsche Christenen」などと表記されることが多いので、本書では、あえて「カトリック教徒」を用いず、「ローマ教徒」に統一する。
(16)姫路市図書館所蔵「江戸幕府日記」寛永一八年四月二日（一六四一年五月一一日）条。藤井譲治監修『江戸幕府日記　姫路酒井家本』第一〇巻（ゆまに書房、二〇〇三年）二六四―二六五頁。
「商館長日記」同日条では、第二条は日本に渡航するポルトガル船・スペイン船拿捕の勧告となっており（『日記』訳文編之五、五四頁）、通詞が誤訳したと思われる。後出「商館長日記」一六四一年七月二四日条をみても、この時点でル＝メールは情報提供の義務づけが命じられたことを理解していなかったようである。商館長が理解するのは、同年一〇月二八日に長崎で井上から私的に情報提供の義務づけを言い渡された時だと思われる。
(17)高柳眞三・石井良介編『御触書寛保集成』（岩波書店、一九三四年）六二九―六三〇頁。『日記』訳文編之四（上）、一六三―一六四頁。
(18)山本博文『鎖国と海禁の時代』（校倉書房、一九九五年）一〇四―一一〇頁。
(19)山本前掲『寛永時代』一一六―一一八頁。山本前掲『鎖国と海禁の時代』八八、一一三―一一四頁。
(20)『日記』訳文編之五、一四八、二二七―二二八、二四七頁など。
(21)『日記』訳文編之六、附録三、二一〇―二一一頁など。
(22)『日記』訳文編之五、一五二頁。
(23)例えば『日記』訳文編之八（上）、二〇四頁。
(24)「商館長日記」一六四一年一一月八日条（『日記』訳文編之六、七頁）、一六四二年七月二八日条（同一〇八頁）、八月二五日条（同一二九頁）、九月一一日条（同一六二頁）。
(25)『日記』訳文編之七・八、加藤榮一「ブレスケンス号の南部漂着と日本側の対応」（『日蘭学会会誌』一四―一号、一九八九年）、レイニアー・H・ヘスリンク著、鈴木邦子訳『オランダ人捕縛から探る近世史』（山田町教育委員会、一九九八年）を参照。

(26) 「東インドよりの到着文書集 Overgekomen Brieven（以下 OB）」、jaar 1646, boek III, VOC1156 に所収。「商館長日記」にも内容が書き留められている（『日記』訳文編之八〈上〉、八六―八九頁）。

(27) 尋問の過程で最も重要視されたのも、この点であった（ヘスリンク前掲書、一三〇―一三一、一四二―一四三、一八二、二〇一頁）。

(28) 『日記』訳文編之六、附録四、二六三―二六五頁。

(29) 使節の動きについては、長崎市役所『長崎市史　通交貿易編西洋諸国部』（清文堂出版、一九三八年、一九六七年再刊）、Boxer, Carles R., *The Embassy of Captain Gonçalo de Siqueira de Souza to Japan in 1644-7*, Macau, 1938（以下、「ボクサー前掲書」）、幕府の対応や軍役動員については、山本前掲『寛永時代』、山本前掲『鎖国と海禁の時代』、木村直樹「一七世紀中葉幕藩制国家の異国船対策」（『史学雑誌』一〇九―一号、二〇〇〇年）、松尾晋一「正保四年のポルトガル使節船来航をめぐる対応」（『日本歴史』六四三号、二〇〇一年）がある。

(30) 『村上訳』第二輯序説、永積洋子「オランダ人の保護者としての井上筑後守政重」（『日本歴史』三二七号、一九七五年）、中村質「初期の未刊唐蘭風説書と関連史料―幕府の海外情報管理をめぐって―」田中健夫編『日本前近代の国家と対外関係』（吉川弘文館、一九八七年）、ヘスリンク前掲書等参照。

(31) 「江府拝礼之事」丹羽漢吉・森永種夫校訂『長崎文献叢書第一集第二巻　長崎実録大成正編』（長崎文献社、一九七三年）二〇八―二〇九頁に、「正保四丁亥年（一六四七）（中略）其年如例冬中甲必丹ヘンテレキ・コヱタ江戸表ニ参着之処、年来御制禁ノ南蛮船当夏日本ニ渡来ル事聞及ニ於テハ、即刻可令注進之処、其儀無之不届ノ至也トテ拝礼不相叶〔後略〕」とある。この記事は、『通航一覧』第六「御咎筋」（三一三頁）にも引用されている。

(32) 永積前掲「オランダ人の保護者としての井上筑後守政重」。

(33) 中村前掲論文参照。

(34) 「商館長日記」（NFJ61）一六四八年一一月六日条。

(35) 幕府は当初、オランダ本国政府が返礼のためエルセラックをまた来日させることを期待していたが、結局東インド総督が使節を仕立てた。この使節については、レイニアー・ヘスリンク「エルセラックの『約束』」（『日本歴史』五四七号、一九九三年）及びヘスリンク前掲書に詳しい。

(36)「商館長日記」（NFJ63）一六五〇年一月二〇日条。

(37)「商館長日記」一六五〇年四月八日条（『村上訳』第二輯、二九四頁）。

(38)「商館長日記」一六五一年三月一七日条（『村上訳』第三輯、四八頁）によると、参府中の商館長が井上政重の通訳から「オランダ人が、その待遇の次第に悪くなり、貿易の利益も次第に減少するのを見て、来航を止めるに至るよう、〔顧問官たちは〕しむけるのではなかろうかと言う者もある」と告げられている。商館長は、「これは酔うての話ではあるが、我らはこれを軽視してはならぬ」と感想を記している。

(39)「商館長日記」一六五二年五月二三日条（『村上訳』第三輯、一四四―一四六頁）。

(40)「商館長日記」によると、一六五一年七月末から八月半ばにかけて、派遣された大使の死後代行を務めた、アンドリース・フリシウスが本国に帰ったかどうか繰り返し質問しており、一六五四年三月一三日には井上が、「バタビアからの大使は今年来るであろうか」（『村上訳』第三輯、二八一頁）と商館長に尋ね、八月には使節が来ない理由を商館長に尋ねている。商館長は、その理由の一つを「大使フリシウスの待遇がバタビア及び本国で不満に思われ、使節の派遣を停止して、商館長の派遣に止めるのではないかと思われる」（『村上訳』第三輯、三〇八頁）と説明しており、日本側が待望する使節がポルトガル使節援助問題の解決に対する返礼の使節であったと推察される。

(41)「商館長日記」一六四一年一〇月二八日条（『日記』訳文編之五、二九八頁）、同一一月八日条（『日記』訳文編之六、七頁）、一二月三〇日条（『日記』訳文編之八（上）、九七頁）、一六四四年一月一日条（同一〇〇頁）、一六四六年一〇月二七日条（『日記』訳文編之九、二二二頁）、一六四七年一月一五日条（『日記』訳文編之一〇、一一九頁）、一六五〇年三月一七日条（『村上訳』第二輯、二八九頁）、同四月一〇日条（同二九七頁）、一六五一年三月三一日条（『村上訳』第三輯、五三頁）、同一〇月三〇日（同八七頁）。

(42)「商館長日記」一六五三年二月一六日条（『村上訳』第三輯、二〇六頁）。

(43)「商館長日記」（NFJ71）一六五八年二月二一日条。

(44)永積前掲「オランダ人の保護者としての井上筑後守政重」参照。

(45)「商館長日記」（NFJ72）一六五九年四月二九日条など。

(46)「商館長日記」（NFJ71）一六五八年三月二三日条。

(47)　井上や長崎奉行は私的に情報提供を勧告する場合、情報を提供すれば将軍への奉仕、または功績となろう、と繰り返し述べている。例えば、「商館長日記」一六四六年一〇月二七日条（『日記』訳文編之九、二一二頁）、一六四七年一月一五日条（『日記』訳文編之一〇、一一九頁）、一六五〇年三月一七日条（『村上訳』第二輯、二八九頁）、一六五四年三月一三日条（『村上訳』第三輯、二八一頁）。

(48)　『通航一覧』第六、二三三頁。例えば、幕府が江戸の吉原に営業許認可と引き換えに情報提供を義務づけたのと同様の発想だといえるであろう（宮地正人「幕末の政治・情報・文化の関係について」宮地『幕末維新期の文化と情報』〈名著刊行会、一九九四年〉）。

(49)　『通航一覧』第六、二五二頁以下。

(50)　メイラン前掲書、三五六頁。

(51)　近世初期における幕府の諸大名に対する態度にも類似のものがあった。例えば、大名妻子の江戸居住も、最初に既成事実を作ってから公式に命令された（山本博文『江戸城の宮廷政治—熊本藩細川忠興・忠利父子の往復書状—』〈読売新聞社、一九九三年〉六〇—六五頁）。

(52)　「商館長日記」でみる限り、かならずしも船が着くたびではなく、一番船（当該貿易期の最初に来航した船）、次期商館長乗船の船など、情報を持って来そうな船の到着をねらって情報があるかどうか聞きに行くようである。

(53)　例えば、「商館長日記」一六五〇年三月一七日条（『村上訳』第二輯、二八九頁）、同四月八日条（同二九五頁）、同四月一〇日条（同二九六頁）、一六五一年三月三一日条（『村上訳』第三輯、五三頁）、同一〇月三〇日条（同八七頁）。

(54)　木村前掲「一七世紀後半の幕藩権力と対外情報」参照。ただし、同論文は風説書確立後の様子を扱っている。

(55)　なお、長崎に入港するオランダ船によって、バタフィアの総督や評議会からの書翰がもたらされるのは、概ね八月から九月である。それは、その前年の秋に日本を出帆した船がもたらした書翰への返答として書かれている。

(56)　『日記』訳文編之六、附録三、二四二頁。

(57)　『日記』訳文編之九、附録一、二二八—二二九頁。

(58)　OB jaar 1653, boek III（VOC1194）及び、Versonden brieven van't comptoir Nangasackij in Japan naer diversse plaetsen in den jaere 1652（NFJ285）.

(59)　「カントンでのできごと」とはフレデリック・スヘーデルがオランダの使節としてカントン（広州）に派遣されたことを

指す（村上直次郎訳注、中村孝志校注『バタヴィア城日誌』三〈東洋文庫二七一、平凡社、一九七五年〉一二二頁以下参照）。

(60) Batavia's Uitgaand Briefboek（以下 BUB）(VOC877) pp. 223-247.

(61) ボクサー前掲書、前掲『長崎市史』四八六―四九二頁、『バタヴィア城日誌』二、二一二―二一四頁、による。

(62) BUB (VOC867) pp. 257-266.

(63) 松尾晋一は、「家光政権期の沿岸警備体制について」（『白山史学』三五号、一九九九年四月）において、一六四七年八月一三日〈正保四年七月一三日〉付高力忠房・日根野吉明・馬場利重宛老中連署奉書（『通航一覧』第五、八三頁）に「第一数年御制禁之きりしたん宗門を弘候儀、向後仕ましきよし、慥成証拠書等有之者各別候」とあることを指摘、幕府としてはポルトガルがキリスト教を布教しないと誓約すれば、日葡関係を回復させる用意があったとしている。バタフィアの総督府の認識も的外れではないかもしれない。

(64) 例えば、「商館長日記」一六四五年二月四日条（『日記』訳文編之九、三一―三六頁）、一六四七年一月一五日条（『日記』訳文編之一〇、一一八―一一九頁）、一六五四年三月一三日条（『村上訳』第三輯、二八一頁）。

(65) 一六四五年六月三日付東インド評議会書翰に「もし、その国民〔スペイン人〕が日本に何か〔悪いこと〕を企てるかもしれないと日本人がいくらか恐れているのであれば、〔中略〕このこと〔オランダがポルトガルと休戦してスペインと戦えば、スペインを倒すことができること〕を、貴下は機会があれば、〔日本人の〕大官たちに用心深く伝え〔耳に〕刻み付けなくてはなりません。」（『日記』訳文編之九、附録一、二三二頁）とある。

(66) Ontfangen en affgesondene brieven voor anno 1643 (NFJ280).

(67) 『日記』訳文編之八（上）、附録一、一七八頁。

(68) 『日記』訳文編之八（上）、附録五、二〇二―二〇三頁。

(69) 『日記』訳文編之八（下）、三七頁。

(70) 『日記』訳文編之八（下）、六八―七一頁。

(71) 『日記』訳文編之八（下）、六九頁。

(72) 「商館長日記」一六四五年二月一日―同四日条（『日記』訳文編之九、二五―三七頁）。

(73) 山本前掲『寛永時代』二一一頁、山本前掲『鎖国と海禁の時代』一四一―一四二頁。

(74) 鹿児島県維新史料編さん所『鹿児島県史料　旧記雑録追録』第一巻（鹿児島県、一九七一年）五頁による。この史料の性格は必ずしも明らかでなく、この史料の内容を裏づけるマニラからの密航宣教師などの記事も「商館長日記」中には見られない。しかし、このころオランダ船以外からもポルトガル使節の情報が入った可能性は高いと思う。
(75) 『日記』訳文編之九、附録一、二三二―二三三頁。
(76) 『日記』訳文編之九、附録一、二三〇頁。
(77) 『日記』訳文編之九、六八―六九頁。バタフィア寄港のことを日本人に伝えるべきか、商館長が悩んだ形跡はない。
(78) 『日記』訳文編之九、七五頁。
(79) 『日記』訳文編之九、一四七頁。
(80) 『日記』訳文編之九、一七五―一七六頁。
(81) 『日記』訳文編之九、附録七、二七八頁。同書例言（九頁）によれば、当該文書は一六四六年九月三日に長崎に届けられたとあるが、同書一八〇頁により、僚船ザルム号で八月二八日に到着したことがわかる。
(82) 『日記』訳文編之九、一八〇頁。
(83) 『日記』訳文編之九、一八三頁。
(84) 『日記』訳文編之九、一八三頁。
(85) 『日記』訳文編之九、一八六―一九〇頁。
(86) 例えば、「商館長日記」一六四四年九月二六日条（『日記』訳文編之八〈下〉、六八―七一頁）の例など。
(87) 加藤前掲論文、永積前掲「一七世紀後半の情報と通詞」、木村前掲「一七世紀後半の幕藩権力と対外情報」。
(88) スヌーク口上書（中村前掲論文）。
(89) ヘスリンク前掲書（二四九―二五四頁）は、〝ポルトガル使節援助問題は、ブレスケンス号事件解決に対する返礼の使節を督促するための口実に過ぎなかった〟と評価している。しかし、ポルトガル人の日本渡航をオランダ人が援助したという問題が、単なる〝口実〟だったという解釈には、やや無理があるように思う。もしそうであれば、商館長の拝礼禁止がなぜ一六四八年からなのかについての説得力は弱くなるからである。また、ブレスケンス号事件解決への返礼の使節が来日した後も、「ポルトガル人が再び来航する（中略）ことを聞いた節は、速かに閣下、或は長崎の奉行らに報告すれば、陛下に対する大功となるであろう」（「商館長日記」一六五〇年三月一七日条〈『村上訳』第二輯、二八九頁〉）、「〔長崎奉行は〕総督閣下に、ポルトガル人の、艦隊派遣計画を聞いた時は、速やかに当方に通知するよう、伝えることを勧め」（「商館長日記」一六五一年一〇月三〇日条〈『村上訳』第三輯、八七頁〉）、などのように、幕府はポルトガル船の再度の来航を相当懸念し、オランダ人に関連情報の提供を促している。一六五八年になってもまだ、ポルトガル使節援助問題が江戸参府の折に問題となっている（「商館長日記」〈NFJ71〉一六五八年三月三日条）。

ヘスリンク前掲書も、本書も、主たる史料をオランダ側に求めているため、幕府内の意思決定過程についての評価は、いずれにせよ、推測の域を出ない。それを踏まえた上で、筆者の当面の見解を述べておく。

既に述べたように、本章の範囲では、幕府がオランダ人の提供したポルトガル使節の来航情報を事前にどの程度理解していたのかは、証明できない。通詞などの媒介者が情報を操作した可能性があるからである。しかし、松尾前掲「正保四年のポルトガル使節船来航をめぐる対応」によれば、一六四七年段階で幕府は、その使節が報復や武力攻撃のためではなく「嘆願」のために来ることも理解していたと思われ、一方、幕府は「異国船〔ここではポルトガル使節船〕来航時の具体的な対応を規定してはいなかった」。その結果、オランダ人が情報提供義務を怠ったため、幕府はポルトガル使節の来航を予期していなかった、という理由づけが、国内向けには必要であったのではないだろうか。

しかも、来日したポルトガル使節の発言から、ポルトガル使節援助問題が浮上した。ポルトガル使節援助問題は、幕府としてはオランダ人を信用するに足る弁明が得られないまま膠着状態に陥った。この段階で、将軍家光は、理由は何であれ、井上政重のとりなしを受け付けないほど、オランダ人に対して不満を持っていた。そのため、窮余の一策として、ブレスケンス号事件に対する謝恩使の派遣により、将軍の不興を解くことができるという可能性を、井上政重か誰かがオランダ人にほのめかしたのではないだろうか。

第二章　オランダ風説書の確立過程

はじめに

本章は、定型的な和文風説書の作成が開始される過程、換言すれば制度としての風説書の三条件、すなわち①オランダ人に対する幕府の情報提供の義務づけ、②それに応えての情報提供の事実、③定型的な和文風説書の作成、が揃う風説書確立の過程を明らかにすることを課題とする。定型的な和文風説書とはどのようなものであろうか。第一章冒頭に掲げたメイランの記述によれば、船の到着後すぐ提供される一般的な内容の情報を、和文で書き商館長が署名をしたものである。また、現存唯一と言われる一七九七〈寛政九〉年の風説書正本[1]（図1）の形式をみると、一つ書きで情報を記した後、商館長が平仮名で書かれた名前の下に横文字で署名をし、その後に商館長の「申口」を翻訳したという文言を付して通詞たちが連名で黒印を押しており、宛所はない。それ以外の年については写本しか残されていないが、おそらくこれに準ずるものであったことを窺わせる。以下、本章では定型的な和文風説書を、（スペイン、ポルトガル両旧教国勢力の動静にとどまらない）一般的な内容を持ち、船の到着後すぐに作成された、商館長署名のある口上書であると定義したい。

それでは、定型的な和文風説書の成立時期として想定されるのはいつ頃であろうか。和文写本の伝存が一つの手掛かりとなる。確認されている和文「風説書」のうち最も早いものは、森克己が紹介した、鄭氏のタイオワン攻略を報ずる一六六一〈寛文元〉年の宇土細川家旧蔵の独立の写本「高砂之内けいらんと申所より弐艘参申候おらんだ人之口上書」[2]（図2）である。写しであるため当然省略される署名・捺印を欠く以外は、伝存の正本によく似た形式である。

一六六二年から六五年までの和文写本はなく、一六六六年からは連続して写本が伝存、同一写本の中に多数の風説書を含むようになる。その中で一六六六年からの風説書を含む写本は、学習院大学図書館所蔵本・東京大学附属総合図書館所蔵旧南葵文庫本・法政大学史学研究室所蔵板沢蘭学資料本（旧佐賀藩鍋島家本からの写し）・崋山会館所蔵崋山文庫本と、慶応義塾図書館所蔵幸田成友旧蔵本である。このうち、前四者は、すべて通詞の石橋助次郎から古河藩家老鷹見泉石が入手した写本をもとに作成されたものだとされている[3]。この他に管見の限りでは、シーボルト記念館所蔵中山文庫に、通詞の中山家に伝存した一六六七年以来の風説書を含む「風説帳」がある[4]。これらの写本から、元の風説書の形式を読み取ることは難しいが、一七九七年や一六六一年のもの（図1・図2）と大きく異なるとは思えない。一六六六—一六六七年という年代が、一つの目安になる[5]。

板沢や『集成』においては、写本の伝存の始期は和文風説書作成の開始の反映ではなく、単に残存状況を示すとされているようである[6]。しかし、第一章にみるように、一六四〇—五〇年代には和文風説書の存在が検出できなかったので、本章では、写本の伝存状況は和文風説書作成の始期と関連するという仮説のもと、一六六〇年代を中心に、一六七〇年代までを射程に入れて、考察を進めていきたい[7]。

一六六〇—七〇年代の国内外の情勢を、以下に概観しておきたい。

日本においては、一六五九〈万治二〉年に将軍徳川家綱が成人し、前将軍以来の閣老が次々と引退、死亡するにつれ、一六六〇年代に家綱政権独自の動きが現れるようになった。例えば、一六六二年に老中、若年寄の支配分掌が決定され、従来大目付から兼帯の一人であった宗門改役が、作事奉行から兼帯の一人を加え、同年より概ね二人体制と

図1　「風説書」(部分，1797〈寛政9〉年)
(現存唯一の正本，江戸東京博物館所蔵 Image : 東京都歴史文化財団イメージアーカイブ)

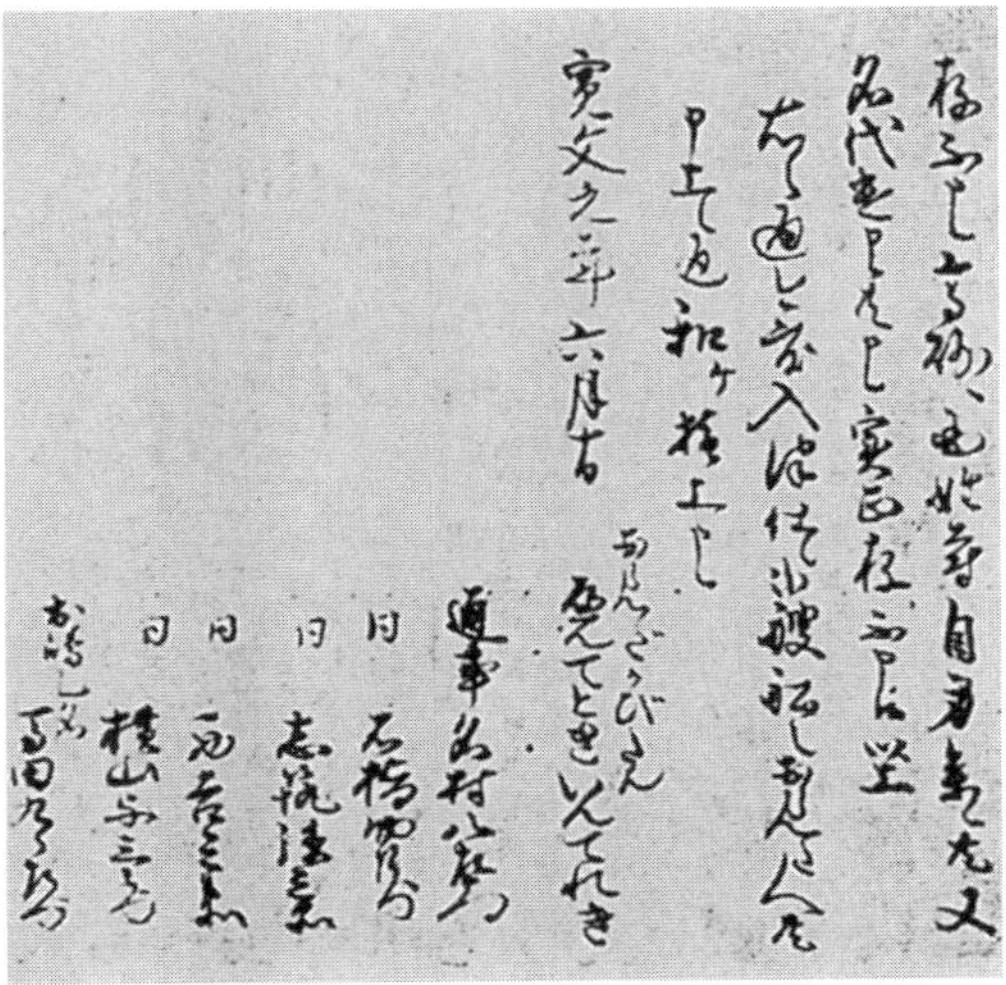

図2　「高砂之内けいらんと申所より弐艘参申候おらんだ人之口上書」
(部分，1661〈寛文元〉年)
(藤田覚編『十七世紀の日本と東アジア』〈山川出版社，2000年〉より転載)

なった。一六六三年には武家諸法度の交付、六四年に寛文印知が行なわれた[8]。一六七三〈延宝元〉年には、イギリス船リターン号が通商を求めて長崎に来航した[9]。

海外に目を転ずるならば、絶頂期にあったオランダは、新興国イギリス・フランスから挑戦を受け、第二次（一六六五―六七年）、第三次（一六七二―七四年）の英蘭戦争が勃発、この間フランス軍がオランダ領内に侵攻するなど、打ち続く戦争でオランダの経済的繁栄の活力は失われていった[10]。一方、ポルトガルとは一六六一年に平和条約を締結、一六六三年にはアジアでも発効、それまでにアジアで奪った根拠地を確保した[11]。

東アジアでは、一六世紀から続いた動乱の時代が最終段階を迎え、オランダと鄭氏勢力との熾烈な抗争が展開された。オランダは一六六一年鄭成功に台湾を奪われ、日本貿易の重要な根拠地を失ったため、報復として鄭氏船を攻撃、鄭氏側もオランダ船を妨害した[12]。

第一節　「条約」の拡充過程――一六六〇―七〇年代――

1　「通航一覧」にみる「条約」

第一章にみるように、情報提供義務づけは、毎年参府する商館長が、賜暇の賜品を受け取るため登城する際、宗門改役から読み聞かせられる「条約」[13]に含まれる形で申し渡されることが、一六五九〈万治二〉年に定例化した。以下、一六六〇―七〇年代における「条約」の改訂をみていきたい。

「条約」の改訂過程は、「通航一覧」[14]が端的に示している。この過程は、既に清水紘一[15]や紙屋敦之[16]が紹介しており、清水によって江戸幕府日記「寛文年録」「延宝日記」と対照され、「通航一覧」の記載が信頼できることが確認されている。ここでは、清水や紙屋の論旨には立ち入らず、本章に関係のある範囲で「通航一覧」の内容を紹介するにとどめる。これによれば、「条約」は一六六一〈寛文元〉年、一六六六〈寛文六〉年、一六七三〈寛文一三／延宝元〉年の三回にわたり文言を付け加えられ[17]、その形で定着、幕末まで商館長参府賜暇の際の申し渡しが続けられた（以下それぞれ、一六六一年令、一六六六年令のように呼ぶ）。

最終的に確定した一六七三年の「条約」は以下のとおりである。

一　阿蘭陀事者、御代々日本商売可仕旨被仰渡之、毎年長崎令着岸候、従此以前如被仰出、[e]奥南蛮と吉利支丹宗門之通用弥不可仕、若入魂之由、何れ之国より相聞候といふ共、日本渡海可為停止候間、[d]彼宗門より日本江之通事一切不可仕、勿論宗門之者、船にのせ来る間敷事、

一　不相替日本為商売渡海仕度存においては、吉利支丹宗門之儀に付て、被聞召可然儀於有之者可申上之、[a]南蛮人宗門之儀に付て、新規に手に入候所々有之哉、渡海之道筋之儀も可存候間、見及聞及候段、長崎奉行人迄可申上事、

一　日本渡海之唐船不可奪取之、[b]阿蘭陀往来之国々之内、[f]奥南蛮人と出合候国可有之候間、弥南蛮人と通用不可仕、若出合候国於有之者、其所之名具に書注之、毎年着岸之かぴたん長崎奉行人江可差上事、

[c]附、琉球国者日本に相従ふ国に候間、何方にて見合候共、奪取へからさる事、[18]

aが一六六一年、bが一六六六年、c・d・eが一六七三年追加の部分である。fは、当初「南蛮」であったが、一六七三年の段階で「奥南蛮」に改められている。なお、清水によれば、bは、一六六六年当初は独立した文書で、翌年から「条約」に含まれた。追加された内容をみると、aは、ローマ教徒が新たに入手した国や土地の報告義務、bの前半はオランダ人が通航している先でのポルトガル人やスペイン人との通交禁止、後半はもし出合う国があれば、その土地の名前を書面で報告する義務、cは琉球船攻撃の禁止である。dは解釈が難しいが、ここでは漠然と、キリスト教の日本への影響力行使の手引きの禁止、と考えておきたい。

このうち、情報提供義務との関係を指摘できるのはaとbである。特に、b後半において初めて、書面による情報提供を意味する文言がみられるのが注目される。提供された情報を、江戸においてできる限り正確に、またオランダ人の責任を明確にする形で把握しようとする意図が感じられる。bの前半と一つ目の一つ書きはともに通交の禁止、bの後半と二つ目の一つ書きはともに情報提供の義務づけであるが、当初の通交禁止や情報提供義務が、ポルトガル人等が日本に対し直接何かを企てた場合を対象にしていたのに対し[19]、bはポルトガル人等との通交を一般的に禁じ、その所在情報を提供させようとするもので、対象を広げたものだといえる。

2 長崎のオランダ商館長の認識

次に、前項の「条約」が、どのように通詞によって翻訳され、商館長に理解されたのかを、「商館長日記」からみていきたい。この時期の「条約」は通詞がポルトガル語に翻訳して商館長に伝えたと考えられ[20]、しかも商館長は度々通詞の語学力に不満の声を漏らしているので[21]、必ずしもそのままに伝えられたとは限らない。しかし一方で、「商館長日記」の記述の方が、「条約」の和文より具体的な場合もあり、しばしば「条約」理解の助けになる。

まず、一六六一年令について、「商館長日記」は、商館長が一六五九年段階と同じ「条約」を聞き、一度室外へ出た後、すぐに中に呼び戻されて、以下の申し渡しがなされたことを伝える。

> もし、我々がいつか新しいキリスト教徒がバタフィアとフォルモサ〔台湾〕の間、あるいは、フォルモサから日本近海、日本列島の辺りに〔いることが〕明らかになったと聞いたならば、彼等の行動と意図を通報し、そのことを〔奉行が〕中国人や他の誰かから知る前に、長崎奉行に知らせなくてはならない[22]。

日本側史料のaに比べるとかなり具体的で、新しく「南蛮人」が入手した国として、バタフィアから日本への航路上あるいは日本近海が想定されていることがわかる。

一六六二年の申し渡しでは、この部分は「条約」中に組み込まれ、「〔ポルトガル人が〕その〔日本の〕周辺の何らかの新しい土地に巣を作り始めていることを我々〔オランダ人〕が知ったならば、長崎の奉行に知らせなくてはならない[23]」と記されている。しかし、この後しばらくはaが「商館長日記」の記事に反映されることはなく、一六七七年になって「ポルトガル人またはその他の国民が、日本に対し何かを企てていたら、〔また〕新たに彼等が発見した土地を通じて、そこなり他の場所なりにキリスト教を新たに植え付けるならば〔中略〕すべて正確に長崎のボンジョ〔奉行〕に知らせるように[24]」として反映されている。一六七〇年代の末にあらためて注目され強調された可能性もあろう。

一六六六年には、参府賜暇の前日の夜、大目付兼宗門改役北条安房守氏長の通詞シノシェ[25]が、北条の使いとして商館長を訪問した。「商館長日記」には以下のようにある。

シノシェ殿が我々の宿に来た。彼の言によれば、〔彼は〕使節[26]〔北条〕安房様によって、以下のことを聞き出し書面にして閣下の邸にもたらすために、派遣されてきた。すなわち、東インドのどの地域で、またどの土地でオランダ人とポルトガル人は商人として付き合っているのか、また互いに行き来しているのか、と〔質問しに来た〕。この不思議な、私の判断では非常に稚拙な質問に対して、私は、我々両者は以下の土地で商人として交渉があるが、互いに付き合いがあるわけではない、と答えた。〔中略〕これをそのまま書面に認め、それとともに彼が口頭で彼の主人に言うべき、以下の内容を適切に頭に入れた上で、シノシェ殿は帰った。すなわち、両国民は、いくつかの土地で商人として、外見上互いに付き合っているかもしれないけれども、しかし両者は無関係で、彼等は互いにできる限り相手を破滅させる努力を怠らないのである、と〔いう内容である〕[27]。

そして翌日登城した際に「将軍の名で命令された」内容には、bに相当するような部分はみられない[28]。従って、一六六六年段階においては、bは従来の「条約」とは別個に独立していたことが確認され、しかも申し渡しという形式ではなく、シノシェによる実質的な聞き取りという形で〝実行〟されたことがわかる。このとき聞き取られた内容に相当するのが、「阿蘭陀人南蛮人と出合申候国々」として「通航一覧」に収載された、「長崎聞書」から引用の史料[29]であると考えられる。

翌一六六七年の「条約」を記した「商館長日記」では、bの内容が以下のように表現される。

第三に、オランダ人は世界中のほとんどの地域に通航しているのであるから、またその理由で多くの情報を得るのだから、我々〔オランダ人〕はそのことを日本にも共有させなくてはならない。[30]

この部分は、前年までの申し渡しの「商館長日記」記事にはみられない。b前半は抜け落ちているが、b後半が「条約」に組み込まれ、商館長が理解した内容であるといえよう。ただし、〝書面による提出〟に相当する部分は翻訳されていない。

翌一六六八年の申し渡しには、b後半だけでなく、bの前半部分に相当する「我々〔オランダ人〕の水夫はそのような〔カスティリア人やポルトガル人などの〕キリスト教徒と、東インドで共に交易を許されている場所でいかなる付き合いもしてはならない」との文言がある。[31]「水夫」と明示してある点が特徴的である。

二年後、一六七〇年の申し渡しには、以下のようにある。

〔前略〕また、我々が〔ポルトガル人と〕並んで交易をしている土地で、ポルトガル人と大規模な付き合いをしてはならない、また彼等と同盟を結んではならない。なぜなら、もしそれを将軍が他の国々から先に聞いたら、厳罰に処せられるからである。ヨーロッパと東インド、及び我々がポルトガル人と並んで交易を許されている場所でのあらゆる新しい知らせは、汝商館長が毎年包み隠さずにもたらし、伝えなければならない。たとえ、取るに足りないことや、笑うべき話が混ざっていたとしても。[32]

この年には、具体的に「ヨーロッパと東インド」という地名を出して、日本に対する企てについての情報とは別に、「ポルトガル人と並んで交易を許されている場所」の情報の報告義務が課せられていることがわかる。両者は並列されてはいるが、幕府が直接的には日本に関わらない一般情報を求める理由が、あくまでもローマ教徒やスペイン・ポルトガル両旧教国勢力の動静への関心にあることを推測させる。「ヨーロッパ」「東インド」を並べる形での申し渡しは、一六七一年の「商館長日記」にもみられる。(33)なお、情報を「毎年」伝えるようにという文言は一六七〇年を初見として、この後ほぼ必ず「商館長日記」中の「条約」内容に含まれるようになる。七二年賜暇の日の「商館長日記」は、将軍の命令は「去年及びここ数年の命令と同じであり、変わるところがない」としている。(34)

一六七三年の賜暇の際には、「商館長日記」は、昔からの命令の他に新しい内容が付け加えられたとして、cに相当する琉球船攻撃の禁止を掲げ、「おそらく〔鄭氏船に攻撃された〕琉球から福州に向ったジャンク船の事件によるものだろう」と記している。(35)d、eについては「商館長日記」には全く反映されていない。訳出に値しない変更だったのであろう。

一六七四年と一六七五年の賜暇の記事は、それぞれ「条約」を箇条書きで整理して「通常の命令」として掲げている。ここに一六七四年の例を掲げる。

一、一人のローマ教徒も日本に連れて来てはならない。

二、もし、ポルトガル人やその外の国民が日本の国に対して何かを企てるかもしれなければ、しかるべき時に長崎奉行に知らせなくてはならない。

三、ポルトガル人とは、彼等と並んで同時に交易をする場所で、いかなる結びつきも持ってはならず、また彼等と付き合いもしてはならない。

四、ヨーロッパ、東インド、及び我々〔オランダ人〕がポルトガル人と並んで交易を許されているその他の土地からの新しい知らせは、毎年正確に提供し、知らせなくてはならない。もし、その知らせの中に笑うべきつまらないことが含まれていたとしても。

五、日本で交易をするシナ・ジャンク船を、海上で攻撃したり傷つけたりしてはならない。

六、また、〔琉球諸島は〕日本の臣下であるから、琉球諸島の船を攻撃したり傷つけたりしてはならない。[36]

通詞の翻訳のしかたも洗練され、定着してきたことを窺わせるが、a、dは含まれていない。一六七六年の「商館長日記」は、「昔からの将軍の命令」は前二年の「商館長日記」のものと同様で少しも違わないとしている。[37] 一応、この内容がこの後も引き継がれるが、一六七七年に前述のようにaが見直されて明記されるようになり、一六八一〈延宝九／天和元〉年の「商館長日記」の参府賜暇の記事[38]は、「通航一覧」の引用史料とほぼ一致する内容となっている。

以上のように、一六六一年令は、その後の「商館長日記」にはあまり反映されておらず、一六七七年以降になってから定着する。一六六六年令前半部分はきちんと翻訳されている年といない年とがあるが、後半部分は、発令後はっきりと反映され、むしろ和文よりも具体的に「ヨーロッパと東インド」の情報という言葉として一六七〇年前後に定着した。幕府の関心の所在は同じであっても、一六四〇年代以来のポルトガル人等の日本に対する企てに関する報告の義務とは明確に区別した形で、世界中の情報についての報告義務を商館長が読み取っていることが重要である。これが第一章にみられる、〝風説書の内容は一般的な時事情報である〟というメイランの認識の根拠の一つであろう。一方、〝書面による提出〟という部分が「商館長日記」に反映された例はない。オランダ人がこの部分を重視せず、「商館長日記」に記さなかったか、この部分が一六六六年当初のシノシェによる聞き取りという形で〝実行〟されたように、オランダ人には伝える必要のないことと判断されたと考えられる。一六七三年令のうち琉球船攻撃の禁止も、発令後すぐに反映された。

3　「条約」拡充の背景

なぜ「条約」には三回にわたる改訂が加えられたのかについて、幕府内の意思決定過程に踏み込む力はないが、

「商館長日記」からわかる範囲で、改訂の背景を考えてみたい。特に、重要だと考えられる一六六六年令については三つの方向から検討する。

一六六一年令が、なぜ発令されたかについては、残念ながら確固とした知見はない。可能性としては、ポルトガル人が日本近海の島を拠点に日本布教を企てている、といった情報が入ったことが考えられる。しかし、前年のオランダ人経由の海外情報の中には、そのような情報はない。中国船からの情報は確認できない。ただ、オランダ人は前年一六六〇年八月一八日に、マカッサル（現インドネシア、ウジュン・パンダン）におけるオランダ人とポルトガル人の抗争について情報を提供しており(39)、その際にポルトガル人が根拠地として利用している場所が、思っていた以上に多く存在することを幕府が知り、より広い知見を求めた可能性はあるだろう。

一六六六年令の第一の背景として、同年に二人の長崎奉行が同時に交代したことが考えられる。前任の稲生正盛（正倫）が死亡し、島田利木（守政）が病気により辞任(40)したので、松平隆見と河野通定（通成）が新たに任ぜられた。交代の理由から、交代自体に政治的意図は感じられない。しかし、新任の二人について、「商館長日記」は以下のように報じる。

〔前略〕前任の〔島田〕久太郎殿と故〔稲生〕七郎右衛門殿のかわりに二人の新しい長崎奉行が任命されたことを、通詞たちに知らせ、我々〔オランダ人〕に伝えるように命じる〔中略〕手紙が来た。名前は松平甚三郎〔殿〕と河野権右衛門殿で、両者とも今まで長崎奉行に登用されていたよりもかなり大物の殿たちである(41)。

また、商館長のもとには以下のような情報も入っている。

新しく選ばれた二人の長崎奉行は、将軍から、オランダ人であろうと中国人であろうと、外国人からは一切贈物を受け取ってはならない、それ故彼等の給与は将軍によってそれぞれ毎年一五〇〇俵ずつ増やされる、とはっきりと命令された(42)。

松平と河野の二人は長崎奉行就任時に五〇〇石加増されている[43]。これが、一五〇〇俵の加増と誤解されたのであろう（一六六五年、六六年に幕府役人への役料の支給が開始されたが[44]、長崎奉行は対象になっていない）。以前より「大物の殿たち」と表現された点については、前職をみる限り、松平と河野が特別であるとは思われない。しかし、就任に伴う加増後の両人の石高を前任者たちと比べると、黒川正直（五〇〇石六〇〇俵）、妻木頼熊（一二〇〇石）、稲生正倫（七〇〇石三〇〇俵）、島田利木（一〇〇〇石）に比して、松平隆見（一五〇〇石）、河野通定（一七〇〇石）となっており、五〇〇石前後多いことがわかる。また両人が贈物を受け取らなかったことは事実で[45]、商館長たちには大きな変化だと感じられた。長崎における対外関係の現場に、幕府の統制がこれ以前より強く及ぶようにするという、一六六六年令と同様の意図を読み取ることは可能である。山本博文は対外関係について、一六六六年の酒井忠清・阿部忠秋の引退を契機に、同年以降「家綱政権独自の路線が始まる」としている[46]。一六六六年令及び長崎奉行人事の背景として、対外関係における「家綱政権独自の路線」があったのかもしれない。

一六六六年令の第二の背景は、蘭葡平和条約である。前述の蘭葡平和条約が、一六六六年令のきっかけになったかもしれないとの見解は、既に清水が示している[47]。しかし、清水は、講和が流言として報告された一六六二年八月一六日段階の情報[48]のみをもとにしているので、以下その後の経過を簡単に紹介したい。まず、同年八月二八日に、商館長はバタフィアから到着した三船からの情報として、講和が不調に終わり、戦争継続の命令が本国から来たことを通詞に伝えた[49]。しかし、六三年には講和が確実なものとなり、批准書が交換され、東インドでも戦闘が禁止されたことがバタフィアから伝えられ[50]、商館長が通詞を介して奉行に伝えたところ、商館長のもとでこの情報を「しかるべき詳しさで入念に日本語に翻訳させ[51]」ることが奉行から命じられた。また、一六六四年の参府時にも、商館長は奉行島田利木・宗門改役北条氏長・同保田宗雪から、ポルトガルとの講和について尋ねられている[52]。一六六五年の「条約」申し渡しの際には、将軍は去年蘭葡の講和を聞いたが、情報提供に関してはオランダ人を信用しているとして、通例と同じ「条約」を申し渡した[53]。六三年の情報は将軍には翌年まで伝えられなかったのだろう。情報の提供は、蘭葡対立を前提にオランダ人がポルトガル人等と同盟していないことを幕府が知るための手段でもあった。なぜ幕府が蘭葡講和にもかかわらず、オランダ人を貿易相手・情報提供者としてとどめたかは別に論ずべきことだが、その条件としてオランダ人により詳しい情報提供、いわばより厳しい〝踏絵〟を要求した可能性はあるだろう。

一六六六年令の第三の意図は、情報伝達の確実化であると思われる。第一章で指摘したように、一六四〇年代には、商館長が提供したつもりの情報が、長崎奉行や幕閣には伝えられておらず、いざこざの原因となることがあった。一六六五年の参府時にも同様の問題が発覚している。

正午過ぎ、通詞のシノシェ殿が前述の使節たち〔北条氏長・保田宗雪〕の命令で、ヨーロッパの情勢や、同地で戦争をしているのかいないのか、すべてが平穏なのか、また会社の状況はどうか、ということを聞きに来た。我々は、彼に以下のように答えた。〔中略〕ゴアの〔ポルトガル〕副王の使者がバタフィアに来て、最近我々に占領されたクチンとカナノールという名前の、セイロン〔現スリ・ランカ〕にあるポルトガル人の諸都市[54]〔の明け渡し〕を要求し、〔それに対して〕我々の総督は笑って、我々はそれを武力で手に入れた、もしそれを取り戻したいのなら、同じ方法を取らなくてはならない、と答え、彼〔使者〕の小船の出帆を許したことも話した。この最後の点を知らせたことは、とても前述のシノシェ殿の気に入った。なぜなら、今までそのことを全く知らなかったからである。我々はそれについて非常に驚き、そのことは既に去年我々の船が着いたときに奉行の〔黒川〕与兵衛様に知らせてある、と言った[55]。

参府していた商館長のもとに、北条氏長の通詞シノシェがヨーロッパの情勢を聞きに来たところ、商館長が前年奉行に提供したはずの情報が、北条に伝わっていなかったことが判明した。ゴアの副王の使者がバタフィアを訪れ、その要求を総督が断った、という内容であったため、シノシェは重視している。この場合は特に大きな問題には発展していないが、一般的にこのような〝言った、言わない〟のすれ違いが、幕閣にとっても喜ばしくなかったことは、たやすく想像される。直前にこの問題が起きたことが、〝書面による提出〟を命ずる六六年令の一つの契機となった可能性がある。さらに、この事例において、証拠書類として前年の風説書が持ち出されている様子はないので、一六六四年夏の情報提供の際には、証拠能力のある文書としての風説書は作成されなかったことがわかる。

一六七三年令のうち、琉球船攻撃の禁止条項がなぜ出されたかについては、既に述べたように「商館長日記」に記載がある。これについては、紙屋敦之も日本側の史料を用いて同様の見解を示しており(56)、ほぼ妥当であると言えよう。d、eについては知見がない。

小　括

「条約」は一六六一年、一六六六年、一六七三年の三回にわたって拡充され、それが幕末まで固定された。拡充内容には、情報の〝書面による提出〟の命令が含まれており、一方オランダ人はヨーロッパや東インドの一般的な情報の提供が義務づけられたと理解した。

通詞が商館長の話を書き取ることは、一六四〇年代から行なわれていた。それが、通詞の一時的なメモであり、江戸へ情報を伝達する際に、それをもとに何らかの公式の文書が奉行所で作成されたと考えられることは、第一章で指摘した。一六六六年令中の〝書面による提出〟命令は、蘭文の風説書または商館長署名のある和文風説書の提出を意図したと考えられるが、〝書面による提出〟命令が、「商館長日記」に記されていないことから考えて、後者の可能性の方が高い。後者の場合、商館長の目に見える限りの文書作成の手続き上の変化は、通詞が書いた和文に自分が署名をするかしないかだけであり、オランダ人には伝えられなかったか、あるいは伝えられても「商館長日記」には記されなかったか、ということは十分首肯できる。

一方、オランダ人の提供する情報の内容は、既にこの命令以前から、日本貿易の独占を目指すというオランダ人自身の目的に従って、現実には日本に対する企てに限定されていなかった。そのため、提供された情報の内容に画期的な変化は読み取り難い。

第二節　情報提供の実態

1　一六六一年タイオワン情報

本項では、一六六一年の鄭成功によるタイオワン攻略[57]情報を取り上げる。この時作成された、前述森克己紹介の口上書（図2）が、最古の現存和文風説書だと言われている。[58]

一六六一年七月五日、商館長ヘンドリック・インデイクは、フォルモサ長官フレデリック・コイエットからの五月一八日付の書翰を受け取り、台湾におけるオランダ人の拠点タイオワンの窮状を知る。この後の経過を「商館長日記」からみてみよう。

この悲しい知らせは、すぐに通詞たちを介して長崎奉行に知らせた。彼等〔通詞たち〕は戻って来て、〔奉行〕閣下はこの件を非常に遺憾に思い、すべてを〔奉行から〕さらに〔江戸へ〕上申し将軍に知らせるため、我々〔オランダ人〕は、明日この件の全貌を詳細に書面にして寄越さなければならないと命じた、と言った。[59]

ここから、タイオワンが鄭氏の大軍に包囲されるという異常事態を受けて、長崎奉行が、奉行のもとで作成される文書ではなく、商館長が直接関わる形で、江戸に送る文書を作成させることを決定したことがわかる。翌六日、通詞が揃って商館長を訪ね、タイオワンの状況について日本語で書き取った。[60]これが、森の紹介した口上書である。蘭文が作成された形跡は全くない。商館長が署名したとは書かれていないが、和文口上書の写本をみると署名があったと推測される形式となっている。実際には署名をしたとしても、商館長がそれを「商館長日記」に記さない場合も十分ありうると考えられる。さらに、八月二一日と八月二九日にもタイオワンの状況が日本語の文書に認められ、江戸へ送られた(61)。

以上から、一六六一年においては、商館長によってその責任のもと、従っておそらく商館長の署名のある和文の文書が作成されたことがわかる。その作成は予定されたものではなく、商館長からの情報に接して、奉行が特別に判断して命じたように読み取れる。「商館長日記」から商館長署名は確認できないが、口上書写本からみれば署名があったと考えられる。

2　一六六二—六六年の情報提供

一六六二年から一六六六年までにオランダ人が海外の時事情報を提供したのは、管見の限り、一六六二年には八月一六日と八月二九日の二回(62)、一六六三年には八月三一日の一回(63)、一六六五年には八月三〇日の一回である(64)。一六六四と一六六六年には、「商館長日記」に情報提供の記事はない。

『集成』には一六六六年七月一三日と同九月一四日に提出された風説書が収載されている。このうち、一六六六年七月一三日付の「咬嵧吧出壹番船之阿蘭陀口書(65)」は定型的な和文風説書と考えられるものである。一六六六年九月一四日提出の「今度五嶋より御送被遣候八人之阿蘭陀共口書(66)」は、いわゆるハメル一件(67)に関わるもので、定型的な風説書とは異なる範疇のものだと思われる。差出人名はなく、ヘンドリック・ハメル等自身が主語の形で書かれており、内容的にも李氏朝鮮での抑留から脱出の経緯を記したもので、通例の風説書とは異なる。

以上、この期間は、「商館長日記」からは風説書に相当する文書の存在が確認できない。しかし、一六六六年については定型的風説書と呼びうる和文写本が伝存している。

3　一六六七年フランス使節来航情報

本項では、フランス東インド会社の再建とその使節としてフランソワ・カロンが来航するという情報についての動きを、内容的にも興味深いのでやや丁寧に取り上げる。

フランスでは、一六六一年にルイ一四世の親政が開始され、そのもとでジャン・バプティスト・コルベールが重商主義的な政策を打ち出した。その一環として、一六六四年フランス東インド会社が再建され、一六六八年には最初の商館をインド北西部グジャラートの都市スラトに設けた[68]。カロンは、一六三九年から一六四一年までオランダ東インド会社の平戸商館長を務めた人物で、その後東インドで栄達したが、一六五〇年讒言によってその任を解かれ、翌年帰国した。一六六五年再建されたフランス東インド会社の上級職員として招かれ、翌年フランスを発し、マダガスカルを経て、六七年からはスラトで勤務した。使節として来日することも計画していたらしいが、同行のフランス人との意見対立もあり、実現しなかった[69]。

フランスで新しい会社が設立され、その使節としてカロンが日本貿易を願うため艦隊を率いて既に喜望峰を過ぎた、という情報を、日本商館員がいつ知ったのかは、管見の限り確実にはわからないが、一六六六年にバタフィアから送られた最新情報覚書[70]によるとしか考えられない。「商館長日記」と『集成』によれば、一六六七年六月末から九月初めには五通の風説書[71]が提出されているが、その中にフランスの会社に関する記事はない。

一六六七年一一月、旧商館長ダニエル・シックスと新商館長コンスタンティン・ランストが、長崎奉行邸に商館長交代の挨拶に出向いた。この時、奉行は中国船攻撃の禁止等に加えて、ヨーロッパ人が当地に来るという情報を聞いたならば、怠りなく長崎奉行に伝えなくてはならないと勧告した。ランストは以下のように記している。

この最後の点は、通例に反し、優に二回か三回繰り返され、我々に最高の真剣さで勧告された。この国の外にいる日本人の誰かから、日本で通商しようとするフランス人の計画について何かを注進された疑いがある。そうでなければ、日本人の周囲にいたおしゃべりなオランダ人の誰かから広まったのかもしれない。[72]奉行が特定の命令を何度も繰り返したことを不審に感じ、今まで隠しておいたフランスの対日通商計画を奉行が知っていると推測している。情報の経路として、オランダ人の誰かから漏れたという可能性のほかに、国外にいる日本人からの情報が想定されている点が興味深い。海外の日本人からの書翰は、一六五〇―六〇年代に日本に送付された例が複数確認できる。オランダ船が海外の日本人からの書翰を運ぶことは、既に一六四〇年代に制限され、オランダ側は固くこれを自粛している。[73]しかし、「通航一覧」に従えば、延宝年間には「唐船」が持ち渡った日本人書翰は奉行所で内容を改めた上で名宛人に届けられた。[74]詳細は不明だが、オランダ人に正確な情報を提供させる強制力の一つとして注目したい。

シックスの離日後、ランストはこの件を再考した。

このすべての推測や状況は我々を非常に恐れさせる。〔中略〕もし、前述のフランスの新会社設立が、前述のフランス〔の船団〕が当地に到着する約一ヶ月〔前〕か、最高でも二ヶ月前になって初めて我々によって日本人に知らされれば、それについて長い間黙っていたことを〔日本人は〕非常に悪く解釈し、〔オランダ東インド〕会社は将軍の最高の不興を買うと大いに考えられる。そして日本への通航は拒絶されるかもしれない。[75]

ランストは、できるだけ適切な方法で、フランスの新会社の設立を長崎奉行にすぐにも告げることが、オランダ東インド会社のために、適切かつ緊要であると判断した。そこで、ランストは一一月二一日に通詞を呼んで、一六六七年の夏にシックスによって提供された情報の内容を具体的に知ろうとする。

通詞たちを呼ばせ、彼等にもう一度、去る南の季節風期に、我々〔オランダ人〕によって長崎奉行に知らせるために提供された新しい情報は、我々〔のため〕に日本語からオランダ語に翻訳されなくてはならない、〔中略〕と真剣に要求した[76]。

ここで注目されるのは、前年に提供した情報の〔証拠となるような〕蘭文控が日蘭双方に存在せず、通詞の持つ和文文書に頼らなくてはならないということである。ここから、風説書のオランダ語原本と言えるものは存在しなかったことが確認できる。また、一六六七年には、和文文書すなわち和文風説書が作成されて奉行に提出され、商館長がそれに一定の証拠能力を認めていることが指摘できる。第一節3で紹介したように、一六六四年には商館長が提供したはずの情報を翌年宗門改役が把握しておらず、証拠能力のある文書は存在しなかったらしいことを考慮すると、一六六五年から六六年の間に和文風説書の作成が開始された可能性が高い。

通詞たちが和文から蘭文への翻訳をあまり重要でないと考えていたか、または何か邪魔や支障があったのか、翻訳には非常に時間がかかった。そのため、商館長は、翻訳の完成を待たずに奉行河野の出府前に、このことを両奉行に知らせる方が賢明であると判断した。そこで、通詞を呼び集め、フランスの新会社設立とカロンがその使節として来航する件を奉行に通知するよう申し渡した。この後の問答は、以下の如くである。

〔前略〕それについて彼等〔通詞〕は驚いて、否と宣言した。そこで続けて、彼等にさらに以下のように問い質した。すなわち、彼等はこれを長崎奉行に告げることも全く不必要なことだと判断するのか、もし来年同フランスの会社の船が来て長崎に現れた場合には、それを黙っていたことが〔オランダ東インド〕会社を窮地に追い込むのではないか、と〔問い質した〕。それに対して彼等〔通詞〕は、それは全く確実だろうし、おそらく〔オランダ人は〕日本から追放されるだろう、しかし、〔オランダ〕船が〔長崎に〕いるうちに〔この情報の〕提供を怠り、今それを奉行たちに知らせるのには反対である、と言った[77]。

そこで商館長は通詞等に、このことを皆で一度よく相談するように勧めた。通詞たちはこの情報提供に乗り気ではなかったが、二八日、〝会社のため、また将軍の禁令を守るために、新しいフランス王立会社の設立を奉行に書面で報告することが緊要だということで合意した〃と商館長に告げた。和文風説書の成立後もなお、どのような情報を提供するかについて、通詞による操作があり得たことを示唆する事例である。商館長は以下のように記す。

そのこと〔フランスの会社設立と使節来航の件〕は日本語で認められ、オランダ語に翻訳されたが、書いてある内容は以下の如くである。〔中略〕前述の通知に〔私が〕署名をした上で、彼等通詞たちはそれを持って奉行たちのところへ行った。[78]

結局、通詞は奉行に提出するための和文の文書を作成した。この文書は、中略部分の蘭文の内容から考えても、未一〇月一三日付「風説書」[79]を指している。この文書が「風説書」という表題を持つ風説書の初見であり、管見の限り、商館長が風説書に署名したことを、「商館長日記」で確認できる最初の例である。通詞は、この文書を奉行に提出し、奉行は、なぜオランダ船の出帆前にこの情報提供をしなかったのかと指摘したものの、特に大きな咎めはなかった。[80]そして、控として作成された蘭文が、オランダ人の手元に残された。

翌一六六八年、ランスト参府中にシノシェが江戸の宿舎に来て、フランスの新会社について、また、フランス国王の宗旨等について尋ねた上で以下のように述べた。

もし、それ〔フランスの対日計画〕についての確実な知らせが、我々〔オランダ人〕によって長崎奉行に通報されないままに、あるいはされる前に、フランスの船舶が日本に現れれば、そのことは将軍のもとでは〔オランダ東インド〕会社のために非常に重大な不利益になるように解釈されるだろう。[81]

ここでは北条はシノシェを介し、単なる噂ではなく確実な情報を求めている。これに対し、商館長は〃確実な情報の提供は不可能だ〃と拒否、しかしバタフィアからのより詳しい情報は期待できると返答している。この後、商館長は北条本人にもこの件に関して報告した。[82]

一六六八年七月に船が到着してすぐに、商館長は通詞に、〃フランスの会社の船やカロンが日本に来ることはないだろう。同社の計画はうまくいかず、近いうちに潰えるだろう。[83]〃という情報を伝えた。この情報によって、フランスの会社及び使節来航の件は、実現の可能性が低いことが判明したとわかる。

この事例からわかることは以下のとおりである。第一に、少なくとも一六六七年夏には、証拠能力のある日本語の文書すなわち商館長署名のある和文風説書が作成されていたこと、第二に、オランダ語の文書は特別に通詞に依頼しなければ存在しなかったこと、第三に、「商館長日記」による限り、一六六七年一一月の「風説書」が商館長署名の初見であること、第四にこの段階においても、通詞による情報操作がある程度可能であったこと、第五に海外の日本人からの書翰という情報入手経路が想定されており、オランダ人に正確な情報を提供させる強制力の一つとなっていたこと、である。

4　その他の情報

本項では、この前後の「商館長日記」記事を、情報の内容だけでなく、提供の方法がいくらかでも記載されている場合に限って、断片的にではあるが拾ってみたい。

「商館長日記」一六六〇年八月一八日条（商館長ヨアン・ブーシェリオン）

彼等〔通詞〕は、今夕これら〔マカッサルの占領などについての情報〕をすべて奉行の〔黒川〕与兵衛様に伝えた。（彼等〔通詞〕の言によれば）彼〔奉行〕はそれらを、特に我々のポルトガル人に対する勝利を喜び、従ってそれをともかくすぐ正確に書面に認めることを前述の通詞たちに命じた。そう〔完成〕したら江戸へ送りたいからである。[84]

「商館長日記」一六六九年七月一三日条（商館長ダニエル・シックス）

本国からの〔中略〕及び世界の他の地域からの情報、特にフランスの会社のその後〔についての情報〕は、要点を以下のように書いて、通詞に提供された。[85]

「商館長日記」一六七〇年八月七日条（商館長フランソワ・デ＝ハーゼ）

通詞たちに提供し、私と〔新商館長〕セーザルが署名した最新情報は、以下のような内容である。〔後略〕[86]

「商館長日記」一六七三年七月一七日条（商館長マルティヌス・セーザル）

〔前略〕私が現在奉行に伝えるのに相応しいと思った情報も同様に、書翰簿中に見ることができる。[87]

「商館長日記」一六七四年七月二一日条（商館長ヨハネス・カンプハイス）

受け取った書翰類や最新情報覚書 memorie van de nouvelles を一読する時間を与えられることなく、昨年来起きたことのすべての情報を、奉行の命令で通詞に、提供しなくてはならなかった。従って、この情報提供は以下のようなふうになされた。〔後略〕[88]

以上から、情報提供のあり方についてわかることを、その経過に従って述べてみたい。

まず、商館長が提供する情報の情報源は、一六七四年の事例からわかるように、バタフィアの総督府から送られてくる書翰類や前述の情報覚書、及び到着した船の乗員からの口頭の情報であった。しかし、最終的にどの情報を提供するかは、一六七三年の事例にみるように商館長の判断に任されていた。[89] 基本的には、文書に基づいて情報を選択しているようだが、時間等の関係で口頭情報にのみ頼る場合もあった。

次に、一六六九年の例から、商館長が通詞に情報を提供する時、その要旨を書面で渡す場合があったことがわかる。ただし、カロンのフランス使節としての来航情報の例では、前年に提供された情報の内容を知るための参考にされていないので、常にそのような方法がとられたのではなかったか、あるいは単なるメモに過ぎず、次期商館長の手元に引き継がれなかったと考えられる。

通詞から奉行への伝達は、一六六〇年の段階では口頭でなされ、奉行の主導で江戸に送るための和文の文書が作成されたことがわかる。一六六七年になると、和文の文書（風説書）は商館長のもとで通詞により作成され、商館長がそれに署名したことが同年一一月の「商館長日記」から確認できる。おそらくこれ以降この方法が続けられたと思われる。管見の限り、船の到着直後に作成された風説書の署名の初見は、前述の「商館長日記」一六七〇年八月七日条である。

小　括

一六六〇年段階の情報提供は、商館長が語った内容を、奉行が自分のもとで通詞に文書に仕立てさせる形で行なわれた。一六六一年には、鄭氏のタイオワン攻略という特殊状況のもとで、商館長のもとでの和文文書作成が命じられ、おそらく商館長の署名が付されたと考えられる。一六六二年から六五年までは、蘭文文書も署名のある和文文書も確認できない。勿論、署名をしてもそれを商館長が「商館長日記」に記さない場合も十分考えうる。しかし、第一節3にみるように、一六六五年参府時の問答では証拠として風説書が持ち出されておらず、一六六四年の提供情報は証拠能力のある文書には仕立てられていなかったと考えられるので、この期間風説書は存在しなかった可能性が高い。一六六六年には、署名の有無は確認できないものの定型的和文風説書とみられる写本がある。また、ハメル一件に際しては特殊な形式と内容を持つ口上書が作成された。一六六七年夏には五通の風説書の写本が伝存し、「商館長日記」からも証拠能力のある和文文書が作成されたこと、蘭文文書は作成されなかったことが確認できる。さらに同年には、一一月の商館長交代後という異例の時期ではあるが、初めて「商館長日記」から署名を確認できる文書が作成された。

以上のように、「商館長日記」からは、一六六五年を上限とし六七年を下限とする三年の間に商館長署名のある和文風説書の作成が開始されたこと、蘭文の風説書は作成されなかったことが確認できる。とすれば、一六六六年を初見とする風説書写本の伝存状況は、和文風説書そのものを反映していると考えるのが自然であろう。〝文書による提出〟を命じた一六六六年令をうけて、同年和文風説書が成立したと結論したい。

おわりに

本章の内容を簡単にまとめておきたい。オランダ人に情報提供を義務づけた「条約」は、一六五九年に定例化した後、一六六一年、一六六六年、一六七三年の三回拡充され、そのうち一六六六年令は、書面による提出を命じる文言を含んでいた。また、同令はローマ教徒や旧教国勢力の日本への企てを報じる義務とは別に、「ヨーロッパ及び東インドの情報」を求めたものとオランダ側で解釈された。一方、「商館長日記」の記事から情報提供の実態をみると、一六六五年から六七年の間に商館長署名のある和文風説書の作成が開始されたことがわかる。和文風説書写本の伝存状況と考え合わせ、結論として、一六六六年令の文書による提出の義務づけに応えて、一六六六年から、署名のある和文風説書が作成されるようになり、オランダ風説書制度が確立したと考えたい。しかし、通詞に渡すための要旨を記したメモ書き程度のものはあったにしても、オランダ語の風説書正本は存在していなかった。

以上の立論で問題となるのが、前述森紹介の一六六一年の口上書である。一六六一年の口上書は、本章「はじめに」で述べた和文風説書の条件を満たしている。従って、これを以て最初の風説書と呼ぶことは差し支えないと思う。しかし、前述のように、その後数年間この形式が受け継がれなかったこと、鄭氏のタイオワン攻略という特殊な場合であること、奉行の個別的な判断で作成が命じられたと考えられること、を考慮するならば、これを以て制度としての風説書が確立したとは言い難い。とすれば、一六六一年の口上書はどのように位置づけるべきであろうか。

以下、風説書の確立以前から存在した、オランダ人提供の情報を記した文書の存在を確認し、その上で、そのような文書と和文風説書の関係を中心に、当該時期までの状況を仮説として提示し、その中に一六六一年の口上書を位置づけたい。勿論、今後日本側の写本が新たに発見されれば書き換えられ得るものである。

一六七〇年代までの段階で、オランダ人提供の情報を記した文書（和文のみ）は、A和文風説書（及びその前身）、Bオランダ人が作成する特定の事柄に関する口上書あるいは念書、C願書などの提出文書、のように分類できると考える。Aは、オランダ船の到着後すぐに提供された一般的な情報、Bはある特別な事柄について、船の到着から時間が経ってから、書面での提出を求められた情報である。Bの例としては、第一章でも紹介した一六四六年九月七日商館長ファン＝ツムの上書[90]や中村質紹介の一六四八年スヌーク口上書[91]、さらに一六六六年ハメル一件情報が挙げられる。他にも存在した可能性は否定できない。スヌークの口上書は、商館長署名があったと考えられ、宛所が記載されている点で風説書とは異なる。他の二つは具体的な文書形式がわからない。おそらく、その内容のゆゆしさから、長崎奉行があくまでオランダ人の責任で提出させたいと考えた場合に作成されたものだと考えられる。Cの例としては、一六六一年タイオワン情報を受けて提出された願書[92]や、『集成』に収載された願書類[93]が挙げられるだろう。

一六六六年までは、Aは、商館長の署名を欠く、長崎奉行のもとで通詞が作成した文書であったか、あるいは独立の文書ではなく、長崎在勤の奉行が江戸在勤の長崎奉行に宛てた書翰等のなかに織り込まれる形であったと考えられる。一六六六年前後に、Aが商館長作成の和文風説書として定型化すると、AとBとの区別が曖昧となり、Bも風説書の一部として写本の中に収録されるようになったのではないだろうか。一六六七年一一月のフランス使節来航情報は、報告時期が船の到着からはるかに遅れている上、日本側からの要請によって提出されたといっても過言でない。従って、Bに近いものではあるが、奉行の出府前に提出することによって、かろうじて形式的には通常のAであるかの風を装っているものである。それが、「口上書」ではなく、初めて「風説書」と命名されたのは、情報提供遅延の言い訳として〝単なる風説（噂）にすぎません〟との含意が込められていたと考えるべきかもしれない。以上から、一六六一年のタイオワン情報を記した口上書はむしろBであり、しかしそこで用いられた文書形式が一六六六年以降の和文風説書の定型化に際し参考にされたと考えておきたい。

(1) 幸田成友「寛政九巳年の和蘭風説書」(『史学』一六―三号、一九三七年) 参照。現在は、江戸東京博物館が所蔵している。

(2) 森克己「国姓爺の台湾攻略とオランダ風説書」(『日本歴史』四八号、一九五二年)。図2の史料は、九州大学九州文化史研究所所蔵宇土細川家文書(『日本歴史』四八号に、全体の図版が掲載されている)。

(3) 以上の記述は、板沢書、一七九、一八八頁、片桐一男「和蘭風説書集成解題―和蘭風説書の研究―」(以下、「解題」)『集成』(上)、五六―六〇頁による。

(4) シーボルト記念館所蔵中山文庫一四―二―九三。表紙と第一頁の間に欠損がある。最初数頁は、水損と思われる損傷が激しい。冒頭の記事(オランダ風説書ではない)が、河野通定が長崎奉行在任中の「未年」、すなわち一六六七年のものであることは確実である。収録されている風説書の一番古いものは、『集成』(上)、一九号に相当するが、「未六月朔日」(『集成』は「晦日」)付であり、通詞の和解文言を含む。

(5) なお、中村質が、一六四八(慶安元)年の商館長スヌークの口上書を紹介しているが、中村自身が風説書とは別のものと理解している(中村質「初期の未刊唐蘭風説書と関連史料―幕府の海外情報管理をめぐって―」田中健夫編『日本前近代の国家と対外関係』(吉川弘文館、一九八七年))。

(6) 板沢書、一八九頁、片桐「解題」『集成』(上)、一三三頁。対外関係史総合年表編集委員会編『対外関係史総合年表』(吉川弘文館、一九九九年) 六六二頁は、一六六一年を和文風説書作成の初年とする独自の立場をとる。

(7) なお、レイニアー・H・ヘスリンク『オランダ人捕縛から探る近世史』(山田町教育委員会、一九九八年) 三〇三頁では、〝風説書を文章で提出せよとの命令が出されたのは一六六〇年代である〟との見解が提示されているが実証を欠く。

(8) 藤井讓治「家綱政権論」松本四郎・山田忠雄編『講座日本近世史四　元禄・享保期の政治と社会』(有斐閣、一九八〇年) による。

(9) 沼田次郎「鎖国下の日本と西洋文化」沼田編『日本と西洋』(平凡社、一九七一年) 一七〇―一七一頁、木村直樹「一七世紀後半の幕藩権力と対外情報―一六七三年リターン号事件をめぐって―」(『論集きんせい』二〇号、一九九八年) など。

(10) 栗原福也「最盛期のオランダ共和国」今来陸郎編『世界各国史七　中欧史(新版)』(山川出版社、一九七一年)、佐藤弘幸「オランダ共和国の成立とその黄金時代」森田安一編『世界各国史一四　スイス・ベネルクス史』（山川出版社、一九九八年）。
(11) A・J・エイクマン、F・W・スタ－ペル著、村上直次郎・原徹郎訳『蘭領印度史』（東亜研究所、一九四二年）八六頁。
(12) 木村直樹「異国船紛争の処理と幕藩制国家」藤田覚編『一七世紀の日本と東アジア』（山川出版社、二〇〇〇年）。
(13) 本書では、便宜上「条約」と呼ぶ。本書第一章参照。
(14) 『通航一覧』第六「阿蘭陀国部五　御暇賜並御法令」（国書刊行会、一九一三年、一九六七年清文堂出版より復刻）二二二―二二五頁。
(15) 清水紘一「参府蘭館長に伝達された南蛮に関する『上意』について」（『中央史学』二〇号、一九九七年）。
(16) 紙屋敦之『大君外交と東アジア』（吉川弘文館、一九九七年）一九九―二〇〇頁。
(17) 『通航一覧』第六（二二五頁）は、一六七三年に琉球船攻撃の禁止が単独で命じられ、一六七七年に「条約」に組み込まれたように記す。しかし、清水紹介の江戸幕府日記『延宝日記』によれば、既に一六七三年に組み込まれている。
(18) 『通航一覧』第六（二二五頁）。「通航一覧」は、一六七七年三月二八日〈延宝五年二月二五日〉の「御条目」として収載するが、清水前掲論文により、一六七三年段階のものと考える。
(19) このことは、「商館長日記」（NFJ65）一六五二年五月二三日条の、江戸で渡された命令書に付された註釈からも確認される。
(20) 「商館長日記」（NFJ87）一六七四年五月一日条。オランダ通詞は一六七三年のリターン号事件のころになっても、ポルトガル語を介してオランダ人と意思疎通を行なうことが多かった。永積洋子「一七世紀後半の情報と通詞」（『史学』六〇―四号、一九九一年）参照。
(21) 「商館長日記」（NFJ75）一六六二年五月二日条、「商館長日記」（NFJ82）一六六九年四月一六日条など。永積前掲論文参照。
(22) 「商館長日記」（NFJ74）一六六一年四月一〇日条。
(23) 「商館長日記」（NFJ75）一六六二年五月二日条。
(24) 「商館長日記」（NFJ90）一六七七年三月二八日条。また、「商館長日記」（NFJ94）一六八一年四月二〇日条の申し渡しの記事は、後述一六七四年のものとほぼ同様であるが、aに相当する「〔ポルトガル人が〕日本近海において新陸地探検に来航するようなことがあるならば、長崎奉行にその情報を伝えるように」という文言が含まれている。
(25) 井上政重及び北条氏長に仕えた通詞（永積前掲論文では「シノシ」としている）。
(26) commissaris. オランダ人は、大目付や宗門改役のことをこのように呼ぶ。
(27) 「商館長日記」（NFJ79）一六六六年五月七日条。
(28) 「商館長日記」（NFJ79）一六六六年五月八日条。
(29) 『通航一覧』第六、二二四頁。しかし、日記で中略部分に挙げられている地名は、トンキン・シャム・マカオ・スラト・ベンガル・ソロール（現インドネシア、ソロール諸島）・マカッサルで、『通航一覧』第六（二二四頁）所載の国名、地名「ベンガラ国、コストカルモンデイル国、ヤハアラ、萬丹、咬𠺕吧、バタニ、暹羅国、東京」とは異同がある。この点は後考に俟つ。
(30) 「商館長日記」（NFJ80）一六六七年四月一四日条。
(31) 「商館長日記」（NFJ81）一六六八年四月二一日条。
(32) 「商館長日記」（NFJ83）一六七〇年四月二九日条。なお、幕府から商館長に対する命令で、〝確実性が低くても、持っている情報はすべて提供せよ〟という内容の表現が用いられる例は、管見の限り一六五六年の参府の時の「条約」申し渡しからみられる（「商館長日記」（NFJ69）一六五六年二月一四日条）。〝噂に過ぎなかったので報告しませんでした〟という言い訳を封じようという幕府の意図は、年をくだるにつれて強くなるようである。
(33) 「商館長日記」（NFJ84）一六七一年四月一八日条。
(34) 「商館長日記」（NFJ85）一六七二年四月八日条。
(35) 「商館長日記」（NFJ86）一六七三年四月二九日条。
(36) 「商館長日記」（NFJ87）一六七四年五月一日条。一六七五年の記事は、「商館長日記」（NFJ88）一六七五年三月二一日条。
(37) 「商館長日記」（NFJ89）一六七六年五月一日条。
(38) 「商館長日記」（NFJ94）一六八一年四月二〇日条。板沢書、一八六―一八七頁、片桐「解題」『集成』（上）、一一―一二頁参照。
(39) 「商館長日記」（NFJ73）一六六〇年八月一八日条。マカッサルにおける蘭葡の対立については、石澤良昭・生田滋著『世界の歴史一三　東南アジアの伝統と発展』（中央公論社、一九九八年）三七二―三七三頁参照。また、一六七〇年代後半に日本近海の島があらためて注目されたのは、一六七〇年代の小笠原諸島発見・探検と関連があるかもしれない。

(40)『新訂増補国史大系　徳川実紀』第四篇（吉川弘文館、一九七六年）五六〇頁。

(41)「商館長日記」(NFJ79) 一六六六年四月二三日条。

(42)「商館長日記」(NFJ79) 一六六六年四月二四日条。

(43)『徳川実紀』第四篇、五六五頁。

(44) 藤井前掲論文、『徳川実紀』第四篇、五二八、五七八頁。

(45) Rapport schriftelijk gestelt en aen de Ed^{e} Heer Joan Maetsuyker, Gouverneur-Generael, ende d'E.E. Heren Raden van India overgelevert door mij Wilhem Volger coopman en jongst geweesen opperhooft in Japan met mijn verschijninge van daer op Batavia ([Versondene brieven naer diversche quartieren van't comptoir Nangasackij in't jaar 1666]〈NFJ297〉所収)。

(46) 山本博文「寛文期の対外政策とキリシタン認識」田中健夫編『前近代の日本と東アジア』（吉川弘文館、一九九五年、後に山本『鎖国と海禁の時代』〈校倉書房、一九九五年〉に所収）。ただし、山本の所論は主に幕閣の構成を論拠としており、さらに具体的に政策の内容や実現過程を検証する研究が今後必要となろう。

(47) 清水前掲論文。

(48)「我が国が同じくポルトガルと講和を締結したといふ流言が行はれて居るが、〔中略〕これに就いて、我等は最寄りの船で更に詳細な情報が来ることを希望してゐる」とされている（『集成』〈上〉、一四号）。原文は、「商館長日記」(NFJ75) 一六六二年八月一六日条。

(49)「商館長日記」(NFJ75) 一六六二年八月二八日条。

(50) 一六六三年六月二〇日付日本商館長インデイク宛総督ヨアン・マーツァイケル書翰 (Ontvangene brieven van diversche gewesten in Japan anno 1663〈NFJ294〉所収)。

(51)「商館長日記」(NFJ76) 一六六三年八月三一日条。

(52)「商館長日記」(NFJ77) 一六六四年三月二八日条。

(53)「商館長日記」(NFJ78) 一六六五年五月一日条。

(54) 商館長は、インド西岸南部の都市コーチン（一六六三年にオランダ東インド会社が占領）及びカナヌールと混同していると思われる。

(55)「商館長日記」(NFJ78) 一六六五年四月二二日条。
(56) 紙屋前掲書、二〇〇頁。
(57) 鄭成功のタイオワン攻略の経過については、村上直次郎訳注、中村孝志校注『バタヴィア城日誌』三(東洋文庫二七一、平凡社、一九七五年)に詳しい。
(58) 森前掲論文、片桐「解題」『集成』(上)、三三頁参照。
(59)「商館長日記」(NFJ74) 一六六一年七月五日条。
(60)「商館長日記」(NFJ74) 一六六一年七月六日条。日記の記事の翻訳が『集成』(上)、一二号として、また、この時作成された和文の文書(図2)が『集成』(上)、一三号として、『集成』に収載されている。
(61)「商館長日記」(NFJ74) 一六六一年八月二一日条、八月二九日条。
(62)「商館長日記」(NFJ75) 一六六二年八月一六日条、八月二八日条。
(63)「商館長日記」一六六三年(NFJ76) 八月三一日条。また「商館長日記」(NFJ75) 一六六三年九月二三日条には、中国船とオランダ船の抗争についてのみ通詞に聞き取られた記事がある。
(64)「商館長日記」(NFJ79) 一六六六年八月三〇日条。
(65)『集成』(上)、一五号。
(66)『集成』(上)、一六号。
(67) とりあえず山本博文「日本の沿岸防備体制と朝鮮」(『歴史評論』五一六号、一九九三年、後に山本前掲書に所収)。
(68) 柴田三千雄・樺山紘一・福井憲彦編『世界歴史体系　フランス史』二(山川出版社、一九九六年)四三―四四、四七頁。
(69) 幸田成友「フランソア・カロンの生涯」フランソア・カロン著、幸田成友訳『日本大王国志』(東洋文庫九〇、平凡社、一九六七年)。Resandt, W. W. van, *De Gezaghebbers der Oost-Indische Compagnie op hare Buiten-Comptoiren in Azie*, Amsterdam, 1944, p. 126.
(70) Registerder papieren gaende mette fluyt Nieupoort over Quelang naer Japan geconsigneert aen d'E. Willem Volger, opperhooft mitsgaders den raed aldaer, 22 juni 1666 (Batavia's Uitgaand Briefboek〈VOC890〉pp. 293-294) の中にみられる Courant van Vaderlandse Nouvelles lopende tot 20 junij。内容は不明。木村前掲「異国船紛争の処理と幕藩制国家」及び本書第三章参照。
(71)『集成』(上)、一七―二一号。

(72)「商館長日記」(NFJ81)一六六七年一一月六日条。
(73)岩生成一『続南洋日本町の研究』(岩波書店、一九八七年)一三九頁。
(74)『通航一覧』第四、四七一—四七二頁。
(75)「商館長日記」(NFJ81)一六六七年一一月二〇日条。
(76)「商館長日記」(NFJ81)一六六七年一一月二一日条。
(77)「商館長日記」(NFJ81)一六六七年一一月二四日条。
(78)「商館長日記」(NFJ81)一六六七年一一月二八日条。
(79)『集成』(上)、一二号。
(80)「商館長日記」(NFJ81)一六六七年一一月二八日条。
(81)「商館長日記」(NFJ81)一六六八年四月三日条。
(82)「商館長日記」(NFJ81)一六六八年四月二四日条。
(83)「商館長日記」(NFJ81)一六六八年七月六日条。これをうけて作成された和文風説書は『集成』(上)、一三号。
(84)「商館長日記」(NFJ73)一六六〇年八月一八日条。
(85)「商館長日記」(NFJ82)一六六九年七月一三日条。『集成』(上)、一四号参照。
(86)「商館長日記」(NFJ83)一六七〇年八月七日条。
(87)「商館長日記」(NFJ86)一六七三年七月一七日条。
(88)「商館長日記」(NFJ87)一六七四年七月三一日条。
(89)後年の例であるが、「商館長日記」(NFJ114)一七〇三年八月一九日条(『集成』〈上〉、九三号の注)や「商館長日記」(NFJ115)一七〇四年八月二七日条(『集成』〈上〉、九四号の注)にも、商館長の判断が介在する様子が現れている。
(90)「商館長日記」(NFJ59)一六四六年九月七日条。
(91)中村質前掲論文。
(92)「商館長日記」(NFJ74)一六六一年七月一六日—二五日条。一六六六年三月二七日条、一六六七年九月二一日条などにおいても、オランダ人が願書を提出していることがわかる。
(93)『集成』(上)、四二号(一六七六年分)、『集成』(上)、六六号(一六九一年分)など。

第三章　オランダ東インド会社の時事情報配信システム

――一六四〇―一七〇年代オランダ風説書の情報源――

はじめに

本章の出発点は、オランダ風説書には、なぜ一七世紀段階において既に、ヨーロッパ全域からアフリカ・アメリカ大陸に及ぶ世界中の情報が含まれているのか、という素朴な疑問である。本書序章、第一章及び第二章で述べたように、一六四〇年以降も、オランダは決して海外の情報を独占的に幕府に提供していたわけではない。ヨーロッパに関する情報については、幕府は一七世紀には密航してくる宣教師やリターン号で渡来したイギリス使節の情報と、オランダ人の情報を常に比較検討していた(2)。一九世紀に入れば、ロシア人ワシーリイ・ゴロウニンが、ロシアの新聞を幕府役人に示して、フランス皇帝ナポレオン一世の情報を提供するなど(3)、新しい情報源も出現した。アジア情勢、特に中国情勢については、いわゆる「四つの口」すべてから入ってくる可能性があり、競合相手としての李氏朝鮮ルート・琉球ルート・北方ルートは見逃せない(4)。しかし、オランダ風説書は、世界中を視野に入れ、また定期的であったという点で、特に一七世紀において他のルートを凌駕していたと評価できるであろう。

板沢武雄は、オランダ風説書の情報源として、カントン・シンガポール等で発行された新聞を挙げたが(5)、一八四〇年に始まった別段風説書(6)の情報源を示す史料によっており、それ以前の「通常の」風説書の情報源については明らかにされていない。また、新井白石の『西洋紀聞』を引いて、「秘府にエウロパ〔ヨーロッパ〕のクラントあり」とし、その注に「クラントはエウロパの俗に、凡そ事ある時は、其事を図註し、鏤板して世に行ふもの也」とある、とする。「秘府」というのはおそらく幕府（の文書庫）であろうと考えられ、かつ、「クラント courant」すなわち「新聞」の意味をほぼ正確に理解していると考えられるが、それを風説書の情報源と評価しているわけでもないようである。板沢の見解は、片桐一男が執筆した『集成』の「解題」に踏襲された[7]。

その状況を打開し、貴重な事例を報告したのが、木村直樹[8]である。木村の論考は、一六七三年のリターン号事件を扱う中で、日本商館文書の中に「インドの最新情報 Indische Nouvelles」[9]と呼ばれるものがあることを発見した、画期的なものである。木村は、これが日本商館に送られたことを指摘し、風説書の情報を補完したとする。

筆者は、二〇〇〇年の口頭報告[10]で、オランダ国立中央文書館所蔵連合東インド会社文書「バタフィア発信書翰控簿」（以下、ＢＵＢ）に収載された「託送文書一覧」中に、「東インドよりの最新情報」[11]とともに、「祖国よりの最新情報 Patriasche/Vaderlandse Nouvelles」という文書も存在すること、一六六四年を初見としてバタフィアから各地の商館に配信されていること、を指摘し、さらにその後まとめた論文で、これらを「情報覚書」という範疇で論ずることが可能だという展望を示した[12]。しかし、詳細を実証するには至らなかった[13]。

本章の課題は、「東インドよりの最新情報」を史料学的に解明し、オランダ東インド会社（以下、「会社」）の時事情報配信システムの問題として実証的に論じることにある。本章では、会社の業務に直接関係しない、今日のいわゆるニュースにあたる最新情報を「時事情報」と呼ぶことにする。本来は、会社が解体する一八世紀末までを対象とすべきであるが、本章は、一七世紀、特に一六四〇年代から七〇年代を主な対象とする[14]。「通常の」風説書は、本書第四章で論じるように、バタフィアから舶載された蘭文文書の翻訳ではなく、長崎で作成された文書であると考えられる。従って、本章副題にある「風説書の情報源」とは、風説書作成の参考にされた文書という含意である。

会社のアジアにおける時事情報配信システムについて正面から論じた研究は、オランダでもなされていない⒂。以下、まず第一節で、一七世紀オランダ及び会社の情報活動を研究史から明らかにし、第二節でBUBにみられる会社の時事情報配信システムを検討し、第三節で日本商館文書にみられる「最新情報覚書」について言及したい。

第一節　一七世紀オランダの情報活動

1　情報集散地としてのオランダ共和国

一七世紀オランダ共和国において情報の流通が非常に活発であり、オランダがヨーロッパの情報の集散地としての役割を果たしていたこと、そしてそれがオランダ風説書をも可能にしていたことについては、日本でも既に佐藤弘幸によって指摘されている⒃。

ピーター・バークは、『知識の社会史⒄』において、近世ヨーロッパの「情報」について広範に論ずる中で、オランダにかなりのページを割いている。例えば、「オランダ共和国の場合には、商人が支配する都会化した地域での分権型の政治構造によって、印刷だけでなく口頭の話や書きものを通して情報が異例の自由さで流通することが実現していた⒅」「一七世紀になると、オランダ共和国が〔中略〕情報の主要な中心地にして主要な市場〔中略〕となった⒆」「〔オランダでは〕一七世紀にはニュースはすでに商品と見なされていた⒇」などの記述が、一七世紀のオランダについての評価を象徴している。

最初の新聞がいつどこで生まれたかは、何を以て「新聞」の定義とするかによって異なるので、ここでは深入りを避けるが、ヨーロッパの新聞史の黎明期において、オランダが大きな役割を果たしたことは確かである。以下、いくつかの研究に従って略述する。

マールテン・スネイデル『オランダの新聞』[21]によれば、ヨーロッパ初の手書きの新聞がイタリアのヴェネチアで生まれ、印刷新聞が一六〇九年にドイツで生まれたことには、疑いの余地がない。スネイデルは、オランダ最初の新聞（定期刊行の印刷新聞）が生まれたのは、一六一九年であり、一六一九年のオランダの新聞は、一六〇九年のドイツの新聞よりも、主に形式面ではるかに現在の新聞に近いものだとする。一方、フランス語と英語の一番古い新聞は、オランダ語新聞の翻訳版として、オランダで刊行されたとする。

フォルケ・ダール「アムステルダム―西ヨーロッパ最初の新聞の中心地―」[22]によれば、最初の新聞「ドイツ、イタリア等々発信の新聞 *Courant uit Duitschlandt en Italiën enz.*」と「各地からの新しい知らせ *Nieuwe Tijdinghen uit Verscheyde Quartieren*」は、どちらも一六一八年頃アムステルダムで刊行された。[23]（一六一八年がオランダ最初の新聞であるというダールの説が、現在の定説である。[24]）前者はカスパル・ファン＝ヒルテンが、後者はブルール・ヤンスが刊行した。[25]ここで注目すべきなのは、最初の新聞が既に、オランダ国内だけでなく、アルプスの南を含むヨーロッパのかなりの部分からの情報を載せていたことである。オランダの情報産業は、誕生の瞬間から国際的だった。ファン＝ヒルテンの新聞も、ヤンスの新聞も、情報の並べ方はほぼ同じであったことが報告されている。すなわち、まずイタリア、次いでボヘミア、南ドイツ、スペイン、ケルン、パリ、イギリス、北欧、そして最後に出版地オランダの情報が載せられた。[26]二つの新聞のうち、どちらかというとファン＝ヒルテンのほうが、［オランダ］国家の機密事項に関する情報をより多く含んでおり、それは国内外の情勢に通じた人々との人脈を情報源として確保していたからであるとされる。[27]

また、オランダの新聞は、政治に関して非常に受身ないし消極的であったとされる。国内問題に関しては、完全に中立を保ち事実だけを書いた。国際問題の場合は、オランダ国家の敵を敵とし、国家の味方を味方としているようである。しかし、宗教的には、紙面上で立場を明示することはないが、詳細に読めば反カトリック的な色彩が強いという。[28]

ファン＝ヒルテンとヤンスの他にも、一七世紀前半にアムステルダムで新聞を刊行する業者は複数現れた。一六四五年にはアムステルダムに少なくとも九つの印刷所があり、一紙は週二回刊で、残りは週刊であった[29]。

バークは会社に関しても、「この時代に情報の商業的価値に気づいていたという際立った一例を、〔中略〕会社の歴史から見ることができる[30]。」と述べる。会社の効果的な情報網は、既に一六二〇年代に確立しており、一七世紀においてその情報網に匹敵するものはなかったとする研究者もいる[31]。また、会社は何らかの形の賄賂によって、オランダの外交官や外国の外交官から、情報を入手することができた[32]。

オランダにおける情報流通の活発さは、印刷業の隆盛と密接な関係があった。「アムステルダムの印刷業者は〔中略〕さまざまな言語で印刷することを得意としていた。彼らは英語の聖書をここで印刷して、英国製の聖書よりも安い値段でイギリスで売った[33]。」

しかし、オランダがヨーロッパの情報の中心であった時代は、長くは続かなかった。「一七三〇年代までは、イギリス人は本を、輸出よりはむしろ輸入していたのである。〔中略〕しかし、一八世紀には、状況は変わりつつあった[34]。」「オランダ共和国から遅れること約八〇年、イギリスも新聞の国になった[35]。」

2　もう一つの情報集散地バタフィア

会社の情報活動を論じる際には、当然アジアにおける根拠地であるバタフィアを中心とした情報網に言及するべきである。しかし、研究史としては、管見の限りG・H・フォン＝ファーベルの『オランダ領東インドにおけるジャーナリズム小史[36]』があるのみである。関連部分を引用する。

東インドの新聞の起源についても、似たような経緯〔商人の時事通信を前身として一七世紀の初めに生まれ、やがて印刷頒布された〕を辿ることができる。偉大なるオランダ東インド会社（すなわちＶＯＣ）がこの地域に定着する最初の何年かは、ヨーロッパや各所に点在する多くの「商館」からの新しい知らせは、バタフィアで分類・複写され、この広大な多島海のはるか隅々の住人たちが、広い世界の主要なできごとを知っておくようにと〔いう意図で〕転送された。

F・デ＝ハーン博士は、彼の〔著書〕『旧きバタフィア』[37]のなかで、ヤン・ピーテルスゾーン・クーンが、一六一五年にヨーロッパからの新しい知らせを発信し、一六四四年には、アンボンの総督府[38]は定期的に、東インド及びヨーロッパの新しい情報をバタフィアから受け取っていた、と述べている。〔中略〕手書きの新聞、それには手紙や、本国の新聞記事からの抜粋、さらに首席の職員の監督下に書記官達に委任されていた編集物が含まれていたが、それ〔手書きの新聞〕は、『最新情報覚書 Memorie der Nouvelles』の形をとっていた[39]。

この記述は、本章の課題には非常に有益である。まず、典拠は示されていないが、会社がヨーロッパやアジア各地の商館から集められた時事情報を、分類・複写し、転送したことが述べられている。また、そのような時事情報の管理が、一六四〇年代には本格化していたこと、またそのようにして配信される情報が、「最新情報覚書」と呼ばれていたことが書かれている。次に、『旧きバタフィア』から、特に印刷業についての記述をみてみよう。

バタフィアの印刷所の歴史は、〔東インド〕会社内部の政治と関係がある。

〔中略〕〔キリスト教〕長老会は既に一六二四年に印刷所を設立しつつあった。勿論キリスト教の教育のために。当時すべての活字は用意されており、従ってこれらの活字を使って暦が印刷されていたということが考えられる。

〔中略〕

まさに受け取ったばかりのマカッサルとの講和〔条約〕の条項を印刷させるようにという一六六八年三月一四日付の総督府の決定によって、我々は少なくとも嬉しく驚かされる。この最古の東インドの印刷物〔中略〕の現存の一組は一三頁半の大きさで、とてもきちんと仕上げられているので、必要なものはオランダから特別に取り寄せたのだろう、と想定することができる。しかしながら、もっと奇妙なのは、この最初の印刷物が、〔時事情報の〕報道 nieuwstijding であり、教科書でも、宗教的な小冊子でも、布告でも〔政令の〕公布でもないということである。〔中略〕

マカッサルとの講和条約の印刷者は書かれていない。しかし、疑いなく〔中略〕ヘンドリック・ブランツであり、彼はその年すなわち一六六八年の間に、〔東インド〕会社の印刷機と活字を購入〔あるいは借用〕していたのである。〔中略〕一六六八年八月一四日に、ブランツは、〔バタフィア〕市と会社の〔公式〕印刷業者として三年間〔有効〕の特許状を獲得した。〔中略〕

これらの印刷所が最も興味深いのは最初の数年であり、その間に、確固たる報道の自由がバタフィアに開花していくであろう、という期待が喚起された。確かに、必要な公式の印刷物や教会のための印刷物の外に、我々は〔マカッサルとの戦争の話・〔スマトラ〕西海岸で獲得した勝利の話・講和条約・アンボンの地震の記述〔のような〕様々な東インドの時事情報及びいくらかのヨーロッパからの時事情報が印刷に付されたことを見る。[40]

ここからわかることは、一六二〇年代には既にバタフィアに印刷所があったこと、一六六八年にはマカッサル王国との講和の条項を印刷させるという総督府決定がなされたこと、同年にヘンドリック・ブランツが会社の印刷機と活字を用いて、会社かつ市の印刷所として活動を開始したこと、[41]会社及び市の印刷物の重要な一部門として各地の最新情報の印刷が位置づけられること、などである。印刷されたマカッサルとの講和条約の例を、[42]図3として掲げた。

以上のようなオランダの情報産業の発展、バタフィアにおける情報活動、といった前提条件のもとに、次章で紹介する時事情報がアジア各地へと配信されていった。ただし、この時代において、時事情報の流通媒体はオランダにおいても、定期性や定型性などの点で、近代的な「新聞」の形をとっていなかったことを確認しておく必要があるだろう。例えば、他国との講和条約など、特定の情報に限った印刷物が出回ることも多かったのである。

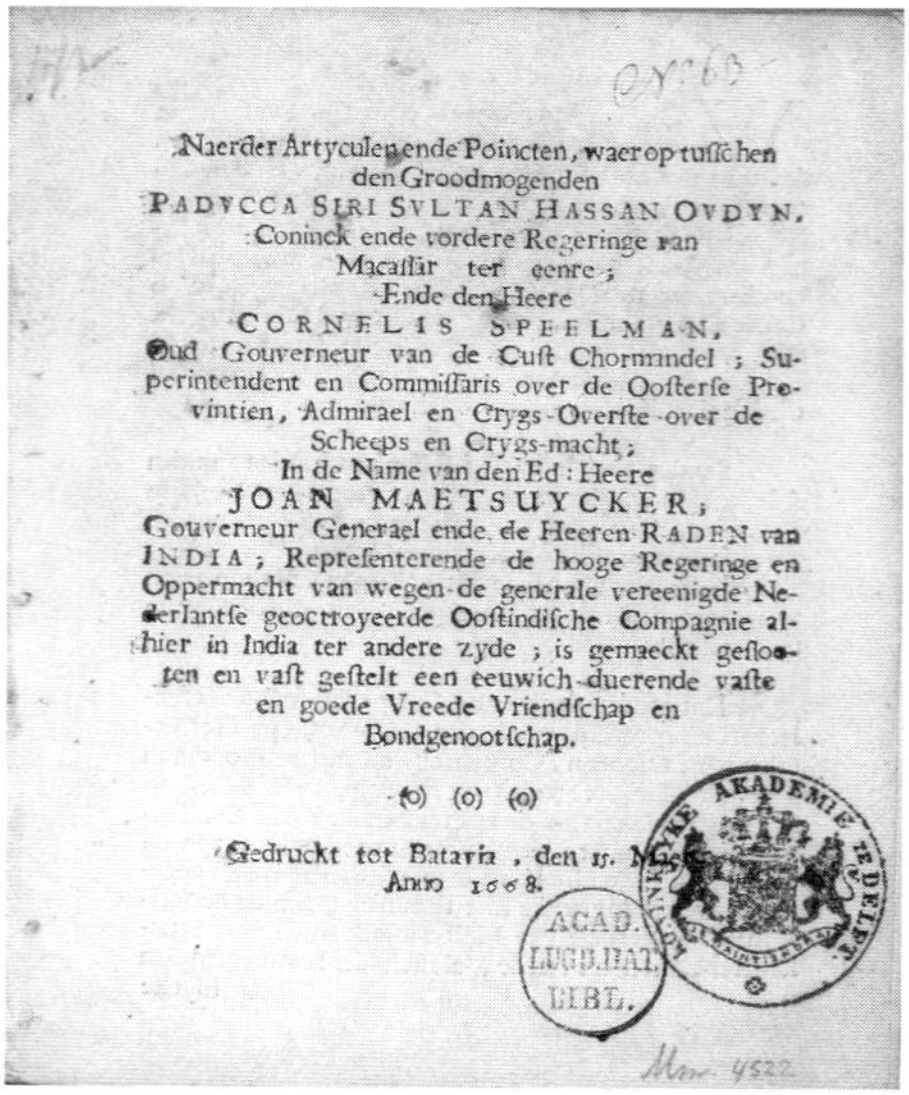
Naerder Artyculen ende Poincten, waer op tusschen den Groodmogenden
PADUCCA SIRI SULTAN HASSAN OUDYN,
Coninck ende vordere Regeringe van Macassar ter eenre;
Ende den Heere
CORNELIS SPEELMAN,
Oud Gouverneur van de Cust Chormandel; Superintendent en Commissaris over de Oosterse Provintien, Admirael en Crygs-Overste over de Scheeps en Crygs-macht;
In de Name van den Ed: Heere
JOAN MAETSUYCKER;
Gouverneur Generael ende de Heeren RADEN van INDIA; Representerende de hooge Regeringe en Oppermacht van wegen de generale vereenigde Nederlantse geoctroyeerde Oostindische Compagnie alhier in India ter andere zyde; is gemaeckt gesloten en vast gestelt een eeuwich-durende vaste en goede Vreede Vriendschap en Bondgenootschap.
(o) (o) (o)
Gedruckt tot Batavia, den 15. Mey
Anno 1668.

図3 マカッサルとの講和条約（末尾，1668年）
（バタフィアで印刷されたもの，ライデン大学図書館所蔵 Universiteitsbibliotheek Leiden, 1365 H28）

3 オランダ共和国からバタフィアへ送られた諸新聞

オランダ本国からバタフィアに新聞が送られていた事例は、一七世紀より確認できる。しかし、総督から会社の本国重役会（一七人会）[43]に送られた、商品やバタフィアの造船所や病院で使う備品に関する注文書Eisenには、新聞への言及はない。品物ではなく書類に準ずる扱いで送られたと思われる。また、当時の（バタフィアへ向かう）本国船団の積荷送状は現存しないため、一七世紀に本国からバタフィアに送られた新聞の詳細はわからない。

参考のため、一八世紀の例を挙げる。アムステルダム・カーメルが注文した品の中に新聞がみられる。例えば、一七七四年一二月三一日、一七七五年三月二四日及び同年六月二九日には、各週五二五部、三ヶ月（一三週間）分で六八二五部の新聞が、東インド向けに購入されている。[44]また、一七八二年三月二八日には、アムステルダム・カーメルがハーレムの古新聞二七部やデン・ハーグの古新聞二八部などを購入したことがわかり、[45]これもおそらくバタフィアに送るためであったであろう。古新聞を購入したのは、おそらく経費節減のためと考えられ、興味深い。

第二節　バタフィアからアジア各地へ配信された時事情報

1　「バタフィア発信書翰控簿」収載の「託送文書一覧」

「バタフィア発信書翰控簿」（以下、BUB）は、オランダ東インド会社文書のうち、アジアにおける本店機能を果たすバタフィアの、総督及び東インド評議会が、各地の出先機関及び現地政権などに宛てて発信した書翰及び命令書等の控簿である。各簿冊は、年度（会社の会計年度は暦年と若干ずれる）ごとにほぼ日付順に、宛先地・宛先人・経由地・託送船などを記した小見出しを付けて、次々と写していったものである。

収録されている文書は、書翰のみでなくかなり多様で、宛先地も多岐にわたる。「託送文書一覧」は、書翰、訓令書、布告と並んでBUBに収録された文書の一類型である。内容は、ある土地に向けてある日付に発信された文書の一覧であり、託送する船名を明示してある場合がほとんどである。BUB中では、同地に送られた書翰の付属のような形で、書翰の直後に収録されている。「託送文書一覧」に記載された文書は、本文がBUB自身にある場合（書翰や訓令など）、本文はBUBには収録されていないものの、別に保管されて伝存している場合（積荷送状や東インド評議会決議など）、本文が伝存していない場合（船の在庫目録や進物用の特殊な工芸品の使用法説明書など）の三類型に大別される。第三類型の場合、「託送文書一覧」がほぼ唯一の痕跡である場合もあり、史料価値は大きい。[46]

「託送文書一覧」の一例として、ゼーロプ号に託送されてタイオワン経由で日本宛に送られた一六四六年六月一八日付のものを掲げる。

「日本のレイニール・ファン＝ツム閣下に宛てて、上級商務員ウィレム・フルステーヘンの手により運ばれる、ヤハト船ゼーロプ号託送の文書一覧」
第一号　六月一八日付前述の閣下宛東インド評議会参事等書翰正本
第二号　前述のヤハト船の託送品積荷送状
〔中略〕
第八号　前述の東インド評議会参事等からマラッカのプレシデント、アーノルト・デ＝フラーミング＝ファン＝アウスホールン宛に書かれた一六四六年五月二二日付書翰写し
〔中略〕
第一二号　ブラジルにおいてポルトガル人と我々〔オランダ人〕の間で起きたことに関わる問題
第一三号　一六四五年一月一〇日から七月二〇日に至るトンキン〔現在のベトナム北部〕の会計帳簿にみられた誤り
第一四号　セイロンのガレ要塞の司法管轄権についての対立に関する暫定的協定書の翻訳の印刷物(47)

ここに挙げられた文書の中では、第八号のマラッカ長官のアーノルト・デ＝フラーミング宛ての書翰が注目される。第一号の日本商館長レイニール・ファン＝ツム宛てのオランダ東インド評議会参事等書翰には、以下のようにある。

〔前略〕マラッカのプレシデント・フラーミング充ての書翰の写しとその他の付属書類を、機会があれば会社への奉仕に於いて貴下の役に立つように〔送りましたので、〕貴下は受け取ります。そこから東インド・ブラジル・ヨーロッパで起きた多くの重要なできごとを〔貴下は〕知るでしょう。この手紙で繰返すのを避けるために、その書翰に譲ります〔のでそれを参照して下さい〕(48)。

ここでは、東インド・ブラジル・ヨーロッパに関する時事情報を、「最新情報覚書」ではなく、他地に宛てた書翰の

写しの形で知らせている。「最新情報覚書」などによる時事情報の配信システムが確立する以前は、このような形が普通であったと考えられる。第一二号なども同様の使われ方をしたと考えられる。また、第一四号は、セイロンにおけるポルトガルとの協定書の翻訳が、印刷物の形で配信されている点で注目される。セイロンの司法権のありようは、東インドに勤務するオランダ人一般に興味のある問題であったために印刷されたと思われる。日本では、ブラジルやセイロンでのポルトガルとの抗争が、ポルトガルとの関係を端的に示す例として、幕府に注目されるかもしれなかった。

一六四七年の「商館長日記」の記事をみてみよう。

また〔ウィッテ・パールト号の到着により、フォルモサ長官〕プレシデント・オーフルトワーテル氏の書翰とオランダ〔本国より〕の〔最新〕情報 Nederlandsche nouvelles を手にした。〔すなわち〕オラニエ公殿下によるフルスト占領等、フランス人によるダインケルケやマルダイク要塞の占領等〔である〕[49]。

たった一年の後ではあるが、最新情報との名を冠した文書が、日本に送られてきていることがわかる。一六四〇年代に、このようなバタフィアでの時事情報の集積・整理・配信のシステムが、まさに形成される途上にあったことを示していると考えられる。

2　「託送文書一覧」にみる時事情報の諸類型

本節で扱う文書の初見は、管見の限り一六三九年である。従って、以下、一六三九年から一六七八年までの四〇年間を対象に、BUBの「託送文書一覧」にみられる関連の諸文書について検討する。検討対象とするのは、「東インドよりの最新情報」「祖国よりの最新情報」や「最新情報覚書」、その他の時事情報を配信したと考えられる文書である。下限を一六七八年とするのは、ちょうど四〇年分であるというだけでなく、一六七〇年代が、日本商館文書に

表1 バタフィア発信情報の種類別・年代別集計

VOC 番号	年度	オランダの新聞 (0)	祖国よりの最新情報 (1)	東インドよりの最新情報 (2)	条約条文等 (3)	私信からの抜粋 (4)	文書数
863-872	1639-1648	2	11	21	16 [15]	0	43
873-882	1649-1658	0	0	0	34 [32]	0	34
883-892	1659-1668	0	68 [24]	36 [12]	78 [61]	1 [0]	138
893-902	1669-1678	0	248 [28]	283 [4]	135 [124]	49 [32]	530
	合計	2	327 [52]	340 [16]	263 [232]	50 [32]	745

＊数は，送付部数ではなく，「託送文書一覧」における言及件数である．
＊[ ] 内の数は印刷物であることが明白なものの数（内数）．
＊本表では，例えば (1) と (2) の内容を含む1つの文書は，(1) と (2) の二ヶ所で計上しているため，(0)〜(4) の集計と「文書数」欄とは一致しない．
＊VOC の会計年度は，暦年とほぼ一致するが，年によって若干の（11月頃から1月頃まで）ずれがある．本表収録文書の最終の日付は，1679年1月22日である．

「東インドよりの最新情報」が伝存する唯一の時期であると同時に、オランダがヨーロッパで情報面における優位を確立した時期と重なるからである。

この時期に、BUB収載の「託送文書一覧」の中で、考察の対象とすべきだと考えられる文書は、大きく四類型に分類できる（以下、表1参照）。

第(1)類型は、「祖国よりの最新情報」などの表題を持つ、本国から送られて来た新聞類の摘要と思われる文書である。第(0)類型として、一六四一年七月一六日には、スラト宛に「オランダからの新聞」[50]、一六四四年九月二三日にはコロマンデル宛に同じく「オランダからの新聞」[51]が発信されているが、本国からの新聞がそのまま送られたと確認できるのはその二例のみである。後は例えば、一六六六年一一月二三日発信、アンボン（現インドネシア、アンボン島）宛「祖国の最新情報覚書」[52]のように、抜粋や要約が配信されるようになったと考えられる。「一六七八年九月に各地からバタフィアに寄せられた最新情報覚書」[53]などのように、第(1)類型か第(2)類型か判然としないものもあるが、このような場合表1では、第(1)類型と第(2)類型の双方に採録した。表題が、「祖国よりの最新情報」のように「覚書」の語を含まない場合と、含む場合があるが、時代的な差異は見出されない。また、表1の第(1)類型の中には、後述の第(3)類型、第(4)類型と区別の難しいものも混ざっている。第(1)類型の初見は、一六三九年七月一一日付コロマンデル宛の、「本国船団の到着及びバタフィアにおけるその後のできごと等に関わる最新情報」[54]である。また、一六六六年からは「オランダよりの最新情報〔について〕の印刷新聞 Gedruckte courant van Nederlandse nouvelles」や一六六八年からは「祖国よりの最新情報〔について〕のバタフィア新聞 Bataviase courant der vaderlandse nouvelles」のような「新聞」の語を含む表題を持つものも登場する。一六六六年にバタフィアで印刷されたと思われる新聞の例がみられるということは、ヘンドリック・ブランツが会社の印刷業者として公認される以前から、バタフィアには新聞業者（印刷業者も兼ねたかもしれない）が存在し、会社がその新聞を配信していた可能性を示す。このように、オランダ本国からの情報をまとめたものは、四〇年間で八五点、前述のように、本国からの情報と東インド各地からの情報を合わせたものの数を加えると、三二七点である。

第(2)類型は、「東インドよりの最新情報」「最新情報覚書」などの表題を持つ、東インド各地からの情報を集成して、必要部分を摘記したものである。一六四〇年六月一三日付でタイオワンと日本に発信された「セイロンとゴアの最新情報」[55]を初見とする。一六六〇年代までは、このように、特定の地名を冠したものが多いが、一六七一年七月一五日付で日本に発信された「東インド各地からの最新情報覚書」[56]を初見として、各地からの情報をまとめたものが頻出する。各地の商館からの情報を集めたこのような文書は、四〇年間で一一一点、本国・東インド両方を組み合わせたものを含めると三四〇点に上る。

第(3)類型は、第一節の『旧きバタフィア』からの引用で紹介した、講和条約の条文など単発の重要情報を主に印刷して配信する場合である。一六四〇年から七〇年代のBUBの「託送文書一覧」の中にみられる例を以下に紹介したい。まず、一六四二年から一六四五年にかけては、ポルトガルとの休戦協定についての情報が印刷されて配信された。また、一六四九年には、スペインによるオランダの独立承認を含む一六四八年のミュンスターの講和、いわゆるウェストファリア条約の文面が配信された。一六五〇年代は第一次英蘭戦争の講和の条文や、バンタム（現インドネシア、

EXTRACT,
Uyt den Briefgeschreven aan de Vergaderinge der Heeren Seventiene,
DOOR DEN COMMANDEUR
CORNELIS VAN QUALBERGEN,
Ende den Raad op 't Fort de Goede Hoope, dato den 20 Januarij, Anno 1668.
Te MIDDELBURG,
By LEENDERD BAKKER, Drukker der Ed: Heeren Bewindhebberen der Geoctroyeerde Oost-Indische Compagnie, ter Kamer Zeeland.

図4　「艦隊司令官コルネリス・ファン＝クアルベルヘンと喜望峰要塞の評議会からオランダ本国重役会に宛てて書かれた書翰からの抜粋」（表紙，1668年）
（オランダ国立中央文書館所蔵ラーデルマッヘル文書 Nationaal Archief, Collectie Radermacher, 382A）

バンテン）との戦争関連の布告、フランスとの講和条約の条文も配信されている。一六六六年以降は、第二次英蘭戦争の海戦の話、マカッサル王国との戦争における勝利の話、ロンドンでの火事の話、と続き、一六六八年から七〇年にかけては英蘭戦争、及び第一節で図3として掲げたマカッサルとの戦争の講和条約が配信された。一六七二年には、フランスとイギリスからオランダへの宣戦布告が印刷され、戦争の内容、講和条約についても同じく配信された。一つの宛先地に一通送るのが普通だが、複数のことも多かった。例えばセイロン宛に二五通同時に送られた例がある。[57] 会社はセイロンに複数の拠点を有していたため、それぞれの拠点に配る必要があったからである。さらに、マカッサルとの講和の条文が、マカッサル宛に一〇〇部同時に配信されているのが目を引く。[58] マカッサル商館の会社職員の全員及び関係者宛に送られたのであろう。

第(4)類型は、私信中のヨーロッパ情報を抜粋、印刷して配信する場合である。特に多く配信されたのは、フランスの東インドへの艦隊派遣に関する一六七三年一一月パリ発信の手紙の記事で、一ヶ所に数通同じものが送られている。このようなものは、一種の布告と考えられ、オランダ本国で印刷されたと考えられる。[59] 同様のことが、東インドでのできごとについても行なわれていた。例えば、艦隊司令官コルネリス・ファン＝クアルベルヘンと喜望峰要塞の評議

表2　バタフィア発信時事情報の宛先地別類計

	宛先地	合計	1639-1648年	1649-1658	1659-1668	1669-1678
1	セイロン	60	3	5	14	38
2	アンボン	51	3	3	8	37
3	コロマンデル海岸	51	5	1	12	33
4	日本	47	3	2	9	33
5	バンダ	45	0	3	5	37
6	ベンガル	43	1	2	11	29
7	スマトラ西海岸	40	0	0	8	32
8	シャム	38	2	1	7	28
9	マラッカ	37	1	2	9	25
10	マカッサル	34	1	1	5	27
11	テルナテ	33	0	0	2	31
12	スラト	31	2	3	5	21
13	ティモール	29	0	0	2	27
14	トンキン	28	0	0	5	23
15	ペルシア	27	1	2	4	20
16	ジャンビ	23	4	1	4	14
17	ジャパラ（及びジャワ東海岸）	21	0	1	2	18
18	マラバール海岸	21	0	0	0	21
19	パレンバン	18	0	0	7	11
20	ウィングルラ	11	0	0	4	7
21	マウリティウス	11	2	2	0	7
	その他（1ヶ所あたり10件未満）	46	15	5	15	11
	合計	745	43	34	138	530

会から、本国の東インド会社重役会（一七人会）に宛てて書かれた一六六八年一月二〇付書翰からの抜粋をミッデルブルフで印刷したものが現存する（図4）[60]。

表1から、数量的な変化をみてみたい。関連の文書数全体が、一六六〇年代に急増していることがわかる。バタフィアにおける印刷業の隆盛が原因ではないかと思われる。「印刷された」と明示的に書かれていないものでも、印刷物であった可能性は高い。第(3)類型は、一六四〇年代より印刷物が見られるが、おそらく本国から印刷物の形で到着したものであり、バタフィアでの印刷開始は一六六〇年代だったであろう。また、第(4)類型が必ずしも後進的なものでないことは、一六七〇年代になってむしろ増えていることから指摘できる。速報性を重視したものであろう。

宛先地別に見ると（表2）、第(1)類型から第(4)類型まで、宛先はアジア各地に広がっており、日本に特定されるわけではない。しかし、日本商館は、宛先地の第四位に挙がっており、重要な商館と位置づけられていたことがわかる。

第三節　日本商館文書にみる「東インドよりの最新情報」

第二節で検討した「東インドよりの最新情報」などのテキストは、BUBには収録されていない。また、管見の限り、本国に送られた「東インドよりの到着文書集(61)」の中にも伝存していない。テキストが伝存するのは、日本商館文書中のみである。他商館の文書はほとんど史料群として残っていないため、日本商館文書の中にのみ、実例がみられるのである。そこで、日本商館文書から、木村が紹介したのと同様の、時事情報配信のための文書を抽出した。すると、以下のように、伝存例は四点しかなく、一六七〇年代前半に集中していることがわかる。しかし、前述のように、一六四〇年代に既に同種の文書は存在していた。なぜ、これらの史料が、この時期のもののみ残されたのかは不明である。一六七三年のリターン号事件と関わりがあるのか、あるいは会社の時事情報配信システムの最盛期であったためなのか、即断はできない。以下、便宜上の番号（①―④）を付して、現存する文書を列挙する。

①一六七一年　「東インドの様々な地方からの最新情報覚書(62)」
②一六七三年　「東インドよりの最新情報(63)」
③一六七四年A「一六七三年八月〔から〕の東インドよりの最新情報(64)」
④　　　　　B「東インド各地から刻々と寄せられる様々な東インドの最新情報覚書(65)」

これ以降は、同様の「最新情報覚書」「東インドよりの最新情報」などはみつからない。はるか後の一九世紀初頭に、「一八〇七年受信文書ならびに付属文書」中に、「ヨーロッパの情報(66)」がみられるのみである。上記四点の文書は、おそらく受信順に、配信価値があると思われる記事を、東インド各地発信の文書から摘記し、羅列したものである。①のみは、「最新情報覚書」の表題を持ち、記事も他に比べてかなり短い。「最新情報覚書」は、「祖国よりの最新情報」「東インドよりの最新情報」からさらに抜粋して作成、配信されたものと考えられる。

①は、蘭文にして九頁であり、マラバール海岸（インド西海岸南部）、ヨーロッパ、マカッサル、ネガパトナム（インド東岸の都市）、オランダ本国、喜望峰、ウィングルラ（インド西岸の都市）からの情報を列挙してあり、書かれている内容は一六七〇年八月から一六七一年四月に至っている。一六七一年七月一五日にバタフィアを出帆したパウ号に託送されて日本に来たことがわかる。[67]前述のように、四点の中で特に短い。

②は、蘭文で二七頁に及ぶ長文である。内容は、一六七二年八月末日アンボン発信、同八月一〇日バンダ（現インドネシア東部の島）発信、同八月二〇日テルナテ（現インドネシア、マルク（モルッカ）諸島の一つ）発信、同七月一七日マカッサル、ビマ（現インドネシア、スンバワ島の都市）、ドンポ発信（同上）、同八月二八日ティモール（現東チモール及びインドネシア、西チモールからなる島）発信、一六七二年九月六日パレンバン（スマトラ島の都市）発信、同八月二八日ジャンビ発信、同一〇月二八日トンキン発信、同一〇月二三日日本発信、（中略）一六七二年一一月一二日マタラム（おそらく現インドネシア、ジョクジャカルタ）発信、同六月二八日バンタム発信、同一〇月二〇日バタフィア発信、同五月五日マカッサル発信、同五月一七日マカッサル発信、同五月三一日ジャパラ（現インドネシア、ジュパラ）発信、同五月一五日パレンバン発信、同五月二八日アンボン発信、同六月九日ジャパラ発信、同六月九日バンタム発信、同四月二四日マウリティウス（モーリシャス）発信、の記事からなっている。

マカッサル発信の記事などは何度かに分けて収録されており、また、かならずしも時系列に沿っているともいえず、時事情報の報道としては、かなり粗雑で素朴な段階のものといえよう。日本発信のものも含まれているので、特別に日本向けに作成されたものではなく、東インド各地の商館に同じものが写されて配信されたことがわかる。

②は、ベームステル号の「託送文書一覧(68)」第一〇号文書「一六七二年及び一六七三年の東インドよりの最新情報の短い覚書、一六七三年五月及び六月の最新情報を付す」が、これに相当すると思われる。

③は、蘭文で四四頁、八月一日受信の二月二五日及び二七日コロマンデル発信の記事に始まり、セイロン〔以下、受発信日省略〕、マラバール、スラト、ペルシア、バンタム、ジャパラ、喜望峰、テルナテ、ティモール、ビマ、スマトラ西海岸、バタフィア、ジャパラ、バンタム、パレンバン、マラッカ、コロマンデル海岸の防衛艦隊、ジャパラ、マカッサル、ビマ、テルナテ、ジャパラ、バンダ、喜望峰、コロマンデル、マスリパトナム（インド東岸の都市）、ベンガル、スラト、ペルシア、コロマンデル、テルナテ、アンボン、ベンガル、クワルベルフ閣下麾下のセイロン戦闘艦隊、マラッカ、パレンバン、バタフィア、マカッサル、マカオ諸島、バタフィア、コロマンデル海岸及びパリアカッタ（インド西岸の都市）のセイロン戦闘艦隊、ジャンビ（スマトラ島の都市）、トンキン発信の記事と続いて、一六七三年一一月二一日受信、一〇月コロマンデルすなわちネガパトナム発信の記事で終わる。

④は、蘭文で三三頁である。まず、一月二日受信、一六七三年一二月二一日マラッカ発信の記事を筆頭に一六七四年一月受信の情報を列挙し、続けて「一六七四年二月〔受信〕の最新情報覚書」、以下同様に、四月、五月、六月受信の小見出しを付けて、月ごとの情報を収録している。受発信日及び発信地を記し、受信月ごとに記事をまとめているところが特徴である。

形式上は、④が一番まとまっていると評価できるであろう。後述の『バタフィア新報』や『ジャワ新聞』ほど、定期的・定型的なものではないが、地域別の記述などにその原形が見出せる。

おわりに

以上述べてきたように、一七世紀のオランダ共和国は、他のヨーロッパ諸国に先駆けて印刷新聞を盛んに発行する情報流通の集散地であり、当時の情報先進国だったと言える。会社もその影響を受けていた。バタフィアの総督府は、東インド各地から集まる時事情報や本国船団が船載してくる新聞がもたらす時事情報を、抜粋・要約し、時には印刷して、東インド各地の商館へ配信していた。日本商館も当然その恩恵を受けており、一七世紀に既に日本商館長が世界各地の最新情報を風説書という形で幕府に提供できたのも、背景に情報源の一つとして、そのような会社の時事情報配信システムが存在したからだ、と結論できる。そのようなオランダの先進性も、一八世紀前半には崩れ始め、次第にイギリスにその座を奪われていくが、その過程については本書の射程を超える。

最後に、本章で論じたようなバタフィアからアジア各地への時事情報配信が、会社において持った意味を考えてみたい。まず、第一に、これが会社の公文書として扱われた以上、会社のために配信されたと考えるべきである。現在、戦争や災害など一般的な時事情報が、投資家にとっては重要な投資の判断材料であるように、おそらく当時においても、あらゆる時事情報は経済情報となりえた。オランダ東インド会社が株式会社である以上、これらの情報は、各地の商館で取引の判断材料とされたに違いない。第二に、これらの時事情報の配信は、アジア各地の商館に散らばって、程度の差はあれ、孤立して働く会社の職員たちに、共通の安堵や不安をもたらすことで、彼等の孤立感を取り除くのに役立ったと考えられる。さらには、会社職員（多くの場合オランダ人）としての一体感を与えるのにも役に立ったと考えられる[69]。第三の役割が、日本においてみられるように、現地の王侯への情報提供に用いることである[70]。この役割は、会社の貿易相手のあり方、例えば現地政権がどのような体制をとっているかによって、用いられ方も違ってくる。今後の課題としたい。

一八世紀半以降、今日言うような意味での新聞が本格的に成立すると同時に、イギリスの情報産業がオランダのそれを凌駕するようになる。そのような情勢の中で、オランダ人の新しい情報活動として、第一に知られているのは、一七四四年に東インド総督ギュスタフ・W・ファン＝イムホフによって発行された『バタフィア新報 *Bataviase Nouvelles*』である。同紙は、週刊で、会社の印刷業者の手によって印刷された。ヨーロッパの時事情報も含む活字の印刷物で、少なくとも一三号までは刊行されたが、東インド会社の本国重役会からの指示により一七四六年に発行許可を撤回された。(71) この頃になると、このような情報は、各地の商館に配信されていただけではなく、オランダ本国にも送られていた。例えば、一七四六年には、「東インドの最新情報、すなわち、最近〔本国に〕到着のバタフィアの諸新聞から集めた、一七四五年七月五日から一〇月一九日の間にバタフィアに伝えられたすべての時事情報の報告」という印刷物が、アムステルダムの書店から刊行されている。(72) この後、オランダが東インドで刊行した新聞についてはほとんど研究がない。(73)

一九世紀に入ると、イギリスは産業革命を経て七つの海を支配するようになり、アジアにおけるヨーロッパ人の情報世界も大きく変化する。オランダ領東インドにおいては、一八一〇年に総督ヘルマン・ダーンデルスが、フランスの強い影響下での一連の行政改革の一環として、『バタフィア植民地新聞 *Bataviasche Koloniale Courant*』（後の『ジャワ新聞 *Javasche Courant*』）を発刊したことが知られている。(74) 当初、報道の自由が開花するかにみえたオランダ領東インドの情報世界は、政庁主導の形で「近代化」し、発達していく。

（1）『集成』（上）所収の風説書を参照。
（2）永積洋子「一七世紀後半の情報と通詞」（『史学』六〇―四号、一九九一年）など。
（3）岩下哲典『江戸のナポレオン伝説』（中央公論新社、一九九九年）六三頁。ワシーリイ・M・ゴロヴニン『日本幽囚記』（中）（岩波書店、一九四三年）一七六頁。
（4）例えば、ロナルド・トビ著、速水融・永積洋子・川勝平太訳『近世日本の国家形成と外交』（創文社、一九九〇年）九五―一三五頁。

(5) 板沢書、一九一―一九三頁。板沢は、「通常の」風説書と別段風説書の区別を認識していない。
(6) 「通常の」風説書と別段風説書の区別については、本書第五章参照。
(7) 片桐一男「和蘭風説書集成解題―和蘭風説書の研究―」『集成』(上)二八―三〇頁。
(8) 木村直樹「一七世紀後半の幕藩権力と対外情報―一六七三年リターン号事件をめぐって―」(『論集きんせい』二〇号、一九九八年)。
(9) Nouvelles は、オランダで一般的に用いられている語だが、フランス語源である。「外来語」であるため、ほぼ同義の nieuws や、さらに一般的なオランダ語 tijding や mededeling (ともに「知らせ」の意) 等に比べると、ある特定の含意を持つと考えられる。
(10) 拙稿「オランダ風説書再考―一六六〇年代オランダ風説書の確立過程―」日蘭交流四〇〇年記念シンポジウム報告書『江戸時代の日本とオランダ』(洋学史学会会長　栗原福也発行、二〇〇一年)。本書第二章も参照のこと。
(11) 木村は「インドの最新情報」という訳語を用いるが、この場合の「インド」は「喜望峰より東、マゼラン海峡より西」一般を指すので、本書では「東インド」と訳す。
(12) 拙稿「一六六〇年代オランダ風説書の確立過程」藤田覚編『一七世紀の日本と東アジア』(山川出版社、二〇〇〇年、改稿の上、本書第二章とした)。なお、旧稿では、memorie van de nouvelles の訳語として「情報覚書」を用いたが、本書では「最新情報覚書」とする。
(13) 木村はその後、口頭報告「日蘭双方の史料から見えること―一六七三年の情報伝達を例に―」中核的研究拠点形成プログラム　前近代日本の史料遺産プロジェクト『第五回国際研究集会「日本学研究における資料の諸相とその利用」予稿集』(東京大学史料編纂所、於東京大学、二〇〇四年七月一〇日)において、「オランダ風説書は、公的に通達された海外事情の情報源であることは確かではあるが、しかし一方で、それ以外の情報が伝来しており〔後略〕」(予稿集、一三七頁)とし、その例として「インドの最新情報」について触れており、会社の貿易に直接関係のある情報を中心に、多種多様な情報を運んでいたことを指摘したが、「東インドよりの最新情報」の会社全体の中での位置づけは行なっていない。
(14) 一九世紀の「通常の」風説書の情報源については、本書第八章第二節参照。
(15) ライデン大学教授フェム・ハーストラ Femme Gaastra 氏のご教示による。
(16) 佐藤弘幸「オランダの海外進出と共和国の凋落」森田安一編『世界各国史一四　スイス・ベネルクス史』(山川出版社、

一九九八年）二八七頁。

（17）ピーター・バーク著、井山弘幸・城戸淳訳『知識の社会史―知と情報はいかにして商品化したか―』（新曜社、二〇〇四年、Burke, Pieter, *A Social History of Knowledge : from Gutenberg to Diderot*, Cambridge, 2000 の邦訳）。

（18）バーク前掲書（邦訳、以下同）二一五頁。

（19）バーク前掲書、二四六頁。

（20）バーク前掲書、二五三頁。

（21）Schneider, Maarten, *De Nederlandse Krant : van 'Nieuwstydinghe' tot Dagbladconcentratie*, Amsterdam, 1968, pp. 42-45. 書誌情報については、佐藤弘幸氏のご教示を得た。

（22）Dahl, Folke, "Amsterdam : Earliest Newspaper Centre of Western Europe", *Het Boek* 25, 1939.

（23）イギリスでは、一六二四年に最初の新聞が生まれた（ダール前掲論文、一八四―一八五頁）。

（24）ハーストラ氏のご教示による。

（25）ダール前掲論文、一七二、一七四頁。

（26）ダール前掲論文、一八三頁。

（27）Santijn Kluit, W. P., "De Amsterdamsche Courant", *Bijdragen voor Vaderlandsche Geschiedenis en Oudheidkunde*, nieuwe reeks 5, 's-Gravenhage, 1868, p. 224.

（28）ダール前掲論文、一八四―一八五頁。

（29）ダール前掲論文、一八六頁。

（30）バーク前掲書、二三六頁。

（31）Steensgaard, Niels, "The Dutch East India Company as an Institutional Innovation", *Dutch Capitalism and World Capitalism*, Aymard, Maurice (ed.), Cambridge/Paris, p. 238.

（32）Stapel, F. W. (ed.), *Pieter van Dam's Beschryvinge van de Oostindische Compagnie*, eerste boek, deel II, 's-Gravenhage, 1929, pp. 334-337 にいくつかの例が挙げられている。Smith, Woodruff D., "The Function of Commercial Centers in the Modernization of European Capitalism : Amsterdam as an Information Exchange in the Seventeenth Century", *Journal of Economic History* 44, 1984, p. 994 参照。

（33）バーク前掲書、二四七頁。
（34）バーク前掲書、二四九頁。
（35）バーク前掲書、二五五頁。
（36）Faber, G. H. von, *A Short History of Journalism in the Dutch East Indies*, Sourabaya, 1930.
（37）Haan, F. de, *Oud Batavia : gedenkboek uitgegeven door het Bataviaasch Genootschap van Kunsten en Wetenschappen naar aanleiding van het driehonderdjarig bestaan der stad in 1919*, Batavia, 1922.
（38）総督ヤン・ピーテルス・クーンは、当時バタフィアを離れてアンボンに遠征中であったため、臨時的に同地に総督府が置かれた。
（39）フォン＝ファーベル前掲書、一三頁。デ＝ハーンからの引用部分は、デ＝ハーン前掲書、二八七―二八八頁。
（40）引用部分は、デ＝ハーン前掲書、二八二―二八三頁。
（41）ヘンドリック・ブランツの印刷物については、拙稿「一六七〇年バタフィア印刷『日本輸入禁制品に関する警告』」（『日蘭学会通信』通巻一一六号、二〇〇六年）を参照。
（42）ライデン大学図書館所蔵（Universiteitsbibliotheek Leiden, 1365 H28）。図4のような表紙を欠くため、確かに「ヘンドリック・ブランツ」の名は見えない。
（43）会社の最高意思決定機関。アムステルダム、ホールン、エンクハイゼン、デルフト、ロッテルダム、ミッデルブルフの六つのカーメル（原義は「部屋」）から、合計一七人の重役が出て、構成された。なお、会社は一つの本社を持たず、上記の六つのカーメルは形式上は同等である。しかし、アムステルダム・カーメルは、一七人会に八人の重役を出す権限を持っており、事実上の本社機能を果たした。
（44）Ordonnantieboek, orders voor de betaling van ingekochte goederen en verrichte diensten voor de kamer Amsterdam, 1708-1793 (VOC6992-6995) のうち、VOC6993。
（45）Ordonnantieboek, 1708-1793 VOC6994. 本節第三項で言及した文書については、ハーストラ氏のご教示を得た。
（46）拙稿「VOC『バタフィア発信書翰控簿』データベースとその分析―『託送文書一覧 register』を中心に―」『科学研究費補助金基盤研究（C）（2）「一六―一八世紀日本関係欧文史料の目録化及びデータベース化の研究」研究成果報告書』（二〇〇一年三月）参照。

(47)　BUB 1646 (VOC870) ff. 204-205. 東京大学史料編纂所編『日本関係海外史料　オランダ商館長日記』(以下、『日記』) 訳文編之九（二〇〇一年）、附録七とともに日本に送られた。
(48)　『日記』訳文編之九、附録七、二七六―二七七頁。
(49)　『日記』訳文編之一〇（二〇〇五年）一八五―一八六頁。
(50)　Couranten uit Nederland, register, BUB 1641 (VOC865), p. 300.
(51)　BUB 1644 (VOC868), p. 645.
(52)　Memorie der vaderlandse nouvelles, register, BUB 1666 (VOC890), pp. 780-781.
(53)　Memorie van aangebrachte nouvelles tot Batavia zedert november 1676 tot februarij 1677, register, BUB 1677 (VOC900), pp. 799-800.
(54)　Novos belangende d'aancompste der vaderlandtsche scheepen ende 't verder passerende tot Batavia etc., BUB 1639 (VOC863), p. 425. Noves や Novos は、Nouvelles と同義で、一六四〇年代に頻繁に現れる。
(55)　Novos van Ceylon ende Goa, register, BUB 1640 (VOC864), p. 268 & p. 289.
(56)　Memorie van nouvelles uyt verscheyde quartieren van India, register, BUB 1671 (VOC895), p. 428.
(57)　Vijfentwintig stx. gedructe publicatiën der Engelse vreede in dato 19 september jongst hier tot Batavia geschiet, BUB 1674 (VOC898), p. 481.
(58)　Hondert stucx gedruckte articulboekjes van vreede tusschen Maccassar ende de Compagnie gemaeckt, register, BUB 1688 (VOC892), p. 154.
(59)　ハーストラ氏のご教示による。
(60)　一六六八年にミッデルブルフで、会社の印刷所を担当したレーンデルト・バッケル Leenderd Bakker が印刷した。オランダ国立中央文書館所蔵、ラーデルマッヘル文書 Collectie Radermacher、三八二A号。
(61)　Overgekomene Brieven en Papieren. オランダ東インド会社文書のうち、バタフィアから本国に送られた文書を年次順に綴じた簿冊。
(62)　Memorie van nouvelles uyt verscheyde quartieren van India, Register van ingekomen brievenen uitgaande brieven (NFJ302).
(63)　Indische nouvelles, Register van ingekomen brievenen uitgaande brieven (NFJ304). 木村前掲「一七世紀後半の幕藩権力と対

外情報」二三頁。

(64) Indische nouvelles van de maant augustus 1673, Register van ingekomen brievenen 1674, en uitgaande brieven 1674 (NFJ305).

(65) Memorie van verscheyde Indische nouvelles van tijt tot tijt uyt de Indische quartieren, Register van ingekomen brievenen 1674, en uitgaande brieven 1674 (NFJ305).

(66) Een nieuws van Europa, Aankomende brieff & bijlagen d'anno 1807 nos. 14-17 (NFJ433).

(67) BUB 1671 (VOC895) pp. 428-429.

(68) BUB 1673 (VOC897) pp. 561-563.

(69) この時代にアジアで活動したヨーロッパ人の帰属意識については、羽田正『勲爵士シャルダンの生涯―一七世紀のヨーロッパとイスラーム世界―』(中央公論新社、一九九九年)参照。

(70) 日本以外でも、例えばセイロン(現スリ・ランカ)のキャンディ王国に対して、一七〇一年ごろ会社がスペイン継承戦争の情報を詳しく伝えた例などがある(ローデヴェイク・ワーヘナール Lodewijk Wagenaar 氏のご教示による)。

(71) 一七四五年一一月二〇日付の「本国指示書 patriase missive」の「バタフィアにおける新聞の印刷と刊行は、すでに〔オランダ〕本国に不利益をもたらす」という判断に従い、一七四六年六月二〇日付で公布された東インド総督府布告による。Chijs, Jacobus van der, *Nederlandsch-Indisch Plakaatboek, 1602-1811*, Batavia/'s-Gravenhage, 1888. Chijs, J. A. van der "De Bataviasche Nouvelles van 1744-1746 en de Bataviasche koloniale Courant van 1810-1811", *Tijdschrift voor Indische Taal-, Land- en Volkenkunde*, Batavia/'s-Gravenhage, 1862. Landwehr, John, *VOC: a bibliography of publications relating to the Dutch East India Company, 1602-1800*, Utrecht/Kyoto, 1991, pp. 278-279, 764.

(72) Oostindische Nouvelles, of Journaal Van alle het Nieuw 't geene op Batavia bekent is geworden, van den 5. July tot den 19. October anno 1745 incluis. Te samen getrokken uit de nu jongst aangekomene Bataviasche Couranten, Amsterdam. 1746 (Landwehr, p. 279).

(73) ベンガル総監を務めていたイザーク・ティツィングが、バタフィアにいる友人デュールコープから受け取った私信の中に次のような言及がある(Lequin, Frank, *The Private Correspondence of Isaac Titsingh*, Volume I, Amsterdam, 1990, No. 38, p. 62. 一七八七年一〇月二日付、バタフィア発信、チンスラのベンガル総監イザーク・ティツィング宛ヘンドリック・J・デュールコープ書翰)。

さらに今バタフィアの最新情報 Bataviasche Nouvelles〔をお送りすること〕で、私はあなたをお煩わせすることは控えます。あなたには、それ〔バタヴィアの最新情報〕がもっと良く、もっと本格的に届けられるはずであると確信しているからです。

「最新情報 Nouvelles」の語は大文字で書かれているが、ここでは「バタフィアからの知らせ」という一般的な意味であろう。『バタフィア新報』がその後復刊されていた可能性も完全には否定できないが、管見の限り、『バタフィア新報』が復刊されたことを示す史料・研究はともに存在しない。後考に俟つ。

(74)　フォン＝ファーベル前掲書、二一一—二八頁。

第四章　「通常の」風説書に「原文」は存在したか

はじめに

本書第二章において、少なくとも一六六六年の時点で、オランダ風説書の「原文」と呼べる文書、すなわち証拠能力を有する蘭文文書は成立していなかったことを示した。それでは、その後、そのような蘭文テキストは成立したのであろうか。別段風説書の成立以降、それと区別するために「通常の」風説書 Gewoon Nieuws とオランダ側に呼ばれるようになった、一七世紀以来の風説書についても再検討の余地があるだろう。

この問題については、板沢武雄が、「〔前略〕蘭文で認め文書として差出したと思われる場合と、商館長が口頭で述べたのを、通詞が日本文で筆記したと思われる場合と二通りある。しかし〔中略〕口から耳への伝達方法では心許ないことである。どうしても原則としては、商館長は蘭文にて認めた覚書を呈上するか、もしくはそれを示して、更にオランダ語または日本語で通詞に説明したものと考える。このことは享保七年〔一七二二年〕の風説書に『本国筋風説書者、例年カピタン書付持渡申候付、外之阿蘭陀人悉敷儀不奉存候[1]』とあるによっても察せられる[2]」と記している。板沢が提示した史料の後半部分の「カピタン書付」が何を指すのかわからないが、おそらく本書第三章で述べた「最新情報覚書」のようなものであって、風説書の「原文」と呼べるものではなかったと思われる。

それに続いて、片桐一男は、オランダ船の入港手続きに関する一連の研究[3]の中でこの問題を論じている。片桐は、長崎奉行大岡清相による「崎陽群談」（一七一一―一七一七年頃成立、後述）、長崎町年寄薬師寺家伝来の「唐阿蘭陀船入津より出帆迄行事帳」（一七六五年成立）のうち「阿蘭陀船入津より出帆迄行事帳」、大通詞見習馬場為八郎の「萬記帳」（一八一四年成立）、ヘルマン・メイランの『ヨーロッパ人の日本貿易史概観』（一八三三年出版）[4]、「紅毛通詞年番行事」（成立年未詳、ただし、同史料はオランダ船の入津数が一隻である事を前提としているので、一八三三年以降のものであろうと、筆者は考える）を比較して、通詞がオランダ船に乗り込んで、「乗り組みの人数」「積荷目録」「異国風説書」などを受け取り、奉行所へ持参し、奉行は開封の上通詞に和解を申し付け、通詞は風説書を出島へ持参して翻訳が行なわれるとしている[5]。板沢が、口頭で述べたものを通詞が日本文で筆記した場合があると指摘したことは、その後の研究には受け継がれなかったようである。

さらに、『集成』が、「収載した和蘭風説書は、蘭文・訳文・和文の三種類を含んでおり」「蘭文とは和蘭商館長提出のオランダ語原文をいう[6]」としたことで、「通常の」風説書に「蘭文」すなわち「原文」が成立したとの通説が定着した[7]。片桐は、最近の論文[8]においても、通詞の中山家に伝存した「風説書[9]」を紹介し、このことを重ねて確認している。

本章では、一六六七年以降の「通常の」風説書の和文テキストの作成過程を虚心に帰って見直し、「通常の」風説書に蘭文テキストが存在したとすればどのような形であったのかを再考することを課題とする。第一節では、日本側の史料により、一九世紀に至るまで和文風説書の作成過程に「原文」の存在が確認できるかどうかを再検討する。第二節では、オランダ側に残された数少ない「通常の」風説書蘭文テキストの性格を、三種に分けて説明する。

第一節　日本側史料にみる蘭文テキスト

1　オランダ船の入津手続き

まず、片桐が用いているオランダ船の入津手続きを示した史料の中に、風説書についてどのような記述があるかを見直してみよう。

まず、「崎陽群談」のうち「阿蘭陀船入津より商売中之仕方並帰帆之次第」の関連部分を引用する。

一、阿蘭陀船近寄候得者、〔中略〕此方より罷出候もの共本船に乗移り、船之出所・乗組之人数並積荷物色立[10]・異国風説書取之罷帰、右之書物とも通詞ともより御役所江差出し、於御役所右之書物封を切り、和ケ之儀申付通詞に相渡し候へハ、出島江持行候而在番之かひたんに読せ、日本文字ニ而和ケ、追而下書差出候、〔後略〕[11]

この文章は難解であるが、「異国風説、之を書き取り」すなわち、外国の情報をオランダ船上で（蘭文か？）書き取り、持ち帰ったと解釈するのが自然であろう。「船之出所」「乗組之人数」「積荷物」も同様になされたようである。「異国風説書、之を取り」とも読めるが、後述の他史料と考え合わせると妥当だとは思えない。「崎陽群談」は何と言っても長崎貿易の詳細をよく知らない長崎奉行による記述であり、この記述のみによって、舶載されてきた風説書蘭文、すなわち「原文」が存在したと結論するのは性急に過ぎるだろう。

長崎町年寄の記録である「阿蘭陀船入津より出帆迄行事帳」には、「〔二〕阿蘭陀船注進有之旗合之事」の中に、以下の記述がある。

一、〔前略〕直ニ阿蘭陀船江右之人数乗組、異国風説書荷物高差出し等通詞申談、横文字封之物出候得者請取罷帰り、直ニ御役所江右書付阿蘭陀人封之儘差出候得者、即刻封を切見届候上和解差出候様申付、通詞方江相渡候

を出嶋江持参かひたん江為読、和解書相認御役所江差出之
但、封之物者本国より之書状之類ニ而不出事も有之[12]

これによれば、船上では、通詞が〝風説書を差出すように〟ということだけを伝え、奉行所へ持ち帰って開封し、通詞に翻訳させるのは「本国より之書状之類」だけ、ということになる。であれば「崎陽群談」の、奉行所で封を切って商館長のところに通詞がもたらしたものも、「風説書原文」ではなく、本国からの書翰のようなものではないだろうか。さらに、「阿蘭陀船入津より出帆迄行事帳」「〔五〕異国風説和解之事」においては、

一、加比丹部屋江両かひたんへとる通詞目附大小通詞立合、風説之趣かひたんより承候趣相認候、〔後略〕[13]

とされており、風説の内容は、書面に基づくというよりは商館長の話す内容を通詞が書き取ったと読むのが妥当であろう。

年番通詞の記録である「萬記帳」の記述には、一八一四年八月八日の条に、

一、於かひ丹部屋乙名・目付・大小通詞立合、両かひたん並船頭阿蘭陀人風説申聞候を書留、引取和解致す[14]

とある。在留・新任の両商館長及び船長からなるオランダ人は、商館長の部屋で「風説」を語り、それを通詞が書き取ることになっており、「原文」すなわち蘭文の風説書を持ち渡るわけではないことになる。

年番通詞の「勤務上の必携書」とでもいうべき「紅毛通詞年番行事」によると、

一、入津之上かひたん又ハ船頭致上陸候ハヽ、早速乙名立合ニ而、目付・大小通詞かひたん部屋江罷越、風説相糺、横文字為相認、和解中清書ニ而、年番之内御役所江持参、御用人江御目ニ懸り、御内慮相伺、思召無之段被仰聞候ハヽ、例年之通奉書紙竪紙ニ二通清書いたし、目付・大小通詞連印之上横文字相添御用人を以差出ス、且又御扣として半紙帳ニ横文字並和解相認差出可申、右相済候上、御調役御年寄中江も風説書和解壱通宛手伝を以差出ス[15]

ここでは、船上ではなく、商館長の部屋で初めて風説を問いただしていることが一層明白となる。また、ここでは「御扣として」帳面におそらくオランダ人に「横文字」も作らせていることが特徴的な記述となっている。「紅毛通詞年番行事」が成立した一八三三〈天保四〉年以降のある時期には、オランダ人が和文風説書の作成と同時に蘭文テキストも作成しているらしいこと、しかしそれは控であることがわかった〈後述〉。

2　和文風説書の下書き

長崎歴史文化博物館所蔵〈長崎市立博物館旧蔵〉「本木蘭文」「諸願書巻之一」の中に、「当卯年風説申上候横文字」という付箋のある史料がある〈図5〉[16]。「諸願書巻之一」は、一冊に綴じてあり、ほとんどがペン書きであり、日本人の手によると思われるものが多いが、オランダ人の手によると思われるものも混ざっている。「当卯年風説申上候横文字」は、墨書で、また書かれているオランダ語も、形容詞が名詞のように用いられている、主動詞を欠く等、文法上の不備が散見されるので、おそらく通詞が書いた蘭文であろうと思われる。一丁の表のみに書かれており、裏白である。次の丁は全く別の文書となっている。もとになる文書が存在し、それを写した時に後欠になったか、本来この蘭文が「下書き」に過ぎない文書であって、日付などは最初から存在しなかったかのどちらかであろう。例年風説書の最後に書かれることが通例の、航海の途上に見た船についての情報が最後に書かれていることから考えると、後者の可能性が高い。なお、当然ながら日本への航海途中に中国船に出遭うかどうかは、日本に着くまでわからない。このことも、「通常の」風説書が長崎で作成されたと考える根拠の一つである。この文書は、既に鳥井裕美子によって、「一七九五年六月一三日バタビア出航のヴェスト・カペレ号によるニュース　尾欠」と認定されている[17]。この文書には、以下のように書かれている。

ディトマール・スミット船長の指揮する会社の船ウェスト・カペレ号でバタフィアからもたらされた知らせ

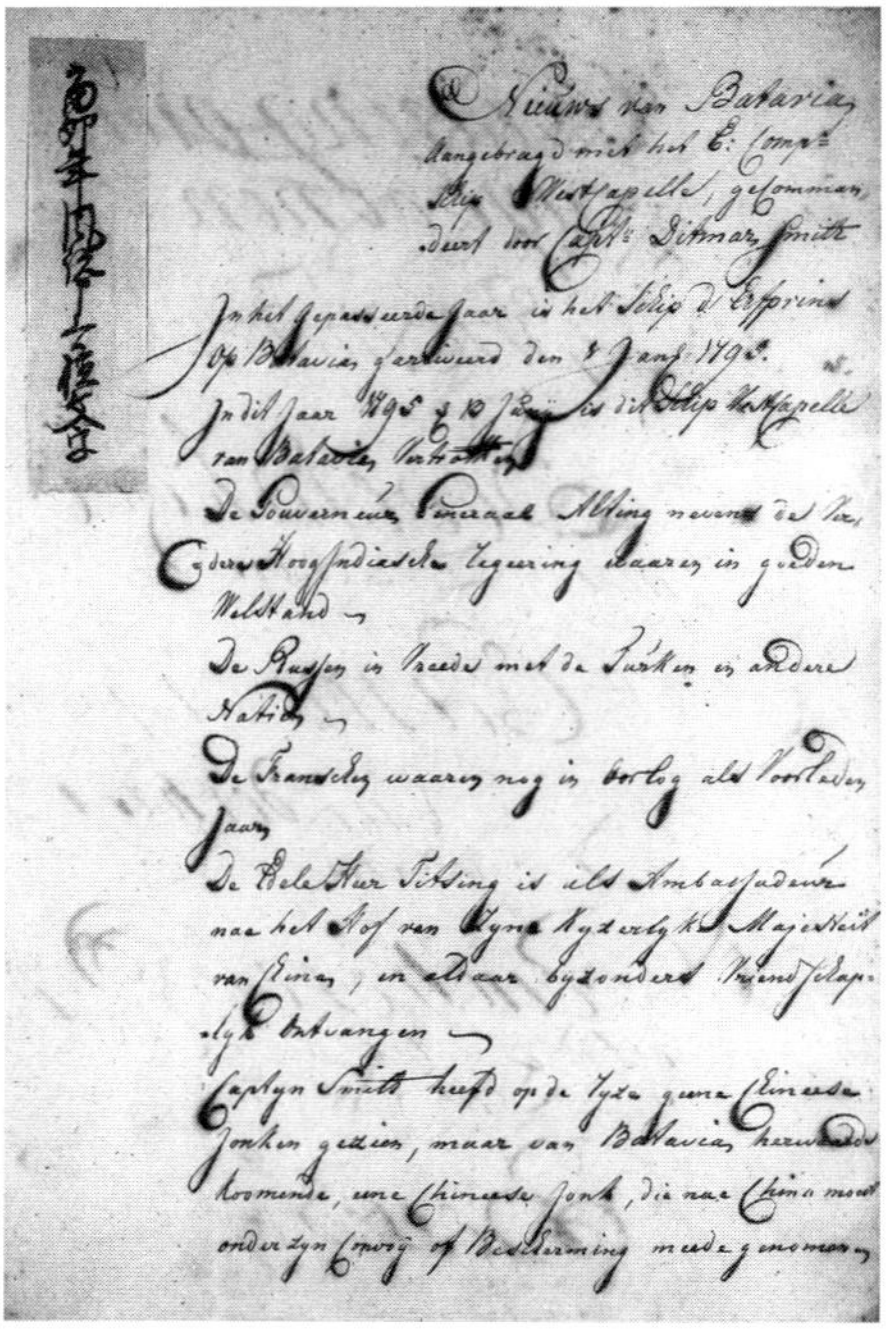
Nieuws van Batavia
Aangebragt met het E: Compe Schip Westcapelle, gecommandeerd door Capt: Ditmar Smith

In het gepasseerde Jaar is het Schip d' Erfprins op Batavia gearriveerd den 1 Janij 1795.
In dit Jaar 1795 d. 13 Junij is dit Schip Westcapelle van Batavia vertrokken
De Gouverneur Generaal Alting nevens de Ed: Hoog Indiasche Regering waaren in goeden Welstand
De Russen in Vreede met de Turken en andere Natien
De Franschen waaren nog in Oorlog als voorleden Jaar
De Ed: Heer Titsing is als Ambassadeur naa het Hof van Zyne Keyzerlyke Majesteit van China, en aldaar byzonder vriendschappelyk ontvangen
Captyn Smith heeft op de tyd geene Chineese Jonken gezien, maar van Batavia herwaards koomende, eene Chineese Jonk, die naa China moest onder zyn convoy of Bescherming meede genomen

図5　「当卯年風説申上候横文字」(1795〈寛政7〉年)
(長崎歴史文化博物館所蔵「本木蘭文」「諸願書巻之一」)

〔1〕昨年〔日本を出帆した〕、エルフプリンス号は一七九五年一月一日〈寛政六年閏一一月一一日〉にバタフィアに到着した。
〔2〕今年一七九五年六月一三日〈寛政七年四月二六日〉に、当船ウェスト・カペレ号は、バタフィアから出帆した。
〔3〕総督〔ウィレム・A・〕アルティングは、その他の東インド総督府〔の高官たち〕とともに壮健である。
〔4〕ロシア人は〔オスマン・〕トルコやその他の国々と平和を保っている。
〔5〕フランス人は、昨年と同様に戦争状態にある。
〔6〕ティツィング閣下は、中国の皇帝陛下〔乾隆帝〕の宮廷へ大使として〔赴き〕、同地で特別な厚遇を受けた。
〔7〕船長スミットは、〔日本への〕航海の途上、シナ・ジャンク船を全く目撃しなかった。しかし、バタフィアから当地まで来るにあたり、中国へ向かう一隻のシナ・ジャンク船を護送しなければならなかった。[18]

この史料は、後欠であるため、さらに長い文章であった可能性もあるが、〔7〕が、航海途上の中国船の目撃の有無であることから、もともと七ヶ条であったと思われる。『集成』収載の、同一七九五〈寛政七〉年提出された風説書[19]と照合してみると、かなり内容が異なっている。『集成』収載の和文風説書は、四ヶ条しかない。〔2〕を第一条とし（ただし、出帆の日付は四月二〇日とする）、〔1〕を第二条とする。第三条は、「去年申上候フランス国戦争未平和不仕候に付、印度辺諸商館江罷越居候役々之者共今以其儘相詰居申候」であり、〔5〕のフランスが戦争状態にあることが書かれているが、その結果、インドの諸商館のオランダ東インド会社の職員たちが交代できないことが付け加えられている。第四条は、「此節於洋中唐船見請不申候、其外相替候風説無御座候」であり、〔7〕の前半部分のみを採用して、それ以上の情報はないとする。〔3〕〔4〕〔6〕及び〔7〕の後半部分は、通詞、あるいは長崎奉行の判断で削除されたのである。「通常の」風説書というものが、証拠能力のある蘭文ないし原文が舶載されて来て、それを翻訳するという種類の文書なのであれば、これほど大きな差異が生じるとは考えにくい。〔6〕は、元長崎商館長のイザーク・ティツィングが日本人と親しく交流した[20]という前提を考慮の外に置いても、オランダの中国への遣使[21]という重要な記事であり、なぜ訳出されなかったのかは興味深い問題であろう。

また、前述のように片桐が紹介した、一八三三（天保四）年の「通常の」風説書[22]の下書きと考えられる史料が、オランダ通詞中山家の史料中に現存する（図6）。片桐の整理によれば、この中山文庫の史料は、和文蘭文とり混ぜて全一〇ヶ条（(1)～(10)）からなっており、(4)は「(前略)整った報告オランダ語文を見て書写したものとは見受けられない。口頭でオランダ人が報告したところを中山作三郎ら通詞が聴取したまま順次急いでメモをとり、聞き直して訂正・加筆したものかと見受けられる。でなかったら、オランダ人の提出したオランダ語文の報告内容について、なお口頭で説明を求めてメモし、訂正・加筆したものかもしれない」とする。また、片桐は、同年に幕府に提出された「通常の」風説書一〇ヶ条（①～⑩）（以下、「和文テキスト」）との比較対照もしている。それによれば、双方一〇ヶ条ではあるが、中山文庫の史料中、和文テキストと箇条の順番が一致しないものが五つ（(5)(6)(7)(9)(10)）、前者にあって後者にない箇条が一つ（(8)）、前者になくて後者にある箇条が一つ（和文テキストの最終条）、存在する。

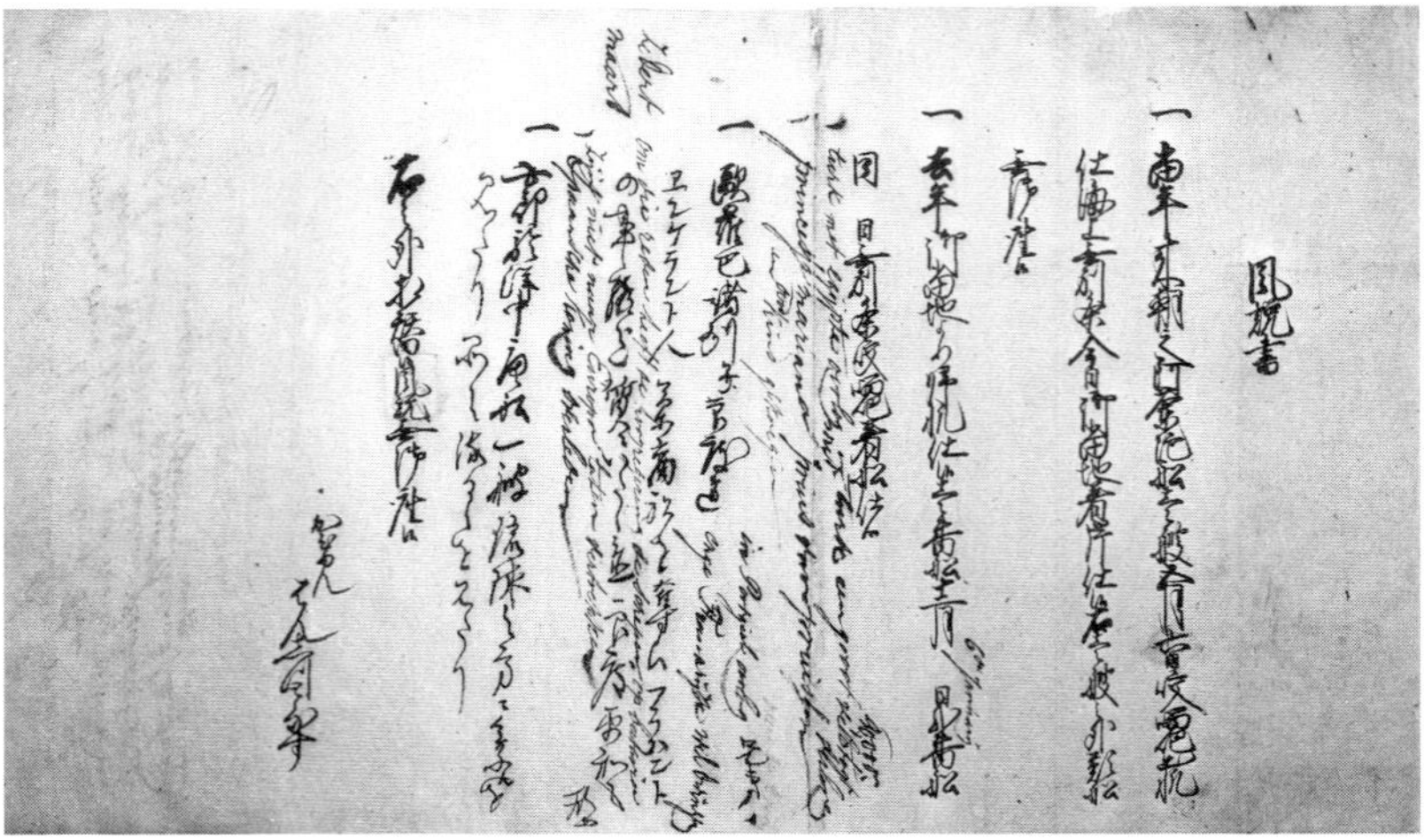

図 6　「風説書」（下書き，1833〈天保 4〉年）
（シーボルト記念館所蔵，中山文庫）

片桐は、一〇ヶ条のうち（5）（6）（7）の三ヶ条を同年最重要の情報とし、「〔中山文庫〕草稿本の（5）（6）（7）のメモから浄書本〔和文テキスト〕の⑤と⑥がスムーズに成立していくとはとても思えない。必ずや、もっと詳しく、正確な記載の文面があったに相違ない、と考えざるをえない。これがとりもなおさず、オランダ商館長・カピタンから提出された風説書オランダ語原文中の最重要部分と考えられる。」とする。

しかし、筆者はこの史料から、全く別の結論を導き出したい。もし、蘭文の「原文」が存在していたならば、その最重要部分を最初に翻訳し、順番を変えたり内容を操作したりすることなく和文を作成したはずである。そうでないということは、もともと「原文」は存在しなかったと考える方が自然である。虚心坦懐にこの文書を読めば、オランダ側が用意してきた様々な情報を、通詞が（長崎奉行の意思が反映する場合もありうる）取捨選択し、場合によってはさらに詳しい情報も商館長や船長に問い質して付け加えた上で、和文の「風説書」を作成する過程を示していると判断できるであろう。「通常の」風説書とは、オランダ人がもたらした情報のうち、江戸に伝えてもよい、と「長崎口」が判断した情報なのである。[23]

端的な例が、一八〇四〔文化元〕年八月の商館長ヘンドリック・ドゥーフの日記にみられる。

〔船の到着後〕私は直ちに御内用方大通詞の〔中山〕作三郎と、〔石橋〕助左衛門とを呼ばせ、彼らに次のように言った。すなわちイギリスと、フランス共和国と同盟関係にあるわれわれとの間に、再び紛争が生じているが、これは〔噂によれば〕速やかに終結するであろう、私がこのことを風説書に添えて提出すべきか否か、彼らはどう考えるかと〔言った〕。

このことについて彼らは長い間話し合った後、この件については、何も知らせず、黙っていることで、彼ら一同が一致した。これが今知らされたら、すべての点で、大きな困難が生じるからである。〔中略〕

夜十時近くに通詞仲間全員が将軍への風説書を聞き記すために来た。その時私は〔商館の〕決議に従って、イギリスとの和平の破棄については沈黙し、ロシア船来航のことその他の通例の風説を知らせた㉔。

この史料にも明らかなように、風説書の内容は、通詞との相談の上、最終的に長崎商館で決定されたのである。オランダ語文書を渡して後は日本人に任せるというものではなく、商館長（商館決議を経る場合もある）と通詞とで相談しながら作り上げていくものであった㉕。

第二節　日本商館文書にみる「通常の」風説書の蘭文テキスト

しかし、正式な提出文書にはないとしても、「通常の」風説書の蘭文テキストと呼べるものが、全く作成されなかったわけではない。

1　一六七〇年代、日本のための情報

日本商館文書「受信文書控」中、一六七〇年代に二点のみ、以下のような文書が伝存する。

（1）一六七〇〈寛文一〇〉年「日本のための新しい知らせ㉖」
（2）一六七一〈寛文一一〉年「日本に提供された情報㉗」

（1）と（2）は、各々蘭文一頁くらいのもので、日本のために特別に送られてきたと考えられる。（1）は、一六七〇年の「通常の」風説書と重なるところが多く、和文風説書作成の直接の参考にされたと考えられる。（1）は、同年来航したポウレロン号とウェスト・ワウト号の両方に託送された。㉙（2）がどの船に託送されたのかは、わからない。㉚

試みに、（2）を訳出してみると、以下のようになる。

日本に提供された情報

①三年前に、ポルトガルの大使が、ゴアから北京に派遣されたが、良いもてなしを享受した後、帰途南京の辺りで死亡した。

②去る二月ごろ、マカオ市民の〔委託を受けて〕派遣された、ある人物が、バタフィアへやって来た。同地〔バタフィア〕の我々の政府〔総督府〕のもとで、我が臣民〔オランダ人〕の中国渡航を禁止してくださらないかと総督閣下に願うためである。そうすれば、彼等マカオ人だけが同地〔中国〕へ渡航できることとなるからである。そのことは、完全に却下され、返答〔を与えること〕も拒否された。

〔欄外注〕この段落〔の情報〕は、通詞たちによって提供することは賢明ではないと判断され、それゆえ〔和文風説書からは〕削除された。なぜなら、これにより我々とポルトガル人との間に堅固な同盟関係が〔あるように〕疑われかねないからである。

③スラトでは、大盗賊のズアズィが、昨年一〇月に大規模な略奪を行ない、さらに町に火をつけた。イギリス人やフランス人もその際被害を蒙ったが、〔オランダの〕会社は、蒙らなかった。

〔④〕フランス人たちは、昨年多くの乗員を載せた一二、一三隻の船を送り出し、それらは補給のため喜望峰のそばに〔寄航して〕いた。〔彼等は〕多くの病人と死人を出した。彼等が東インドのどこかに到着したということは、まだ聞いていない。彼等の取引はまだ取るに足りない。ベンガルには彼等はまだ来ていなかった。

〔⑤〕フランスと我が国とはおそらく戦争になるだろう。しかし、まだ不確実である。

〔欄外注〕同上。確言することはできないからである。[27]

この内容は、以下に掲げる一六七一年の「通常の」風説書のもとになったと考えられる。

今度咬𠺕吧より申越候風説書

一、去年九月之頃サラタ国ニ而、地之海賊人町屋を数ヶ所焼払強盗仕候由承申候、

一、去年フランス国より船拾弐三艘仕出、カアボ・テ・ボウヌ・イスへランスと申国之近所迄参申候、右之船共彼地より何国江可参儀不奉存候、

一、フランス国之船三艘商売物積、先年平戸江罷渡り申候カロンと申阿蘭陀人右之船に乗申候而、五月晦日に咬𠺕吧近所バンタムと申所江参、六月十九日迄者、彼地江罷在申候、

一、阿蘭陀国相替儀無御座、南蛮人と者今に矢留仕罷在申候、以上

新カピタン
よわのす・かんぷいし

亥八月九日

古カピタン
まるていぬす・せいざる[31]

両者を比較すると、まず、欄外注で通詞の意見により幕府に提出しない、すなわち和文風説書にしないことにしたとある②と⑤は当然ながら、和文風説書には載っていない。また、理由は不明であるが、①も載っていない。③のスラ

トは、都市名であるが「サラタ国」と記され、ごく簡略に要点が示されるのみである。④はかなり簡略化ないし改変されて収録されている。さらに、送られてきた蘭文テキストには全く言及のない二条が、最後に付け加えられている。「日本に提供された情報」とは別の総督書翰などから補って情報提供をしたと考えられる。

(2)を例に分析したが、これらの史料はいずれも、日本に提供する和文風説書の材料とするべき情報として送られてきたものではあるが、逆に言うと材料でしかなく、その後長崎で、特に通詞の意見が反映され、一部が削除・改変されて江戸へ伝えられたと考えられる。

2 一八三〇—五〇年代、蘭文控

一八三四〈天保五〉年以降、風説書の蘭文控が、日本商館文書の中の、日本商館での作成が義務づけられた文書Verantwoording Stukken に残っている。[32] これらは、「提出した情報・積荷送状並びに乗船員名簿 Opgegeven nieuws, facturen en monsterrol」などの表題を付して、積荷送状[33]及び乗船員名簿と合わせ、一つに綴られて保存されている。もう少し詳しく述べるならば、積荷送状と乗船員名簿は一八三二〈天保二〉年から一括して保存されている。一八三四年から、文書綴りの表題は「積荷送状と乗船員名簿」のままで、風説書蘭文控が付け加わり、綴りの表題が三点一組になるのは一八三五年からである。

第一節1の末尾で言及した〝一八三三年以降のある時期から和文風説書作成と同時に作られた蘭文控〟が、これにあたると考えられる。一八四〇年六月二六日〈天保一一年五月二七日〉、風説書には蘭文を付して江戸に送ることが長崎奉行に命じられた。[34] それ以降は、通詞とオランダ人とで蘭文を作成する義務が生じたと考えられる。[35] それまでは、オランダ人の口述を和文に認める際の補助以外の目的では、日本側に蘭文は不要であった。むしろ、オランダ人側の都合で控が作成されたと思われる。

この三点一組の提出文書の控について、以下のことがわかっている。第一に、三点一組の一つとして日本商館文書に残っている風説書蘭文控のタイトルはすべて「提供された情報 Opgegeven nieuws」であって、「これから提供する情報」ではないことが注目される。[36] 第二に、この種の文書には、出島という地名と、日付、商館長（時には荷倉役）の署名がある。第三に、日本側の史料では、これ以前からこの三種の文書が一括のものとして理解されていたことは確かである。[37] 第四に、後に、オランダ領東インド政庁書記官の署名のある、バタフィアから送付された別段風説書が綴じ込まれる場合もある。[38] 従って、これらの文書はバタフィアへの報告用ではなく、商館での控え用だと考えられる。第五に、風説書蘭文控は、和紙に墨で通詞が書いた形で綴じ込まれていることもある。従って、通詞との共同作業の中で生まれてきた文書だと考えられる。第六に、一八四八年提供の情報が一八四九年の綴りに含まれることや、[39] 一八五五年については提出した情報が見つからないとの注記があることなどから、[40] これらは三点同時に作られ、秩序だって保存されたのではなく、同年内か数年後かは別として、後で綴じこまれたものだと理解できる。

3　一八五〇年代、日本商館文書「発信文書控」の中の「通常の」風説書

一八五三年以降の「通常の」風説書の作成状況全般については、終章に譲る。ここでは、一八五四年・一八五六―七年の三年分の「通常の」風説書の蘭文テキストが、日本商館の「発信文書控」の中に見出されることのみを指摘する。つまり「通常の」風説書の歴史の中でこの三年間だけは、蘭文文書が成立し、日本人に渡された可能性があるということである。例として一八五七年の「発信文書控」に含まれるテキストを以下に訳出する。

一八五七年の通常の風説書

H・ハーヘルスを船長とする、オランダの〔船〕ダニエル・ヤン号は、七月一日バタフィアを出航、本日当地に無事に到着した。

シナ海及びフォルモサ海峡では、二〇隻以上のシナ・ジャンク船を見た。
D・ハーフを船長とするウィルミナ・エン・クラーラ号は、嵐により、一八五七年六月七日香港に入港した。ジャワではすべてが静穏である。通常の風説書はこれのみである。

出島、一八五七年七月二三日　　駐日オランダ領事官

同上

C・オウマンを船長とするアンナ・ディグナ号は、七月五日等々、そして本日、等々、

出島、一八五七年七月二四日　　駐日オランダ領事官[41]

『集成』によれば、一八五七年には五通の和文風説書が作成されており[42]、この二つの蘭文テキストは、第二、第三[43]に相当する。一つ目は、和文の風説書と同内容である。二つ目が、「等々 enz.」を用いて省略されているのは、一つ目から類推するに、これも和文の風説書と同内容であったからだと考えられる。しかも、これら二つの内容は非常に簡略である。「通常の」風説書は、一八四八年以降、既にオランダ人による情報提供の主たる媒体の地位を別段風説書に譲っており、終章に述べるように、別段風説書も終わりを遂げようとしていた。もはや、「長崎口」による情報操作の余地も必要も、また正確な記録を商館に残す必要もないほど、その内容は貧弱になっていたのである。

おわりに

「通常の」風説書は、商館長（や船長）が原則として口頭で語った内容を、通詞等の意見を加えて加除・変更し、通詞が和文文書に仕立て、商館長が署名、通詞が連印する、という手順で作成された。従って、「原文」つまり証拠能力のある蘭文が舶載されて来ることはなかったのである。一八四〇年以降は、幕府の命令に従い、江戸に送付するための蘭文が作成されたと考えられるが、和文風説書の作成と同時に行なわれたものであり、あくまでも長崎発信の情報である点にかわりはなかった。一八五四年、五六年、五七年には、日本商館が蘭文文書を発信した形跡がある。江戸送付用かどうかは不明だが、もはや意味内容を吟味する価値のないほど簡略なものに過ぎなかった。

（1）『集成』（上）、一一九号。
（2）板沢書、一九〇—一九一頁。
（3）例えば、片桐一男「蘭船の長崎入港手続と阿蘭陀風説書」（『長崎市立博物館館報』七号、一九六七年）、片桐「阿蘭陀風説書についての一考察」（上）（『日本歴史』二二六号、一九六七年）。
（4）本書第一章参照。
（5）片桐一男「オランダ船の長崎入港手続の比較一覧」片桐校訂『鎖国時代対外応接関係史料』（近藤出版社、一九七二年）一八四—一八八頁、片桐「紅毛通詞年番行事・万記帳・オランダ商館日記　比較表」片桐・服部匡延校訂『年番阿蘭陀通詞史料』（近藤出版社、一九七七年）三一四—三二五頁。
（6）「凡例」『集成』（上）、七頁。
（7）「通常の」風説書には蘭文が成立しなかったという説がないわけではない。例えば、山脇悌二郎『長崎のオランダ商館』（中央公論社、一九八〇年）五二—五三頁。
（8）片桐一男「海外情報の翻訳過程と阿蘭陀通詞」『青山学院大学総合研究所人文学系研究センター研究叢書』第一四号『言語・文化の東と西』（青山学院大学総合研究所人文学系研究センター、二〇〇〇年）。
（9）後述。シーボルト記念館所蔵中山文庫一四—一一—九一。なお、片桐は言及していないが、同文書には紙背に鉛筆によるオランダ語の書き込みがある。しかし、本書の論旨からはずれるので、言及しない。

（10）この部分は「急立」なども読めるが、別の箇所（次注『崎陽群談』三一一頁）において、「品目」の意で「色立」を用いているので、ここでは刊本に従う。
（11）内閣文庫所蔵一七六―九九「崎陽群談」巻一二。中田易直・中村質校訂『崎陽群談』（近藤出版社、一九七四年）三〇五頁参照。
（12）「阿蘭陀船入津より出帆迄行事帳」前掲『鎖国時代対外応接関係史料』四四―四五頁。
（13）前掲『鎖国時代対外応接関係史料』四八頁。
（14）前掲『年番阿蘭陀通詞史料』九〇頁、文化一一年六月二三日条。
（15）前掲『年番阿蘭陀通詞史料』二三七頁。
（16）史料の所在については、鳥井裕美子氏のご教示による。
（17）鳥井裕美子編訳「本木蘭文」の目録『長崎県文化財報告書第一三一集　長崎奉行所関係文書調査報告書』（長崎県教育委員会、一九九七年）二五〇頁。
（18）長崎歴史文化博物館所蔵（長崎市立博物館旧蔵）「本木蘭文」「諸願書巻之一」。
（19）『集成』（下）、一九九号。
（20）横山伊徳編『オランダ商館長の見た日本―ティツィング往復書翰集―』（吉川弘文館、二〇〇五年）参照。
（21）Lequin, Frank, *Isaac Titsingh in China (1794–1796): Het onuitgegeven Journaal van zijn Ambassade naar Peking*, Alphen aan den Rijn, 2005 参照。
（22）『集成』（下）、二四一号。
（23）片桐の評価の背景には、風説書の受け取りを含む入港手続が、「唯一の国際貿易都市長崎」での「沿海防備態勢の維持をはかる幕府の方針を体して」とられた「水際作戦」であった（片桐前掲「海外情報の翻訳過程と阿蘭陀通詞」）という、近世の対外関係全般に対する片桐の理解があると思われる。片桐の他の著作、例えば、片桐『開かれた鎖国』（講談社、一九九七年）三―四頁においても、同様の認識が一貫してみられる。すなわち、「鎖国」の唯一の窓である長崎には、幕府の意思が貫徹していたという理解である。筆者の理解が大きく異なることは、本書序章、第一章、第二章、終章などを参照されたい。
（24）日蘭学会編、日蘭交渉史研究会訳『長崎オランダ商館日記』二（雄松堂出版、一九九〇年）三三一―三四頁、「ヘンドリック・ドゥフ・ユニアの日記」一八〇四年八月八日条。なお、『長崎オランダ商館日記』には、単に「風説書を提出した」という表現が何度も出てくる。そのほとんどすべての場合「風説書」は nieuws の、「提出する」は opgeven の訳語である。Nieuws は、「風説書」と違って、ごく一般的な「新しい知らせ」という程度の意味しかない。opgeven も、「(情報などを)提供する」という意味もある一般的な言葉である。ただし、何か「(物を)手渡す」という意味のほうが一般的なので、後者の解釈の場合は、通詞と共同で「〔和文〕風説書の提出作業〔文章の作成と署名・捺印〕を行なった」ことを意味していると思われる。通詞に〝蘭文を提出した〟という意味にのみ解釈する必要はない。

(25) しかし、このロシア船来航情報が江戸に伝達されず、長崎奉行の手元に留め置かれたことについては、松本英治「レザノフ来航予告情報と長崎」片桐一男編『日蘭交流史　その人・物・情報』(思文閣出版、二〇〇二年)参照。

(26) "Nieuwe tijdingen voor Japan", Register van ingekomen brieven uitgaande brieven (NFJ301).

(27) "Anno 1671 Opgegeven nieuws voor Japan", Register van ingekomen brieven uitgaande brieven (NFJ302).

(28) 『集成』(上)、二六号。

(29) Registers, BUB 1670 (VOC894) pp. 402-403 & p. 413.

(30) Registers, BUB 1671 (VOC895), pp. 248-249, 394 & 428-429.

(31) 『集成』(上)、二八号。

(32) 巻末附表参照。

(33) 石田千尋が「提出送り状」と呼ぶ、商館長が積荷の仕入れ値をあえて省いて日本側に渡した積荷送状(の蘭文控)。石田『日蘭貿易の史的研究』(吉川弘文館、二〇〇四年)二二、二三五、二三八頁。

(34) 勝海舟全集刊行会編『勝海舟全集一八　開国起源』Ⅳ(講談社、一九七五年)六六四—六六六頁、『新訂増補国史大系　続徳川実紀』第二篇(吉川弘文館、一九七六年)四〇七頁。本書第五章参照。

(35) しかし、「通常の」風説書の江戸訳は管見の限り存在していない。「通常の」風説書は、通詞との話し合いの結果作成されたものである以上、むしろ和文のほうが「原文」なのであって、そこにオランダ語から日本語への翻訳上の不注意や故意の誤りが生じる余地はなく、「通常の」風説書が短いものであったことと合わせて、江戸であらためて翻訳する必要性は感じられなかったのではないかと思う。一方、ほぼ同時に別段風説書のバタフィアからの送付が始まったため、江戸訳の作成も別段風説書を中心になされたのであろう。

(36) 金井圓「嘉永五（一八五二）年の和蘭別段風説書について」（『日蘭学会会誌』一三―二号、一九八九年）は、「商館側の原本」としており、また、「オランダ文を」即日邦訳して云々としており、オランダ語の正本を奉行に提供した後、それを翻訳したと考えているようである。しかし、筆者は、風説書蘭文の江戸送付命令以降も、「通常の」風説書に関しては、商館長と通詞の合作の形で和文風説書が作られ、その翻訳として風説書蘭文が作成されたと考える。和文の「通常の」風説書に商館長の署名があり、蘭文テキストの署名部分は単数形定冠詞のついた職名のみで、署名を欠く理由もそこにあると考えられる。

(37) 例えば、石田前掲書参照。

(38) 一八四六年、一八四七年、一八四九年の別段風説書（NFJ1751, NFJ1752, NFJ1753）。

(39) NFJ1753.

(40) NFJ1758.

(41) Afgegane stukken 1857 no. 63 (NFJ1657).

(42) 『集成』（下）、二六八―二七二号。

(43) 『集成』（下）、二六九―二七〇号。

第二部　別段風説書の成立

第五章　別段風説書の成立
——一八四〇—四五年の蘭文テキスト——

はじめに

オランダ風説書に関する総合的な研究を最初に行なったのは板沢武雄であるが、板沢は「通常の」風説書と別段風説書を特に区別せずに論じている。[1] それに対し、別段風説書を独立して扱った、最初のまとまった研究は、一九七一年の安岡昭男「和蘭別段風説書とその内容」である。[2] 安岡は、小西四郎が既に紹介していたアヘン戦争の詳報を内容とする一八四〇年から一八四五年までの写本を、初期の別段風説書と位置づけるとともに、それらがそれ以降のものと区別されることも指摘した。[4] しかし、別段風説書とそれ以前からの「通常の」風説書との違いを今一つ明確にしえなかったために、一八四〇年からのアヘン戦争の詳報を、なぜ特に別段風説書として扱うのかについての説得力が乏しかった。

『集成』は、一八四二年を別段風説書成立の画期とした。すなわち、一八四〇年提出分の詳報はオランダ側の自発的なものであったが、次回の一八四二年提出分からは日本側の積極的な要請によって呈上され、それ以来「別段風説書」という呼称が使われたとした。[5]

その後は、別段風説書がもたらした情報の流布や利用等を扱う研究が主流であり、一八四五年までのアヘン戦争情報に限っても顕著な進展をみせている。[6] しかし、オランダが別段風説書を日本にもたらすまでの過程に関する考察はいまだに不十分であると考える。

本章では、一八四〇年から一八四五年の別段風説書の蘭文テキストを紹介し、それらの送付の実態を解明することを目的とする。その上で、別段風説書の成立年代についてオランダ側史料に基づく見解を示す。[7]

前提として、本章に関連する範囲で、当時の中国情勢とそれに対するオランダの態度についてまとめておきたい。

一八三四年にイギリス東インド会社の対中貿易独占期限が切れ、欧米に開かれた中国唯一の貿易港カントン（広州）にはイギリスの駐清貿易監督官が置かれることになった。中国で活動するイギリス人商人たちは、これを機に貿易枠の大幅な拡大を望み、それがイギリス本国の産業資本家たちの支持を受けるに至った。一方、一八三八年一〇月以降、中国政府はカントンでのアヘン貿易の取締りを強化、二〇〇〇人以上を投獄した。一八三九年三月には欽差大臣林則徐がカントンに着任、アヘン提出と今後の持込禁止を外国人に命じ、カントンの夷館（商館）地区を封鎖した。外国人がアヘンの引渡しに応じたため、緊張は緩和されたかに見えたものの、一八三九年一一月には最初の武力衝突（川鼻沖の戦い）が起きた。一八四〇年二月頃、イギリス政府は遠征軍の派遣を決定、六月には現地到着、本格的な戦闘が開始された。結果は中国側の大敗であり、一八四二年八月に英国側全権ヘンリー・ポティンジャーと、中国側代表の欽差大臣耆英[8]と伊里布、[9] 及び牛鑑[10]により南京条約が調印された。[11]

以上にオランダの動きを重ねてみよう。カントン駐在領事[12]マグダレヌス・J・セン＝ファン＝バーゼルは、一八三九年三月、中国側の締め付けが厳しくなり、カントンの商館地区でアヘン密売商人が処刑され、全ヨーロッパ人は武器を取り上げられるという噂が流れたため、強い危機感を持ち、軍艦の派遣をバタフィアのオランダ領東インド政庁（以下、「政庁」）に要請した。[13] しかし、五月、政庁は軍艦の派遣は行なわないことを決議、[14] 結局セン＝ファン＝バーゼルは一八三九年中にマカオを経由してバタフィアに戻り、四四年まで同地に留まった。[15] アヘン戦争に際し、オランダは目立った動きは見せないが、南京条約が締結されると「イギリスが中国と講和した現在、オランダにおいては何がなされるべきか」というアムステルダムの商業新聞の記事[16]が国王ウィレム二世の目に留まったことがきっかけで、一八四三年には中国への遣使が実現した[17]。しかし、オランダはついに清との条約を締結するに至らなかった[18]。

一方、幕府は、一八四二年薪水給与令を出して、異国船の取り扱い方針を変更した[19]。この情報がオランダに伝わり、オランダ政府は、国王ウィレム二世の親書を日本に送ることを決定、一八四四年八月には親書を載せた軍艦パレンバン号が日本に到着した。

第一節　一八四〇―四五年の別段風説書蘭文テキスト

1 「中国のアヘン問題」

一八四〇年から一八四五年に至る別段風説書のテキスト[20]は、長崎出島のオランダ商館に蓄積された日本商館文書の中にあり、幕府に提出された正本の控として商館に残されたものと考えられる。この文書は、一括して保存されているが、数冊の冊子からなる。表題の付され方などからみて、以下の一四の部分からなる（以下、便宜上の番号1―14を付し、「　」内にタイトルの蘭文をできるだけ直訳した）。

1　「一八三八年から一八四〇年に至る中国におけるイギリス人のアヘン貿易禁止に関する主要なできごとの報告」〔一八四〇年分〕

2　「一八四〇年から一八四一年に至る中国におけるイギリス人のアヘン貿易禁止に関する主要なできごとの続報」〔一八四一年分、船の不着のため一八四二年に再送〕

3　「一八四一年と一八四二年の中国におけるイギリス人のアヘン貿易禁止に関する主要なできごとの第二続報」

〔一八四二年分〕

4 「一八四二年と一八四三年の間に中国のアヘン問題から引き起こされた主要なできごとの第三続報」〔一八四三年分〕

5 「一八四二年と一八四三年の間に中国のアヘン問題から引き起こされた主要なできごとの第四続報」〔一八四四年分〕

6 「一八四四年の間に中国のアヘン問題から引き起こされた主要なできごとの第五続報」〔一八四五年分〕

7 「一八四二年八月二九日に南京で英語と中国語で調印された〔イギリスのヴィクトリア〕女王陛下と中国皇帝〔道光帝〕との間の条約、それに関わる諸文書を付す。」〔南京条約[21]〕

8 「カントン・アモイ〔厦門〕・福州府・寧波及び上海の五港におけるイギリス貿易の一般規定」〔五港通商章程[22]〕

9 「〔英語と中国語で調印された〕通過貨物の税に関する宣言」〔通過税に関する宣言[23]〕

10 「一八四三年一〇月八日虎門寨で調印された〔イギリス〕女王陛下と中国皇帝の間の追加条約、それに関わる諸文書を付す。」〔虎門寨追加条約[24]〕

11 「〔英国全権〕サー・ヘンリー・ポティンジャーによって公布された布告[25]」「皇帝の使節〔欽差大臣耆英〕によって公布された布告[26]」〔五港通商章程・税率表を公布する布告文〕

12 「注、ここに税率表[27]が続く。既に以前承認されたものであり、その翻訳は『ジャワ新聞』一八四三年九月三〇日付第七八号[28]にみえる。」

13 「中国側で公示された税率表の改訂された〔新〕協定、商品の分類により記されたもの[29]」〔商品名のみで税率の記載を欠く〕

14 「ここに一般規定〔五港通商章程〕が続く。その翻訳は、既に当方〔植民省〕から〔政庁へ〕の一八四四年三月九日付一四四L号秘密文書とともに東インド〔政庁〕に送付され、さらに『ジャワ新聞』一八四三年〔九月一六日〕付第七四号にもみえる。」

このうち1から6までは、一八四〇年分から四五年分に至る六年分の別段風説書本文である。それに、南京条約等の条文[30]（7―14）が、資料として付属する形をとっている。

2　別段風説書本文（1―6）

1から4は合綴され、「中国のアヘン問題　一八三八年―一八四二及び一八四三年」という総合タイトルが記された表紙が付けられている。5と6には、それぞれ独自の表紙が付けられている。まず、1―3が別々に作成・送付され、受け取った日本商館が「中国のアヘン問題」という表紙を付けて合綴し、さらに翌一八四三年4が届き表紙に年代を書き加えて合綴、5と6は合綴をしないままで日本商館が一括保管したものであろう[31]（本書では便宜上14までを含めてこの史料を「中国のアヘン問題」と呼ぶ）。別段風説書本文については、2と6を除き最後に「日本商館長[32]」と書いてある。おそらく、商館長が署名をして日本側に提出した正本の控と思われる。

まず1から6までを日本側の同年の写本と比較してみよう。最初の別段風説書（1）から第四続報（5）まで（一八四〇年分から一八四四年分まで）に関して、安岡紹介の和文写本のタイトルは、例えば「和蘭暦数千八百三十八年〔割注略〕より四十年迄唐国に於てエゲレス人等の阿片商法を停止せん為に起りたる著しき記事を爰に記す」「和蘭暦数千八百四十年〔割注略〕より千八百四十一年迄唐国にてエケレス人の阿片商法停止に付記録致候事」などとなっている。前掲のオランダ側の表題のほぼ直訳であることがわかる。内容も、蘭文の別段風説書と従来知られていた和文テキスト〔提出当時の翻訳〕は、ほぼ一致している[33]。しかし、第五続報（6）、すなわち一八四五年分の別段風説書本文の蘭文テキストは、和文テキストとともに従来知られていなかった。安岡が、一八四五年分の別段風説書として紹介した和文テキスト[34]は、後述のように実は前年日本にもたらされた南京条約とそれに付随する諸規定の条文の翻訳であった。そのため、南京条約等の条文が一八四五年の別段風説書の内容だったと誤解されてきた。本書第七章で、一八四五年の別段風説書本文と当時の翻訳を紹介する。

3　条約等の条文（7―14）

五港通商章程（8）・通過税に関する宣言（9）・虎門寨追加条約（10）・税率表（12・13）は、南京条約（7）の趣旨（香港割譲、五港の開港など）を具体化するために締結されたもので、五つの組み合わせで効力を発揮するものである。[35]五港通商章程（8）及び税率表（12）は、11によって一八四三年七月に中国で公布され、のち虎門寨追加条約締結に際し、改めてその添付文書であるとされた。[36]11の者英布告文には、信頼できる（漢文から英文への）翻訳であることを記して、中国駐在英国商務官兼通訳J・ロバート・モリソンの署名がある。13は、12と同時に中国側で公布された税率表である。[37]12はアルファベット順に商品名を列挙するが、13は中国人にわかりやすいよう、商品の等級別に配列してある。13の末尾には、正確な抄録（税率記載を欠くため抄録とするか）であることを記して、モリソンの署名がある。従って、10の末尾にある「それに関わる諸文書」は、11―14を指すと考えられる。11―14は、「中国のアヘン問題」の中でも一つの冊子に含まれており、10の付属文書である。

7―9のそれぞれのテキスト末尾には、原文の英文と同内容の蘭訳であることを認証するオランダ植民省書記官の名前、さらにそれと同内容の写しであることを認証する政庁書記官の署名がある。10以下には認証が付いていないが、7と10は南京条約、虎門寨追加条約条文の全文翻訳であり、4と5にそれぞれ含まれる要旨とは明確に区別する必要がある。

12と14は、条文を欠き、『ジャワ新聞』を参照するようにという指示書きを以て代替されている。指示書きは、「当方〔植民省〕からの」という文言を含み、本国植民省の立場で書かれている。従って、政庁は11から14の部分については本省から届いたものをそのまま日本へ転送してきたと考えられる。五港通商章程は8と14に重複して含まれており、8は一八四四年三月に、14（ただし本文を欠く）は同年五月に、二回にわたって本国からバタフィアに送られた。

7以下について日本側の写本と比較してみよう。南京条約・五港通商章程・通過税に関する宣言（7—9）の認証付き条文は、「本国船より申上候別段風説書　但弘化二年巳年」[38]という表題が付されて日本側写本に収録されている。「本国船より」とあるので、パレンバン号（ただし、同船が親書を載せたのはバタフィアからである）で届いた内容であることは、日本人にも認識されていたと思われるが、「但弘化二年巳年」となっており、翌年の別段風説書として流布した。

以下、二節、三節では、1から6までの別段風説書本文と7以下の条文のテキストに分けて、日本送付の実態を検討する。

第二節　別段風説書本文の送付

1　一八四〇年分（1）の送付

一八四〇年五月二六日、政庁はアヘン戦争情報のバタフィアから日本への直接送付を決定した。これは、同日付オランダ領東インド総督（以下「総督」）決定第一号の中に含まれている。以下、関連部分を引用する。

今年の日本向けの船が出帆するまでに、同地〔日本〕の臨時商館長の利用に供するために、カントン、シンガポールその他の〔土地の〕定期刊行物を収集させ、中国のアヘン問題が引き起こしているであろう諸事件に関する、日本人に理解できるように簡潔で、しかし同時に包括的な話〔報告〕を、同人〔臨時商館長〕宛に送付することを、〔政庁〕殖民局長官[39]に命令する。〔送付に際しては、〕その話を同臨時商館長が、日本政府〔幕府〕に対して別段風説書 Apart Nieuws[40] の名のもとに通知するように、また、その通知は船の到着後直ちに、通常の情報の提供に伴って、書面の形で行なうように、との〔殖民局長官の臨時商館長宛の〕指示を付すように〔殖民局長官に命令する〕[41]。

この決定で注目すべきは、政庁内で中国に関する情報を記した書面を作成することを命じている点である。これ以前の「通常の」風説書は書面の形でバタフィアから日本に送ったとは考えにくいので、この点が、別段風説書と長崎出島で作成される「通常の」風説書との根本的な相異である。そして、その情報を「別段風説書」と名づけるように、ということも命令されている。少なくともオランダ側の理解では、これを以て別段風説書が成立したと言ってよいであろう[42]。この決定がなされた契機や過程を直接示す史料を筆者はいまだ知らないが[43]、政庁が、アヘン戦争情報を幕府に正確に伝達すべき重要な事柄として認識したことは確実であり、しかも、商館長や通詞レベルでの情報操作を排する、政庁レベルでの提供情報の決定として重要である。殖民局は、政庁において、日本貿易を管掌する部局として位置づけられていたので、この仕事が委託されたと考えられる[44]。

この総督決定に従って、一八四〇年七月四日付でバタフィアの政庁殖民局長官から日本商館長に宛てた別段風説書の送状には以下のようにある。

　去る五月二六日付の政庁決定第一号の第四条に基づき、私〔殖民局長官〕はこれと同便で、その〔決定〕中で言及されている中国のアヘン問題が今までに引き起こしたできごとに関する報告を送ります。これについては、前述の決定で指示されていることに従うようにお願いします[45]。

殖民局長官のもとで作成された別段風説書は、七月七日にバタフィアを出帆、一二九日長崎に到着したコルネリア・エン・ヘンリエッテ号で[46]、日本に届けられた。

2　一八四一—四四年分（2—6）の送付

翌一八四一年に日本に向かったミッデルブルフ号は遭難してマカオに着き、日本渡航をあきらめたため、一八四一年に送られるはずだった別段風説書(47)（2）は、一八四二年分の別段風説書(48)（3）と併せて送られた。2の末尾に「商館長」の文字がないのは、2・3を同時に提出したため、署名は3の末尾の一ヶ所にのみなされたからであろう。なお、ミッデルブルフ号不着の代替として、例年一隻の取り決めのところ、一八四二年にはヨハネス・マリヌス号とアンボイナ号の二隻が日本に来航した。その理由を商館長は、〝将軍に清英関係に関する情報をより確実に伝えるためである、情報提供は今この国にとって最も重要だと考えられているはずだから〟と説明している。(49)これら二通の別段風説書の受け止められ方について、商館長は総督に以下のように報告している。

船が着くとすぐに、別段風説書の名のもとに、〔中略〕第一及び第二続報を長崎奉行に渡し、それらは直ちに特別便で江戸の幕府に送られました。

これらのできごと〔中国のアヘン問題〕が何を引き起こしたかについての、通詞〔の質問〕や長崎奉行所から婉曲になされた質問からは、それ〔質問〕が近づく可能性のある危険への恐れから来るのか、〔ただの〕好奇心から〔来るの〕かは判断できません。日本人は大抵、彼等の最も強い感情ですら隠しておく術に長けていますから。しかし、例えばイギリスはいかなる方法で中国人から奪った大砲をこんなに短い間に使用不能にしたのかや、〔その他の〕似たようないくつかの質問から、また、〔長崎〕町年寄四郎大夫〔高嶋秋帆〕が、いちいち上位者の許可を得ずに、毎年将軍の名で我々になされる注文に、各種の大砲とその他の武器を〔項目として〕加えてもよいと幕府から命じられた、という以前に通詞から入手した知らせから、我々は〔好奇心ではなく恐れであるという〕第一の意見に傾きます。

この私の意見は、去る九月一七日に受け取った、〔中略〕江戸の幕閣からの命令書の翻訳によって強められました。〔中略／命令書の内容は、①一八二五年の異国船打払令が撤回されて、薪水給与令が公布された、②その理由は「さもなくば外国人に対する友好が失われるだろう」と幕府によって説明された、③薪水給与令を、然るべく〔諸外国に〕公表する目的で、バタフィアの政庁に伝えよ、という三点であること。〕

私は、この文書から、この〔日本の〕海岸に現れて来るそれら〔列強〕の船舶が、彼等〔日本〕の側から無礼な扱いしか受けないとすれば、ヨーロッパ列強との衝突が起こるかもしれないという幕閣の恐怖を明らかに読み取ります。その〔衝突の〕場合、経験を欠く彼等の勇敢さは、多くの場合、より効果的かつ経験豊富なヨーロッパの軍事技術におそらく太刀打ちできないだろうとの確信を、前述の報告〔別段風説書（2・3）〕から得たかもしれません。(50)

別段風説書に対する日本人の反応にオランダ人側が高い関心を寄せていることがわかる。

4は、一八四三年日本に向かった唯一のオランダ船アンナ・エリザ号に託送された。(51) 5は、一八四四年にパレンバン号に先立って日本に向かった、スタット・ティール号に託送されて届けられた。(52) 6は、一八四五年日本に向かった唯一のオランダ船エルスハウト号に託送された。(53)

第三節　条約等の条文の送付

1　南京条約・五港通商章程・通過税に関する宣言の条文（7―9）の送付

一八四三年、オランダ国王ウィレム二世は、日本に国王親書を送るという植民省の提案を裁可した。(54) それを実行に移す過程で、この効力をさらに確実にするために、南京条約の正式な蘭訳を送ることが植民省内で提案されたと考えられる。そこで、外務省に正確な英文の条文の調達を依頼した。オランダ外務省は本省内に正式な条文を持っておらず、『タイムズ』紙掲載[55]の五港通商章程・税率表の条文しか用意できなかった。そのため、外務省はロンドン総領事に命じて正確な条文を入手させた[56]。ロンドン総領事が入手したイギリス政府の官報『ロンドン・ガゼット』紙掲載の南京条約・通過税に関する宣言・五港通商章程及び税率表の英文テキストは、外務省を通じて植民省に送られ[57]、前三者は植民省内でオランダ語に翻訳され、一八四四年三月九日付で、国王の親書や将軍への贈物等を載せた蒸気船ブロモー号に託送されてバタフィアへ送られた[58]。そしてさらに、南京条約条文（7）は、国王の親書とともに軍艦パレンバン号に積み換えられてバタフィアから日本に送られた。そのことは、パレンバン号託送の総督訓令において、商館長に以下のように命じられていることからわかる。

〔パレンバン号到着を告げる長崎奉行宛の書翰とは〕独立の書翰で、商館長は最後に入手した情報を伝える〔こと〕。それに加え、文書記号Aとしてこれ〔訓令〕に添付された、いまや両国が承認し英国議会に提出された英清条約の翻訳も〔伝えること〕[59]。

「中国のアヘン問題」に含まれる南京条約テキストには「A」印は見られないが、パレンバン号のもたらした「跡船風説書[60]」に「唐国帝王とエゲレス国女王と之申究候盟約一条之儀者、別段可奉申上候」とある。少なくともオランダ側の認識としては、国王親書とともに日本にもたらしたのであり、日本側もそれを把握していたことがわかる。

8・9の日本送付については確実な史料がないが、「中国のアヘン問題」中の蘭文テキストに、7と同様の認証が付されていること、日本側写本では、7とともに一八四五年の別段風説書だと扱われてきたことから考えて、この三点（7―9）は、一体として日本に送られたことがほぼ確実である。オランダ側は、東アジア情勢の緊迫を知らせるための重要な道具の一つとして考えて、一八四四年に国王親書とともにパレンバン号に託送したと思われる。南京条約条文の翻訳が、翌一八四五年の別段風説書として流布したのは、日本国内の事情によるものであろう[61]。

2　虎門寨追加条約等の条文（10—14）の送付

虎門寨追加条約の正確な条文とその付属文書（10—14）は、一八四四年五月一八日付植民大臣決定[62]により、日本政府へ送達するため、おそらく同日付で、本国からバタフィアへ送付された。国王親書を載せたパレンバン号の日本派船に間に合わせようとしたとも考えられるが、結果的にはバタフィア到着がパレンバン号の出帆に間に合わず、日本送付は翌年に持ち越された。同決定と同一フルバール[63]に、10—14と同内容の蘭文テキストが、英文の原テキスト[64]とともに含まれている。英文の原テキストは、税率表（12）及び五港通商章程（14）を省略せずにそのまま載せているが、蘭文テキストでは省略されている。英文のテキストをオランダ植民省で翻訳する際に、既にオランダ語訳が存在して『ジャワ新聞』に掲載されていた税率表（12）と五港通商章程（14）を省略して、『ジャワ新聞』を参照せよとの指示を付けて、政庁に送ったことがわかる。そして、政庁では『ジャワ新聞』に基づいて書き直しや書き加えをすることなく、そのまま日本商館に送ったのである。

10には、同年四月一五日付日本商館長宛政庁書記官書翰[65]の形で、送り状が残されている。11—14も、10の付属文書として10と同時に日本に送付されたと思われる。

この送状には、認証付の条文を送るとは明言されておらず、「中国のアヘン問題」所収のテキストにも認証は付されていないが、送状に南京条約の条文と同じように扱うため日本に送る、とされているので、南京条約と同様条文の正確な翻訳であろう。しかし、送付されたはずの虎門寨追加条約条文は、同年に送られた別段風説書本文（6）と同様に日本側写本に収録されていないことが多い[66]。管見の限り唯一の、しかも同年送付の別段風説書本文（6）と一括されて伝存している例を、本書第七章で紹介する。

南京条約の条文を日本に送ろうと考えたのはオランダの植民省であったが、それに付随する諸取り決め（8以降）

をどう扱うのかが、特に決定されたり命令されたりした形跡はない。本国植民省の役人によって、彼等の判断力に従って整理された上で、伝達されたものであろう。政庁ではこれに判断を加えず、日本に送ったようである。政庁の役人にとって、諸取り決め相互の関連、重要性の差異や日本人の関心の有無などの判断は、非常に困難であっただろう。特別の配慮なく、事務的に処理された形跡が窺われる。

第四節　一八四六年、内容の一般化

一八四五年までの別段風説書送付は、一八四〇年の総督決定に基づいて行なわれ、これに関する新しい決定・決議はなされていない。しかし、アヘン戦争終結とともに、一八四〇年の決定の効力も消滅した。そこで、一八四六年には新しい決議がなされた。

殖民局長官の〔一八四六年〕二月一八日付書翰第一二三二号及び〔同年〕四月一六日付書翰第二八〇〇号、後者については既に一八四六年四月二二日付の一般書記官 algemeenen secretaris の書翰七七二号において取り扱い済みであるが、に基づき、〔東インド〕評議会は、日本商館長に最近の重要なできごとについての短い報告を書き送ること、そして日本商館長に一八四〇年五月二六日付決定第一号の第四条に準拠し、別段風説書 Apart Nieuws の名のもとに日本政府〔幕府〕へ通知すること〔を命じること〕を承認し、決議した。(67)

この決議に至る経緯については、本書第八章で述べるが、政庁は別段風説書の送付に一定の成果を見出し、継続を決めたと言えるであろう。

この決議に従って、この年の別段風説書本文(68)・清仏黄埔条約要旨(69)・清米望厦条約要旨(70)及びマンハタン号に関する以下の書翰がファニイ号に託送されて日本に送られた。

一八四六年六月一四日付決議第一六号に従って、別段風説書として日本政府に提出されるべき〔であるとして〕貴下に送られた情報から、貴下はカントンで北米合衆国の中国海域艦隊の司令官が漂流民の〔利益の〕ために日本沿岸に〔向けて〕行なうだろうと言われている訪問、それについての噂が広まっていることに気づいたでしょう。それゆえ、同送する一八四六年五月二一日付『シンガポール・フリー・プレス』紙の付録に掲載された、捕鯨船マンハタン号船長メルカトル・コーペルの江戸湾訪問の記事が注目されました。私はそれを貴下に送り、貴下の世話で明確なオランダ語に翻訳し、〔日本〕政府に提出するよう要請するようにという命令を受けています。[71]

これには、前述の『シンガポール・フリー・プレス』紙[72]がそのまま添付されている。この新聞記事は、確かに日本商館で翻訳され、一八四六年八月三〇日付で商館長から長崎奉行井戸対馬守覚弘[73]に提出された。[74]

これ以降、別段風説書の内容は、世界各国の情勢一般に変わる。送付に際しては、毎年のように決議がなされた。[75]また、別段風説書の蘭文テキスト及び関連決議の日付や所蔵先については、本書巻末附表を参照されたい。

おわりに

一八四〇年、バタフィアの政庁は、別段風説書 Apart Nieuws として幕府に提出すべく、アヘン戦争情報を書き記した文書を日本に送ることを決定した。政庁から幕府への直接的な情報提供の開始であり、少なくともオランダ側からみれば、これを以て別段風説書が成立したと言える。

その後、一八四五年までにアヘン戦争情報として日本に送られた別段風説書の蘭文テキストは、南京条約等の条文の蘭訳テキストとともに、日本商館文書の中に残されている。両者は内容的に密接に関わりながらも、別段風説書本文（1―6）は政庁、条約等の条文（7―14）は本国植民省、という別のレベルの決定に基づいて、日本に送付されたものである。1―6が、「別段風説書として」幕府に通知するべく日本に送付されたのに対し、7―14は、別段風説書という名目で提出するべく送付されたものとは言えない。しかし、日本商館の判断で「中国のアヘン問題」として一括して保管された。

日本商館に残された蘭文テキストと日本側に残された別段風説書の諸写本と比較すると、南京条約のテキストは、一八四四年に国王ウィレム二世の親書の効力を高めるため、親書とともに日本に送付されたにもかかわらず、翌年の別段風説書だとして今まで理解されてきた。別段風説書本文と条約等のテキストが混同されて、日本側写本が作られた背景には、両者を一括したオランダ側日本商館レベルの理解に影響された面があるだろう。

本章から、さらに以下のことを指摘したい。

第一に、オランダ植民省及び東インド政庁が、それまで日本商館に内容の選定を委ねていた、日本人に提供する情報を自ら選定して送る努力を、この時期に始めたということである。別段風説書の送付だけでなく、南京条約の正確な条約文を日本に送ったり、マンハタン号についての情報を載せた新聞の本紙を送ったりするなど、生に近い情報を早く送る努力がみられる。詳細は第六章に譲るが、一八四四年の国王親書は、確かに貿易制限の大幅な緩和を勧告する言辞を含むが、アヘン戦争に代表される東アジア情勢の変化を確実に伝える、という意味も一方で持っていた。この時期オランダ側でなされていた、政庁や場合によっては本国政府から、直接幕府に情報を提供する努力が、象徴性、儀礼性を帯びた形で現出したものとも言える。これら各種の情報提供努力を個々別々にではなく、オランダの対日政策上の問題として一括して捉える視点が必要であろう。

第二に、その情報の入手先をみると、オランダがほとんどすべてをイギリスに頼っていることがわかる。別段風説書の情報源がカントンやシンガポールの新聞であることは、一八四〇年の総督決定からわかるが、それ以外にも、南京条約の条文を『ロンドン・ガゼット』紙上で知ったり、マンハタン号情報をシンガポールの新聞から入手したりするなど、イギリスのメディアにほとんどを依存している。この時期、バタフィアでも政庁機関紙の『ジャワ新聞』が発行されているが、中国関連の記事はほとんどカントンやシンガポールのイギリス系新聞からの引き写しであることが、『ジャワ新聞』の記事そのものに明記されている。当時のオランダの国力の限界は、このような形でも現れているといえよう。

(1) 板沢書、一七八―二〇〇頁。

(2) 安岡昭男「和蘭別段風説書とその内容」(『法政大学文学部紀要』一六号、一九七一年)。

(3) 小西四郎「阿片戦争の我が国に及ぼせる影響」(『駒沢史学』創刊号、一九五三年)。

(4) この時期の別段風説書のあり方に言及した従来の研究として他に、片桐一男「和蘭風説書集成解題―和蘭風説書の研究―」(以下、「解題」)『集成』(上)、加藤祐三『黒船前後の世界』(岩波書店、一九八五年)二六一―二七二、三〇三―三〇四頁がある。

(5) 「解題」『集成』(上)、四〇頁。しかし、一八四二年説の根拠は同書を読む限り写本の表題のみであり、日本側からの積極的な要請が行なわれたとする十分な史料的裏づけは得られていないと考える。『国史大辞典』二(吉川弘文館、一九八二年)「オランダ風説書」の項(岩生成一執筆)も、別段風説書の成立を一八四二年とする。

(6) 例えば、藤田覚『幕藩制国家の政治史的研究―天保期の秩序・軍事・外交―』(校倉書房、一九八七年)、岩下哲典「阿片戦争情報の新・考察―幕府における情報の収集・分析、鷹見家資料から―」(『泉石』三号、一九九五年)、岩下「アヘン戦争情報の伝達と受容―天保一〇年から一三年まで―」明治維新史学会編『明治維新と西洋国際社会』(吉川弘文館、一九九九年)など。(岩下論文は、ともに岩下『幕末日本の情報活動―「開国」の情報史―』〈雄山閣出版、二〇〇〇年〉に再録。)

(7) 植民省文書の構造を略述する。植民省文書は、公開文書 openbaar、秘密文書 geheim、官房文書 kabinet の三つに分類されている。この分類は、植民省の下位部局を反映したものではなく、文書の重要性に基づくものであり、植民省文書全体が一つのシリーズであると考えてよい。従って、文書構造から下位部局のありようを知ることは非常に困難である。そのシリーズは、原則として文書をフルバール verbaal (ある特定の日に処理した案件ごとのファイル) 単位で、合綴することなく時系列的に集積したものである。フルバールは、個々の文書を合綴せずに、日付と verbaal 番号（一年ごとの通し番号）を記した二つ折の灰色の厚紙の中に挟み込む形で、管理されていたもので、現在もその状態で保管されている。フルバールは、原則として植民大臣の決定を表す文書を中心に、その意思決定に至る過程を示す付属文書からなる。従って、大臣決定の契機となった受信文書や、その返答としての発信文書の下書き等が一括して保管されている。一つのフルバールは、一点ないし数十点の文書からなり、複数のフルバールが後に一つにまとめられる場合もある。その場合、前に付されていた verbaal 番号は、空のまま残される。このような文書構造を通例フルバール構造 het verbaal stelsel と呼ぶ。現在、オランダ国立中央文書館では、いくつかのフルバールを一つのアーカイブ・ボックスに収めて保管・出納し、ボックスごとに一つの Kol. 番号を付す。以下 Kol. XXXX no. YY は、Kol. 番号 XXXX 中の verbaal 番号 YY に含まれる文書を指す。例外的に verbaal 形式を取らない文書については、Kol. 番号のみを記す。なお、フルバール構造については、拙稿「オランダ植民省文書のフルバール構造—インデクスの役割—」『科学研究費補助金基盤研究（B）（2）「近世日本関係欧文文書群の史料学的研究」研究成果報告書』（二〇〇七年三月）に詳述した。

（8） 清の宗室。満州正藍旗人。一八四二年欽差大臣に任じられ、中国側の代表として南京条約に調印した。後、両江総督（南京に駐在する江蘇・安徽・江西の総督）に任じられて戦後の経営にあたり、一八四三年欽差大臣として虎門寨追加条約を締結。一八四四年両広総督（広州に駐在する広東・広西の総督）に任ぜられ、また欽差大臣として望厦条約、黄埔条約を締結、一八四八年まで両広総督として対外事務を処理した。

（9） 満州鑲黄旗人。耆英とともに、中国側代表として、南京条約に調印。当時、乍浦副都統。

（10） 南京地方の最高官憲両江総督であったため、調印に加わった。

（11） 以上の記述は坂野正高『近代中国政治外交史—ヴァスコ・ダ・ガマから五四運動まで—』（東京大学出版会、一九七三年）一四四—一七一頁による。

（12） 史料では consul と記されるが、実態は貿易代理人 commercieel agent であった。Dongen, Frans van, *Tussen Neutraliteit en Imperialisme : De Nederlands-Chinese Betrekkingen van 1863 tot 1901*, Groningen, 1966, p. 32.

（13） 一九三九年三月二〇日付セン＝ファン＝バーゼル書翰（Kol. 4257 no. 392）。

（14） 一九三九年五月一六日付東インド総督ドミニク・J・デ＝エーレンス及び評議会決議第一七号文書記号BB（Kol. 4257 no. 392 geheim）。

(15)　「一八三六・三七年及び三八年から一八四五年三月一二日に至るオランダ領東インドの政治的状況の概要の続報」(Kol. 2955)。

(16)　"Wat moet in Nederland gedaan worden, nu Engeland met China vrede maakt", *Nieuwe Amsterdamsche Courant, Algemeen Handelsblad*, 8 december 1842, no. 3457. Kol. 4286 no. 580 に添付されている。

(17)　前掲 Kol. 2955。アヘン戦争前後のオランダの動きについては、拙稿「中国のアヘン問題に対するオランダの対応―一八三九年と一八四三年―」(『日蘭学会通信』通巻一二〇号、二〇〇七年) に詳述した。

(18)　横山伊徳「日本の開港とオランダの外交―オランダ外務省文書試論―」荒野泰典・石井正敏・村井章介編『アジアのなかの日本史Ⅱ　外交と戦争』(東京大学出版会、一九九二年)。

(19)　アヘン戦争が直接の理由ではなく、中国のイギリス軍が日本にも振り向けられるという情報があったからだとされる。佐藤昌介『洋学史研究序説―洋学と封建権力―』(岩波書店、一九六四年) 三〇八―三一一頁、藤田前掲書、六〇、一六五頁。

(20)　NFJ1626. Roessingh, M. P. H., *Het Archief van de Nederlandse Factorij in Japan 1609-1860*, Algemeen Rijksarchief, 's-Gravenhage では、"Relaas der voornaamste gebeurtenissen betreffende de uytroeying van den opiumhandel der Engelsen in China" のタイトルが付されている。この史料は、東京大学史料編纂所編『日本関係海外史料目録』Ⅲ (一九六五年) 一七二頁にも "Opium Questie in Sina, 1838-1844" のタイトルで収録されているが、初期の別段風説書の蘭文テキストであると指摘されたことはない。

(21)　全一三条。一八四二年八月二九日南京で調印、一八四三年六月二六日香港で批准書交換。漢文・英文の条文は、*Chinese Repository* 紙一八四四年八月号に収載されている。英修道「一八四二年南京条約について―本条約条項及び附属文書内容、治外法権条項に関する研究―」(『法学研究』二二―一号、一九四九年) も参照のこと。

(22)　全一五条、一八四三年七月二二日発表。

(23)　一八四三年六月二六日署名。

(24)　全一七条。第一七条は、「イギリスの小型船に関する追加条項」。一八四三年一〇月八日調印。漢文・英文の条文は、*Chinese Repository* 紙一八四四年九月号に収載されている。

(25)　一八四三年七月二二日付。

(26)　原漢文。「中国のアヘン問題」所収のテキストには日付を欠くが、佐々木正哉編『鴉片戦争の研究　資料編』(東京大学出版会、一九六四年）二四七頁所収の漢文テキストにより、道光二三年六月（一八四三年七月）付であったことがわかる。

(27) 一八四三年七月公布。五港通商章程第六条に定める関税を課すための税率表。「船舶税〔についての規定〕」を付す。植田捷雄「南京条約の研究（二）」（『国際法外交雑誌』四五―三・四合併号、一九四六年）参照。

(28) 同紙同号本文により、税率表が付録として付されていたことが確認できる。

(29) 道光二三〔二三の誤記〕年八〔六の誤記〕月、一八四三年七月付。

(30) 本書でいう「条文」とは、箇条書きされているか否かを問わず、条約・諸規定等の英文正本（原本が漢文のものについてはその英訳）のオランダ植民省による正確な蘭訳を指す。なお、一八四三年に送付された別段風説書に含まれる南京条約の要旨などは、箇条書きのため「条文」と混同されやすいが、「条文」とは明確に区別されるべきものである。

(31) 筆者は原本を閲覧したが、保存状態があまり芳しくないため、綴りがはずれてしまっている可能性もあり、もともと何冊に綴じられていたかは、かならずしも断言できない。

(32) 原語 het opperhoofd van den Nederlandschen handel in Japan。一九世紀日本商館長の正式名称。以下、「日本商館長」あるいは「商館長」とする。

(33) ただし、蘭文テキストとの詳細な比較はなされていない。次の課題としたい。

(34) 例えば、東京大学史料編纂所所蔵謄写本「唐蘭風説書集纂」三、添川栗『有所不為斎雑録』第一二（中野同子、一九四二年）などに収録されている。安岡前掲論文参照。

(35) 坂野前掲書、一七二頁。

(36) 五港通商章程及び税率表は、南京条約条文中にそれを指示する文言がないため、イギリス側の発想では法的根拠が薄弱であった。そのため虎門寨追加条約（英文）は、第一条、第二条において、両者を参照せよと明確に規定し、法的不備を補った。植田前掲論文及び植田「続南京条約の研究」（『国際法外交雑誌』四六―三号、一九四七年）参照。アヘン戦争の事後処理が、イギリス側にとっても試行錯誤の過程であったことがわかる。

(37) おそらく原漢文だが、筆者はいまだ漢文ないし英訳のテキストを確認していない。

(38) 前掲「唐蘭風説書集纂」三及び『有所不為斎雑録』第一二所収のテキストによる。

(39) Directie van Lands Producten en Civil Magazijnen.「政府物産及び倉庫局」（デ＝クラーク著、南方調査会訳『蘭印史』〈春陽堂書店、一九四二年〉六五七頁）、「生産局民生倉庫〔所〕」（フォス美弥子『幕末出島未公開文書―ドンケル＝クルチウス覚え書─』〈新人物往来社、一九九二年〉六七頁）など訳語は未統一。本書では板沢書（一九一頁）に従う。

(40) Apartには〝別立ての〟と、〝特別な〟の両方の意味がある。「別段風説書」がApart Nieuwsの訳語として成立したのか、あるいは逆かについては今後の課題である。

(41) 一八四〇年五月二六日付総督決定第一号第四条。Ingekomen stukken 1840 no. 18 (NFJ461) に抜粋が（「Ingekomen stukken 1840 no. 18」は、日本商館の一八四〇年受信文書控の第一八号文書であることを示す）、Register der handelingen besluiten van de Gouverneur-Generaal〝buiten rade〟(Kol. 2606) には決定全体が収録されている。オランダ国立中央文書館所蔵の植民省文書目録によれば、総督の決裁事項には、東インド評議会との相談で決められるもの (besluit in rade) と、東インド評議会との相談なしに決められるもの (besluit buiten rade) との二種類がある（本書では前者を「決議」、後者を「決定」と訳す）。この史料の存在は、古く板沢によって指摘されたが（板沢書、一九一頁）、風説書の情報源を示す史料としてであり、別段風説書の成立を示す史料としてではない。別段風説書の成立とからめて位置づけたのは、管見の限りこれまでに金井圓『近世日本とオランダ』（放送大学教育振興会、一九九三年）四六頁のみである。

なお、決定当時商館長だったフランディソンは、正式には「臨時商館長」の肩書きだった。

(42) 日本側史料における「別段風説書」の用語の初出は、一八〇四年に遡るが、アヘン戦争以後の別段風説書とは同一視できないし、単発的なものである（松本英治「レザノフ来航予告情報と長崎」片桐一男編『日蘭交流史　その人・物・情報』〈思文閣出版、二〇〇二年〉）。

(43) この総督決定は、日本関係だけで一七ヶ条ある大部なものである。東インド政庁一般書記局文書（本書第八章参照）のこの総督決定を収めたフルバールの中には、付属文書が残されておらず、決定に至る直接の関連文書は存在しない。しかし、この時期政庁が日本貿易全般に何らかの梃子入れをしようとしていたことが窺われる。しかし、総督ドミニク・ジャック・デ＝エーレンスの死の四日前に出された決定であり、この決定の意義については、今後の本格的検討を俟つ。

なお、一八四〇年六月二六日（天保一一年五月二七日）、風説書に蘭文を付して江戸に送ることが、幕府から長崎奉行に命じられた（勝海舟全集刊行会編『勝海舟全集一八　開国起源』Ⅳ〈講談社、一九七五年〉六六四─六六六頁、『新訂増補国史大系　続徳川実紀』第二篇〈吉川弘文館、一九七六年〉四〇七頁）。この命令の蘭訳は、日本商館文書の受信文書控（Ingekomen stukken 1840 no. 1〈NFJ461〉）に「首席町年寄高嶋四郎大夫様によって我々に与えられた、〔長崎〕奉行宛首席老中からの通知書の翻訳」として収められている。文面は、「今後情報を伝える書面は、オランダ語を付して上奏しなくてはならない」。この法令が出されたのは、前述の総督決定とほぼ同時であるから、この法令が総督決定の直接的な契機とは考えられない。しかも、法令はあくまで長崎奉行宛であり、かつ従来の「通常の」風説書に蘭文を付して送れ、としか読めず、別段風説書成立の直接的原因とはなりえない。しかし、佐藤昌介によれば（佐藤前掲書、二九七―三〇〇頁）、この命令が、前年出された渋川六蔵の上書を反映して出されたことは疑いない。渋川の上書のうち第一条は、〝蘭人から詳細な風説書を封印の上提出させ、これを江戸において翻訳させる〟というものであった。渋川上書の趣旨は、詳細な内容を書面で提出させるという点で、別段風説書の成立を先取りした内容となっている。渋川上書の趣旨が非公式に口頭で東インド政庁に伝えられ、別段風説書の成立となって実現した可能性も完全には排除できない。本書第四章第二節2参照。

(44) *Almanak en Naamregister van Nederlandsch-Indie voor het Jaar 1841*, Batavia, 1840. 同書によれば、殖民局の業務は、政庁の倉庫の管理・郵便業務の運営・政庁の印刷所の経営など一〇分野に分類される。日本貿易は、政庁が直営する唯一の貿易業務として、その一つに位置づけられている。

(45) Ingekomen stukken 1840 no. 33（NFJ461）.

(46) Opgegeven nieuws, facturen en monsterrol 1840 による。『集成』（下）、二四八号は、「コルネリス・エン・ユールローテ号」とするが誤り。

(47) 2の送状は、一八四一年七月二日付で殖民局長官から、同六日付で一般書記官代理から出されている（Ingekomen stukken 1841 N. B. Deze stukken zijn in 1842 ontvangen, no. 826〈NFJ462〉）。

(48) 3の送状は、一八四二年六月二三日付で殖民局長官から出されている（Ingekomen stukken 1842 nos. 28, 29〈NFJ463〉）。

(49) 一八四二年七月三一日付柳生伊勢守宛新旧商館長エデュアルト・フランディソン及びピーテル・ビック書翰（Correspondentie 1842 no. 10〈NFJ570〉）。

(50) 一八四二年一一月二〇付東インド総督宛フランディソン報告書 Aanhangsel §b（Verslag 1842〈NFJ716〉& Kol. 4294 no. 458）。なお、Chijs, J. A. van der, *Neêrlands Streven tot Openstelling van Japan voor den Wereldhandel*, Amsterdam, 1867, p. 15 は §6 とするが、Kol. 4294 の写では明らかに §b である。

(51) 4の送状は、日本商館文書に残っていないが、一八四三年六月一七日付で存在したことが、本文に「一八四五年六月一七日付第三二〇五号フルバール〔政庁のフルバールである〕の付属文書」と注記があること、及び後出5の送状からわかる。

(52) 5の送状は、一八四四年六月二四日付で殖民局長官から出されている（Ingekomen stukken 1844 no. 38〈NFJ1628〉）。

(53)　6の送状は、一八四五年六月二七日付で殖民局長官から日本商館長宛に出されている（Ingekomen stukken 1845 no. 17〈NFJ1629〉）。なお、6については、本文末尾に「バタフィア、一八四五年五月一四日」とある。この日付にバタフィアで作成されたものであろう。

(54)　本書第六章参照。

(55)　『タイムズ *The Times*』紙（一八四三年一〇月一〇日付第一八四二三号）。注（56）の書翰に添付されている（Kol. 4297 no. 47）。

(56)　一八四三年一二月二八日付植民大臣宛外務大臣書翰（Kol. 4297 no. 47）。

(57)　一八四四年一月五日付植民大臣宛外務大臣書翰（Kol. 4297 no. 47）。*The London Gazette* 紙（一八四三年一二月一九日付）の本紙を添付する。一八四四年二月六日付植民大臣宛ロンドン総領事書翰（Kol. 4299 no. 144L）からも確認できる。

(58)　Kol. 4299 no. 144L. 南京条約と五港通商章程の条文がこの時ブロモー号で送られたことは、他史料からも確認できる。税率表は、この時バタフィアへ送られなかった。

(59)　一八四四年七月一二日付日本商館長ビック宛総督秘密訓令（Geheim ingekomen stukken betrekkelijk de zending naar Japan van Z. M. fregat *Palembang* 1844, no. 3〈NFJ1710〉）第二条末尾。

(60)　『集成』（下）、一二五二号。引用史料中「独立の書翰」がこれに相当すると考えられる。内容はパレンバン号到着と条約条文の送付を告げる二条のみである。安岡前掲論文はこれも「別段風説書」として扱うが、本書でいう別段風説書とは別範疇である。

(61)　南京条約等の蘭文からの和訳は、「天保十五年七月」（一八四四年八—九月）に完成した。従って、翻訳の遅延によるものではない。本書第七章第三節参照。

(62)　Kol. 1569 no. 15 openbaar, 18 mei 1844.

(63)　前注（7）参照。

(64)　*Supplementary Treaty between her Majesty and the Emperor of China, signed at Hoomun-Chae, October 8, 1843. With other documents relating thereto, presented by both Houses of Parliament by Command of her Majesty 1844* と題された、ロンドンで公刊された独立の小冊子である。“printed by T. R. Harrison” とある。前掲 Kol. 1569 no. 15 openbaar, 18 mei 1844 に含まれる一八四四年四（ママ／前掲五月一八日付植民大臣決定においては「同月一一日付」として参照されているので、五月の誤りか）月一一日付植

民大臣宛外務大臣書翰によれば、同冊子はロンドンのオランダ総領事 's Konings gezantschap によって入手され、オランダ外務省に送付された。

（65）Ingekomen stukken 1845 no. 14 (NFJ1629).

（66）一八四四年の別段風説書本文（5）の和文写本の伝存数も非常に少ない。管見の限り、鍋島報效会所蔵鍋島家文庫本（安岡前掲論文による）、宮城県立図書館所蔵伊達文庫本（岩下哲典氏のご教示による）のみである。詳細については後考に俟つが、アヘン戦争の本格的戦闘が終結し、南京条約・虎門寨追加条約が結ばれた後の情報は、日本ではあまり需要がなかったのではないか。

（67）一八四六年六月一四日付総督・評議会決議抜粋（Ingekomen stukken 1846 no. 23〈NFJ1630〉）。決議全体はインドネシア国立文書記一般書記号文書、Besluit, 14 juni 1846, no. 16 にある。常識的に考えて、in rade のほうが、buiten rade よりも重要な事項を扱うと考えられるが、一八四〇年に buiten rade で決定されたことの継続が、なぜ一八四六年に in rade で扱われたのかは不明である。本書第八章も参照のこと。

（68）清仏黄埔条約・清米望厦条約要旨とともに Opgegeven nieuws, facturen en monsterrol 1846 (NFJ1751) 所収。三点それぞれに、政庁首席書記官代理からの送り文言がついている。

（69）一八四四年一〇月二四日調印。

（70）一八四四年七月三日調印。

（71）一八四六年六月二八日付日本商館長宛政庁一般書記官書翰（Ingekomen stukken 1846, no. 27〈NFJ1630〉）。マンハタン号事件については、佐藤隆一「天保薪水令の実施とその矛盾—弘化二年マンハッタン号事件・弘化三年アメリカ東インド艦隊渡来事件を中心に—」（『洋学史研究』一号、一九八四年）、加藤前掲書、二九二頁等を参照。

（72）一八四六年五月二一日付『シンガポール・フリー・プレス *Singapore Free Press and Mercantile Advertiser*』紙。

（73）井戸覚弘は同年四月四日に大内蔵から対馬守に改名した（同日付「書面による通知の写」Ingekomen stukken 1846, no. 8〈NFJ1630〉）。

（74）Afgegane stukken 1846 no. 24 (NFJ1647).

（75）金井圓「嘉永五（一八五二）年の和蘭別段風説書について」（『日蘭学会会誌』一三—二号、一九八九年）参照。

第六章　一八四四年オランダ国王ウィレム二世の「開国勧告」の真意

はじめに

一八四四〈天保一五〉年八月一五日、オランダ国王ウィレム二世が署名した書翰〈以下「親書」〉が、オランダ東インド艦隊所属のパレンバン号によって長崎に届けられた。この一件は、「ウィレム二世の開国勧告」と呼ばれることが多く、この時期の日本の政治史や対外関係史の叙述には欠かせぬ事件として、広く知られている。高校教科書にも「一八四四〈弘化元〉年、オランダ国王は、アヘン戦争を教訓にして日本が開国するよう勧告した親書を送ったが、幕府は拒否した。[1]」などとある。

この一件に関する最初の研究は、一八六七年、バタフィア〈現ジャカルタ〉のオランダ領東インド政庁〈以下「政庁」〉の官僚であったヤコブス・A・ファン＝デル＝シェイスの、『世界貿易に日本を開かせるためのオランダの努力[2]』である。同書では、この一件について特に「開国勧告」と呼ぶことはしていないが、オランダが、自らの利権獲得のためでなく「二世紀間オランダにのみ示されてきた厚遇への返礼として」日本に排外政策の危険性を知らせるため、親書を送付したことが強調されている。なぜなら、同書表題が端的に示すように、同書は、一八五〇―六〇年代における〝オランダは日本に開港させるために努力しなかった〟という欧米各国からの批判に反論するための、政治的意図を持った著作であったからである。[3]なお、ファン＝デル＝シェイスが用いた史料は、政庁の文書[4]である。

この一件は、日本でも戦前から、福地源一郎、[5]呉秀三、[6]徳富蘇峰、[7]田保橋潔、[8]幸田成友、[9]井野辺茂雄[10]等によって論じられている。管見の限り、この一件を最初に「開国勧告」と呼んだのは田保橋であり、「開国勧告」の目的は日蘭貿易を守ることであったとする。戦後の森岡美子の研究は、田保橋の考察を「一応承認」しつつも不十分であるとし、ファン＝デル＝シェイスに基づいて「開国勧告」を「親善行為」とし、[11]幕府の対応についても検討した。[12]この段階までの研究は、オランダ側の親書送付意図に関しては、すべてファン＝デル＝シェイスに依拠している。永積洋子は、日本では初めてオランダの一次史料（日本商館文書）を用いて親書送付の意義を論じ、親書送付を「無私無欲」に「他の国にも通商を許してほしいと願うためだった」と評価した。[13]しかし、親書送付を決定した本国政府の真意は、親書送付時の本国政府の文書で検討すべきである。

エルス・M・ヤコブスの「言葉だけを武器に―国際貿易に日本の諸港を開かせるためのオランダの努力（一八四四年）―」[14]は、オランダ植民省文書[15]及び国王府文書[16]の中に含まれる親書関連史料を初めて博覧し、オランダ本国政府の視点からこの一件を見直した点で評価できる。ヤコブスは、一八四二〈天保一三〉年の薪水給与令発令の本国への伝達を以て始まる、親書送付関連の一連の文書により、一件の経過を追う。そして最後にファン＝デル＝シェイスを批判して、「貿易上の利益なく、オランダの威信を高めることもできなかった」から「使節団は失敗」だったと結論する。「言葉だけを武器にした、節約し、真剣味を欠くオランダの努力は失敗しなければならなかった」との結論は、親書を純粋な好意によるとする日本側研究史の達成点よりは現実味があるが、一方で、親書の目的が対日貿易上の利益の貫徹だったことを自明の前提としており、[17]再検討の余地がある。

つまり、親書を送付したオランダ政府の真意については、どの研究もファン＝デル＝シェイスを超えておらず、それを実証的に解明する作業は残されている。本章は、主にオランダ側の第一次史料により、ウィレム二世の親書送付の真意が本当に日本に開国を勧告することにあったのかを、改めて問い直すことを課題とする。[18]

一八三〇年代以降顕著に活発化した列強の東アジア進出の実態、特に列強側の意図や力量について、幕府に語ることができるのはオランダ人だけであったから、オランダ人からの情報は非常に重要視され、幕府の政策にも大きく影響した。[19] 一八四〇年、政庁は、アヘン戦争に関する情報を幕府に提供するための別段風説書の送付を開始した。一方、同年幕府も風説書には蘭文を付して江戸に送付するよう、長崎奉行に命令を出した。[20] 日蘭双方で、それまでの「長崎口」（オランダ商館長・通詞・長崎奉行など長崎貿易に携わった多様な人々とその機能を含む）を介した関係を排し、政庁と幕府との直接交渉を求める動きがあったことを示している。一九八〇年代以降、江戸時代の対外関係は、「四つの口」を介した関係と呼ばれている。[21] しかし、「口」の具体的機能や、「口」を介在させることが日本の対外関係に与えた特質については、まだ議論の余地があると思う。[22]

本章は、親書送付を素材に、オランダから日本への情報伝達の側面から、「四つの口」の一つである「長崎口」のありようを検討することも目的とする。

第一節　親書送付に至るオランダ植民省の動機と事情

1　薪水給与令（一八四二年）

一八四二（天保一三）年八月二八日、幕府は一八二五年のいわゆる異国船打払令を撤回し、薪水給与令[23]を発令した。この発令に至る政治過程の詳細は、現段階では不明とされているが、発令は非常に短期間に決定され、決定に携わった者も、わずかに水野忠邦を含む数名であったと言われている。[24] 発令の契機となったのは、アヘン戦争の後、イギリスが次に日本に艦隊を派遣して開港を迫る計画をしているという、一八四二年七月二〇日に新任商館長ピーテル・

A・ビックがもたらした情報であり、[25]薪水給与令は、幕府が、予想されるイギリスとの武力衝突を避けようとしたことの表れだと考えられている。[26]

背景を理解するために、一八四〇年代の世界情勢を瞥見しておこう。東アジアでは、アヘン戦争が清の敗北に終わり、一八四二年に南京条約が結ばれた。一八四〇年代半ばには、イギリスの次の標的は日本だとの噂がヨーロッパで広がった。[27]オランダは、一八三〇年のベルギー（南部ネーデルラント）独立と、以来一八三九年まで独立阻止の軍事介入を続けたことにより、国力が極端に弱まった。ベルギーは工業先進地域で人口も多かったため、ベルギー喪失でオランダの税収は激減し、一八四〇年代には深刻な財政危機に陥り、植民地からの収入で辛うじて財政破綻を免れていた。[28]しかし、植民地も安泰ではなく、一八二四年のロンドン条約では英蘭両勢力の境界線が未確定のままであったボルネオ（カリマンタン）島に、イギリスが一八四一年に利権を得た。イギリスは一八五〇年以降、シュレスウィヒ・ホルシュタイン問題や（クリミア戦争の発端となる）トルコ問題が原因で、東アジアへの関心を薄めることになる。一方、アメリカ合衆国は米墨戦争（一八四六―一八四八年）終結後、強硬な対日計画に向かっていく。日本では、ロシアとの紛争が、一八一三年に一応の解決をみた。[29]一方、一八二四年にはイギリス人が常陸大津浜に上陸して幕府を刺激し、さらにモリソン号事件[30]（一八三七年）、小笠原諸島占領の動きなどにより、幕府内の対英緊張が高まっていた。

さて、オランダの日本商館長ビックは、薪水給与令を受け取った際、「（前略）当地に渡航しているオランダ人は、それ（幕府の新しい政策）を十分心に留め、前述のことが外国人たちにも友好関係を及ぼすことを熟慮するように[31]」という文言が付されていたため、オランダが同令を諸外国に通達することが求められたと理解した。そこで、同年のオランダ船が帰帆する際、政庁に報告した。オランダ領東インド総督（以下「総督」）ピエール・メルクスは、翌一八四三年六月一三日付の書翰[32]によって、薪水給与令の発令を、異国船打払令及び薪水給与令の蘭訳とともに、本国植民省に伝えた。書翰の内容は、〝総督は、諸外国がこの命令に接して日本が開国する兆しと判断し日本に接近した場合、もし日本に開国の意思がなければ、混乱を生じる可能性があるため、特にイギリスが日本に対してアヘン戦争の時と同様に武力を用いた場合、商館長は、どちら側に付いてよいかわからず対応に苦慮するだろうから、本国の訓令が欲しい〟というものであった。この書翰には、一八四二年一一月二〇付日本商館長エデュアルト・フランディソンの報告書からの抜粋が付されており、そこには、〝アヘン戦争とその結果に関する別段風説書が特別便で江戸に送られた、日本人はその内容に非常に興味を抱いている、薪水給与令の諸外国への伝達命令から、商館長はヨーロッパ列強との衝突が起こるかもしれないという幕閣の恐怖を明らかに読み取る、しかし日本政府の政治に関することはすべて、私〔商館長〕にとっては解決できない謎である[33]〟などと、書かれていた。

総督の書翰が植民大臣に届いたのは一八四三年一〇月一三日と思われる[34]。この書翰を受け取った植民大臣ジャン・C・バウトは、一八四四年の六月か七月に国王の親書を「日本の皇帝」（以下、「将軍」）に宛てて送り、日本が置かれている危険な状況について警告し、危険を避けるように忠告することを、早くも一〇月二三日付国王宛書翰[35]で国王に進言した。国王は二日後これを裁可[36]、親書送付が決定された。そして、植民大臣は、この親書に対する日本の反応をみるまで、薪水給与令を諸外国に伝達しないことを決定した[37]。親書送付決定に至る過程を示す諸文書の中には、日本に開港を働きかけようとか、オランダに有利な条約を結ぼう等の文言が、全くみられないことを特記しておく。

一方、ほぼ同時にバタフィアでも、国王親書ではないが、総督の公式な書翰の送付ないしは使節の派遣を考え付いた者がいた。総督メルクスは、前述の書翰を送ってから二ヶ月後の一八四三年八月三一日付書翰[38]に添えて、政庁財務局長官ヨハン・D・クルーセマンの同年五月一一日付の覚書を送付している。クルーセマンは、前日本商館長フランディソンの意見も聞いた上で作成した同覚書の中で、以下のように主張している。

〔前略〕日本政府が、ヨーロッパ人、特にロシア人やイギリス人が日本に対して悪いことを企てようとしている場合に〔中略〕備えるために、ヨーロッパや中国の情勢に関し〔最新の〕知識を保持したいと思っていることは明らかである。従って、それ〔日本政府〕は、それらの国々のできごとや、科学諸分野、特に軍事防衛体制における進歩、それと関連することについて常に知っていたいと望み、〔中略〕政治的な理由からだけで〔オランダ・中国〕両国民は〔日本への〕渡航を許可されているのであり、〔日本〕政府は両国民を引き止めるために限定的な貿易を許可しており、貿易の利益が目的ではない。〔中略〕〔ロシアとイギリスの脅威により〕オランダ人が日本に在留することの重要性は、今や日本政府にとってかつてないほど不可欠で必要なものとなっている。今やその必要性を我々の商業的・金銭的利益に役立てる好機が訪れた。日本政府に〔中略〕〔貿易条件が緩和されなければ〕オランダ政府は最終的にそこ〔日本〕を去るという決定をするだろうと告げるべきである。〔中略〕〔そのためには〕総督が署名した書翰が送られるべきだが〔中略〕使節を送る方がより効果的である。〔後略〕(39)

これに対して、メルクス自身は遣使に不賛成である。メルクスの意見は、〝現在日本貿易の規模は非常に小さいとはいえ放棄するのは得策ではなく、従って日本を去るという脅しは使えない。また貿易の利益だけのために国王の大使がわざわざ派遣されるということは日本人には理解されず、かえって警戒心を倍増させるだろう。〟ということである。この意見の相違のため、メルクスはクルーセマンと自分の意見を両方本国に送った。しかし、これを植民大臣が読んだのは、おそらく一八四四年一月であり、既に本国で親書送付の準備がかなり進んでからのことであった。

なお、メルクスは前述の一八四三年八月三一日付書翰の中で興味深い指摘をしている。

〔日本では〕物事は、どんな些細なことでさえも、〔中略〕中間にいる、あまりにも多くの属僚たちを介さずしては江戸の幕閣には伝えられない。一方、幕府によって公布される諸命令も同じような方法で、従って、もしかすると一部を隠した上で、知らされるという状況であり、我々に関して前述の幕閣がどのように思っているのか、また、それ〔幕閣〕が我々を同地〔日本〕に在留させることにもうあまり執着していないのかさえ、抜本的に明らかにすることを不可能にしている。〔中略〕

中国のできごと〔アヘン戦争〕が、我々〔オランダ人〕に有利にはまだ全く働いていない、ということは確かである。なぜなら、日本政府は反対に今でさえ、再び以前より小さい好意を見せているからである。〔中略〕それ〔日本政府〕が中国のできごとを重要でないことと見なしているということもあり得る。(40)

すなわち、商館長や通詞を介した今までの方法では幕府との意思疎通を欠くこと、アヘン戦争情報が幕府に十全に伝わっていないのではないかという疑念があることを認識している。さらに、この書翰でメルクスは、相手にも周知のものとして元日本商館長ヘルマン・F・メイランの著書『ヨーロッパ人による日本貿易史概観(41)』に言及しており、当時の植民大臣や総督が、同書を非常に身近な書物として理解していたことがわかる。メイランは同書で、〝商館長は、日本では商人として蔑視されているため、商館長と幕府との間での意思疎通が難しい。通詞が途中で文書を隠匿したり、故意に誤訳をしたりする可能性がある。国王の代理としての使節が派遣されれば、日本で相応の尊敬を受けることができ、日本の当局者と直接接触できるだろうと考えられる。その使節は貿易に全く関与せず、政治と貿易は分離すべきである〟等の意見を述べている(42)。薪水給与令の発令を知った直後に、植民大臣が国王書翰の送付を進言した背景には、対日関係の抜本的な解決策は国王使節の派遣であるとの共通認識が、オランダ政府中枢に既にあったことが推定される。

2　長崎における情報操作

前節で総督メルクスが懸念を表明しているように、長崎における情報操作は、日常茶飯事だった。特に本章に関係の深い一八三八年から一八四三年にかけても、商館長や商館員が、総督の指示によらず独自の判断で、幕府に知られるかもしれない情報を通詞に伝えた例が確認できる。

例えば、一八三八年、新任商館長ヨハン・E・ニーマンは、通常の風説書の呈上の際、モリソン号事件についてのいわゆる「秘密情報」をもたらした[43]。佐藤昌介は、このモリソン号事件についての情報を「機密文書」と呼び、シンガポールで発行されていた新聞『シンガポール・フリー・プレス』が情報源であるとする[44]。すなわち、海外では公開・周知の事実であったが、ニーマンが通詞に伝えた時、「前述の情報は、先日の風説書において提供されるべきでありましたが、後になって手に入れた新聞から、私ニーマンはこのことを知りましたので秘密情報としてお伝えします[45]。」としたため、日本では「秘密」「機密」とされたのである。ニーマンは非公式の意を込めて「秘密」としたのだろう[46]。風説書として提供すべく日本商館で準備した情報[47]、あるいは通詞と相談の上で形成される風説書の内容とは別に、商館長が独自の判断で提供したものだからである。

また、先に述べた一八四二年七月の新任商館長ビックによるイギリス船の渡来情報は、日本側史料「『モリソン』号事件関係記録」によれば、以下の如くであった。すなわち、まず、在留商館長フランディソン宛の私信の中に〝アヘン戦争の影響が日本へ及ぶのではないか、という噂がヨーロッパで流れている〟と書かれており、それをおそらく通詞たちが検閲して、奉行に届け出たと思われる。さらに、オランダ人同士の会話から発展して、前年日本へ航行中マカオに漂着したオランダ船に乗っていた新任商館長ビックが、マカオでイギリス軍人から聞いた「殊ニ寄日本之渚ニも参り、自然不都合之取扱も有之候ハヽ、可致一戦兆も有之[48]」というマカオで流れていた噂が、通詞の耳に届いた。そこで、「〔通詞は噂を〕横文字を以申聞候様相達候得共、〔商館長は〕不取留儀ニ付何分難相認旨申出候、〔通詞が〕左候ハヽ、我々迄手覚書遣候様申聞候処、〔商館長は〕不得止事、別紙横文字差出申候[48]」ということになった。その経緯について、さらに奉行所から問い質された通詞が記したのが、以下の文章である。

〔前略〕当節渡来之筆者阿蘭陀人びいする〔フィッセル Visscher か〕相咄候者、唐国戦争静り候上者日本江もエゲレス船参り可申、申出し候処、其場ニ古かひたん・がらんでそん参り掛り、右様之儀者不容易事故、仮初ニも雑話仕間敷段申聞候処、決而右者雑話ニ無之与相答候、半新かひたん・びいきも参り同様之趣ニ付、古かひたん限り承置かたく候故、不取敢私共三人〔通詞の中山作三郎・楢林鉄之助・石橋助十郎〕参り呉候様、両かひたん申出候ニ付、罷越、則封書を以申上候通ニ御座候〔後略〕[48]

「筆者」の会話を聞いた在留商館長フランディソンが、それは重大事なのでいい加減な気持ちで話してはいけないと注意したが、新任商館長ビックもその情報を裏付けたので、フランディソンも黙止し難くなり、通詞に相談したところ、書面にすることを求められたのである。つまり、総督のみならず、日本事情を良く知る在留商館長すら管理しえない「オランダ経由情報」が日本で独り歩きをする可能性が十分にあったわけである。[49]

さらに、イギリス測量船サマラング号が、測量等の目的で日本に来航するという情報が、一八四三年にオランダ船によりもたらされた[50]。「咬𠺕吧日記抜萃和解」[51]と「崎嶼志」[52]に、内容についての記述があり、『ジャワ新聞』の一八四三年五月三一日付、第四三号の記事と完全に一致する情報が収録されている。二つの日本側史料には、この情報の提供について、ほぼ同一内容の注記がある[53]。例えば前者の史料には、

〔前略〕御徒士《ママ》目付今川要作殿・御小人目付萩原又作殿かひたん部屋江御同道、今川要作殿ヨリ密々かひたん江御尋有之候者、先達而かひたんヨリ御奉行所江差出候御内密風説之儀、御奉行所ヨリ御目付江御伝達に相成候へ共、右之趣為念尚相尋候との事ニ而、内密風説之儀逸々委しく御尋有之候ニ付、〔大通詞〕中山作三郎巨細かひたん江通弁致シ、かひたんヨリ返答之趣逸々委しく申上ル、此横文字弐通密封致シ、中山作三郎封印ニ而中山達之助御役所江持参、〔中略〕差出ス、コウラント〔courant 新聞〕之内切取候をテェリュク〔druk 印刷〕之儘差上候ニ付、其分写し置く[54]

とあり、目付が、サマラング号来航情報について商館長を詳しく尋問させ、それに対する返答を奉行所に報告するとともに、商館長は『ジャワ新聞』の切抜きをそのまま渡し、通詞が写したことがわかり、「崎嶼志」の直接の情報源になった可能性が窺われる。

この尋問について、商館長ビックは一八四三年一〇月三一日付書翰で総督に報告した。[55] それには、〝この〔サマラング号来航〕情報は強い衝撃を与えただけではなく、最高機密として扱われ、江戸へ送られた。私〔商館長〕は、将軍の目付の首席の部下に、以下の内容を上司〔目付〕に伝えてくれるように言った。すなわち、イギリスが日本沿岸の測量をする可能性は増したが、オランダ人が日本に居続けるならばイギリス人も勝手はしない。しかし、もし我々の貿易条件が再び悪くなれば、政庁は日本を去る決断をするだろう。そうしたら、日本はイギリス人から不快な思いをさせられるだろうから、オランダ人に対する貿易条件を改善するべきだ、と。彼は、将軍の目付に伝える、このことは確かに江戸の幕閣に書き送られるだろう、と約束したが、ただの口約束なので信頼できない。〟と書かれている。歴代の商館長は、〝オランダが日本を守ってやっているのだから、貿易制限を緩和せよ、さもなくば、オランダは対日貿易を放棄する。〟という交渉をしようとする傾向にあり、[56] このビックの対応もその一連の動きに位置づけられる。しかし、前述のように、それは総督や植民大臣の意識とはかなりずれており、また、研究史上何度も言及されているオランダ国王顧問官のフィリップ・F・フォン＝シーボルトの献言の趣旨とも正反対のものであった。おそらく、現場で日本貿易を少しでも有利に運びたいと考え、また日本人のイギリス人等に対する恐怖心の表れに直に接する商館長たちの意識と、日本人と直接接触することがない総督・植民大臣や、貿易利益よりも日本そのものを研究対象とし、国王の顧問として政治的な立場で日本をみるフォン＝シーボルトの立場の差が、認識の差を生み出したと考えられる。そしてさらに、前述のメルクス書翰やメイランの著作にあるように、また、前述ビックの書翰でも〝本当に江戸に伝達されるかどうかは信頼できない〟とあるように、オランダ側からみると常に幕府との情報のやりとりや交渉は不明瞭な形でしかありえず、隔靴掻痒の感があった。

一方、前述ビックの一八四三年一〇月三一日付書翰の続きには、日本人漂流民はオランダまたは中国を介して送還することを命じ、日本沿岸の測量を禁止する将軍の命令（以下、「一八四三年令[57]」）について、〝商館長が、この命令をイギリス人に従わせよという内容は実現不可能で、幕府の要求は無茶である、と述べたところ、通詞も同意見であった。〟と書かれてある。日本の中でも、幕府と通詞との間には大きな意識の隔たりがあったのである。幕府が、将軍の命令はイギリス人にさえ効力を発揮すると誇大妄想を描いていたのに対し、通詞は世界の現実をある程度理解でき、そのような命令の伝達は却って紛争を引き起こしかねないと判断できたのである。

日蘭関係は、一八四〇年代前半においても、幕府からみれば（長崎の地役人である通詞を中心に、奉行も含む）長崎という都市を介在した形で、またオランダ政府・政庁からみれば商館長に全面的に依存した形で存在していた。江戸時代の対外関係は、「四つの口」におけるこのような水際の調整によって、両方の中央政権の意識の違いを吸収し、辛うじて維持されるものだったのである。しかし、激動する東アジア情勢に対応するには、そのような関係には自ずと限界があり、それを打ち破る必要を、植民大臣は、そして政庁レベルでも、感じていた。その結果が、国王親書の送付であったと考えられる。後の植民大臣の国王宛報告書などをみる限り、国王が親書を送れば、将軍から直接の返答が得られるに違いない、という確信があったようである。

3　正式な使節を欠く親書送付

植民省文書からは親書送付に至る準備の詳細がわかるが、ここでは概略を述べるにとどめる。まず、国王の親書送付への裁可が下りてすぐ、植民大臣はライデン在住のフォン＝シーボルトに最初の相談をしている[58]。フォン＝シーボルトからはその後何度も、親書案・贈物を渡すべき日本人の一覧表・使節への訓令案などが植民大臣に提出されている[59]。

国王府長官は一一月二二日付植民大臣宛書翰で、使節として陸軍少将C・ネプフーを指名し、翌日植民大臣がネプフーに正式の要請を行なった[60]。ネプフーは、もともと国王と軍務大臣[61]・植民大臣の意向により、ボルネオへのイギリスの進出に象徴されるような、イギリスの脅威にさらされているオランダ領東インドの防衛体制改善計画立案の一環として、ジャワの防衛施設を視察するために、特別使節として同地へ派遣される予定であった[62]。しかし、ネプフーは、日本への派遣を主目的とし、ジャワの視察は付随的にしたいという主張及び経済的な報酬の件で、譲歩しなかったため、使節を解任された。当時、オランダの財政は極度に厳しかったため、植民省は独自の予算で日本での用務だけのために使節を派遣することができず、そのため植民大臣は、親書の呈上を商館長に代行させることを、一月一九日付で決定した[63]。使節派遣費用の節約は、仕方のないことであったとは言え、親書送付の重みをかなり減ずることになったと考えられる[64]。

親書の内容は、日本商館長にも事前には知らされなかった。知らせれば、商館長から日本人に内容が漏洩する可能性があることを、政庁も認識していたからである。前述のような商館長の不規則発言がそれを裏付けていた。親書を載せた軍艦が来ることが日本商館長に知らされたのは、パレンバン号到着の約二週間前の七月二九日、例年の商船スタット・ティール号来航の際である。そしてフォン＝シーボルトは、事前に内容が知られてしまえば、一八〇四年のニコライ・P・レザノフが長崎を訪れた時のように、親書の受取自体を拒否される可能性が十分にあり、一方、内容を明かさなければ、使節は親書を携えて江戸へ行ける可能性もあると考えていた[65]。しかし、結局商館長は、長崎で親書を日本側に手渡してしまったのである[66]。財政上の制約から正式な使節を立てなかった結果として、江戸で親書を渡すという道が絶たれてしまったのかもしれない。

第二節　国王親書と老中の返書

1　親　書

送られた親書の形式をまずみてみよう。管見の限り正本は失われたと考えられるため、植民省に残された草稿の最終版を検討するしかない[67]。親書には、宛名が明示されず、本文中に織り込まれる形となっており、冒頭にウィレム二世の長い肩書きを大きな文字で全幅に書き、本文はそれに続けて紙の右半分だけを用いて小ぶりの文字で書いている。最後に日付（一八四四年二月一五日）と国王の署名と大臣の副署が付された。これは、オランダ植民省文書中の国王の布告の形によく似ている[68]。明らかに上から下へ向けた文書形式で、かなり非礼だと言わざるをえない[69]。しかし、それを日本側が問題にした形跡はない。オランダ語で書かれており、翻訳は添えられていない。ファン゠デル゠シェイスが全文を翻刻しているほか[70]、当時の通詞の翻訳が三通りあり[71]、現代日本語訳[72]もある。

親書は、かなりの長文である。オランダ人が徳川家康から得た渡航朱印状から説き起こし、今日の言葉で言う産業革命を説明し、その結果イギリス政府は自国工業生産品の販路拡大のため、他国との衝突も辞さないと指摘、アヘン戦争の惨禍を確認している。そして、同じ危険が日本に及ぶ可能性に注意を喚起し、薪水給与令では通商目的で日本に外国船が来た場合対応できず、もしその外国船を武力で排除しようとすれば、戦争に発展する可能性があるとする。さらに、蒸気船の発明にも言及した上で、「幸福な日本が戦争により荒廃せぬため、外国人に対する法律を緩和されよ。我々は〔将軍に〕この提案を純粋な目的で、政治的利己主義とは全く離れて行う。日本政府の賢明さが、友好関係によってのみ平和が守られ、これ〔友好関係〕は貿易によってのみ生まれることを洞察されることを希望する[73]」と述べ、「将軍が日本にとって極めて重要な問題に関し、さらに良く知ることを要求するならば、われわれは〔国王〕陛下直筆の書簡にしたがい、ある人物を日本に派遣する準備がある。その人物は〔中略〕その詳細のすべてを将軍に明らかにできる[74]」と提案している。そして、将軍からの返答を願って、筆を擱く。

親書の要点は、①アヘン戦争に象徴されるイギリスの東アジア進出がもたらす軍事衝突の危険性を、幕府が十全に理解しているかどうかの確認と[75]、②アヘン戦争情報の結果として薪水給与令が発令されたと、オランダ政府は認識しているが、薪水給与だけでは不十分な場合は、貿易を開始したほうがよいという示唆、の二点に絞られる。

①について。オランダ側は、アヘン戦争情報の伝達が幕府に危機感を及ぼし、日蘭貿易の好転、すなわち規制緩和につながることを期待していたが、成功していなかった。その原因として、長崎での情報操作によりアヘン戦争に関する情報を報じた別段風説書の内容が幕府に十分伝えられていないことが想定できた。従って、親書送付により、幕府が東アジア情勢の変化を本当に理解しているかを探ろうとしたと考えられる。

②について。一八四四年当時オランダは、日本への正式な使節派遣さえもできないほどの深刻な財政危機に見舞われていた。イギリスが日本に武力を用いる危険性がある以上、オランダが日本で自国の利益と立場を守るためには、このような親書によって、幕府の政策、直接的には薪水給与令が対外融和政策への転換を示すものなのか、排外主義を守りつつも危機回避策として出されたものなのか、を探り出す必要があった。幕府の真意を確かめた上で、それに即応した対日政策へと結び付けていくしか方法がなかったのである。従って親書には、主にイギリスを念頭に、貿易開始を促すような言辞もみられるが、非常に控えめな表現であり、あくまで最悪の事態に対応するための消極的「開国勧告」なのである。

親書の中に、開港するための具体的な方針や段取りが示されていないことは重要である。これは、後のマシュウ・C・ペリー来航前年に、総督アルベルトゥス・J・ダイマール＝ファン＝トゥイストが、自らの書翰に日蘭条約草案を添え[76]、すぐにでも全権として条約を結べる立場のヤン・H・ドンケル＝クルチウスをあえて商館長として派遣してきたのとは対照的である。閉鎖的な対外関係を維持してきた東アジアの国と欧米諸国との条約の例として、南京条約とそれに付随する諸規定が既にあったにもかかわらず、それは参考資料として日本側に提示されたに過ぎなかった[77]。つまり、一八四四年には、オランダは対日貿易の安泰に関して危機感を持っていたものの、一八五二年程強くなかったのである。植民省では、②が、通常商館長が行なっているような直接的な貿易利潤の追求と受け取られないように細心の注意を払った[78]。その結果、文面上、親書はあくまで純粋な好意や友誼に基づく助言である、と強調して書かれることになった。

2　返　書

一八四五年七月五日〈弘化二年六月一日〉付で幕府から発給された「和蘭摂政大臣」宛の返書[79]は、オランダ側が「オランダ語または中国語の訳文を求め[80]」たため、漢文で書かれた。花押を据えた老中連署の、奉書にして披露状である。返書とともに、商館長宛の和文の「諭書[81]」が発給された。「諭書」には通詞による蘭訳が添えられていた[82]。和文の「諭書」は差出と宛名を欠くが、商館長に渡された蘭訳の文書名が「書面による幕閣からの命令の翻訳」なので、幕府から商館長に宛てられた内容と解釈してよいであろう。この「諭書」は、漢文の老中の返書とほぼ同内容であるが、返書の意味が誤解されないための補足説明であり、返書そのものとは全く性格の異なる文書である。

返書の作成過程や真意については、幕府が儒者に草案を書かせ、諸役人の評議にかけるという過程を、何度も経た上で完成させたこと、及び評議に参加した者の姓名がわかる程度である[83]。唯一、明白な意見らしきものが見られるのは、長崎奉行伊沢政義が「某侯」へ宛てたとされる書翰[84]である。この書翰については、既に佐藤昌介が町奉行在任中の鳥居耀蔵に宛てた書翰であると推測して、紹介している[85]。この書翰が本当に当時伊沢によって書かれたものか、信憑性を確認することは難しいが、以下少し検討したい。

内容は、まず、伊沢が「探索」した親書の内容や意図の説明である。「探索」の結果、親書の内容は、①ヨーロッパ諸国の通商拡大要求は強いので、日本へもイギリス・フランスが通商を要求してくる可能性がある、②しかし、「〔前略〕両国とても国を押領なとの意存ニ者無之、只商売手広仕候存念ニ御座候得者、決而其節荒々しき様之御取扱御座候得者、以之外之儀ニ成行可申[86]」、すなわち、領土を取ろうと思って来るのではないから、手荒に扱うと事態を悪化させるだろう、という内容だということを、突き止めたとする。①、②は、親書の趣旨を比較的きちんと捉えており、奉行初め日本人だけでこれだけの判断ができたとは考えにくい。「探索」の内容は、商館長に対する尋問であろう。親書の写しは、封印の上、パレンバン号で商館長宛に送られた。しかし、開封は親書正本が幕府に受け取られた後でなくてはならず、内容は勿論、写しが送られたことさえ誰にも知らせてはならない、とされていた[87]。このような尋問が行なわれたことは、管見の限りオランダ側史料で確認できないが、本来秘密にするべき親書の内容を、一部でも奉行所役人や通詞に話したとすれば、商館長が公文書に残した可能性は小さい。①、②が、親書では全く触れられていないフランスの動向に言及していることも注目される。親書が送付された一八四四年に、フランスのインドシナ艦隊司令官ジャン・B・T・M・セシーユは琉球に若い宣教師を送り込んで定住させ、日本への進出を企図していた[88]。この情報を伊沢は親書一件と相前後して得ており、危機感を持っていたとされる[89]。だとすれば、前述の「探索」において、奉行側がフランスの目的は領土欲ではないかと厳しく尋問し、また、それに対して商館長がフランスの目的も通商であると強調した可能性は十分にある。

同書翰の後半で、伊沢は自分の意見を次のように述べる。すなわち、「右躰和蘭陀より交易媒酌仕候節者、和蘭も已ニ敵国同様之儀毎々申上候通如何ニも狡獪の致し方」であり、「今般之使節者何となく御差返し[86]」、〝後はイギリスやフランスが来ても追い払えば良い〟と。歴代のオランダ商館長は、前述のように〝オランダの存在が、他国の脅威から日本を守っている、だからオランダへの貿易制限を緩和せよ。〟という交渉をしがちであった。それを経験している長崎奉行としては、オランダがまた他国の脅威を利用して貿易制限緩和の交渉をしようとしていると、理解したであろう。さらに、〝オランダが日本のために他国との関係を仲介してやる〟かのような発言に接して、それを「如何ニも狡獪の致し方[86]」と判断したのも首肯できる。この伊沢の意見が返書に反映したのか否かは判断ができないが、当時の「長崎口」のありようを示したものとして、非常に興味深い。

返書と「諭書」の内容は、概略、①近世初期は諸外国との通交を行なっていたことを認めた上で、②その後「通信之国」「通商之国」だけに通交を限定したと述べ、前者は李氏朝鮮・琉球、後者はオランダ・中国であるとする。そして、③オランダは「通信之国」ではないから、国王親書への返事を書くことは「祖法」に反し、返事はできない。④しかし、全く何もしないのでは礼を失することになるので、老中からオランダの「摂政大臣」「政府諸公閣下」宛に返書を送る。しかし、⑤今後は、書翰を送って寄越さないように、送ってきても開封せずに返送する、というものであった。

①については、親書において家康がオランダ人に与えた通航許可についての言及があるので、書かれたと思われる。②については後述する。③では、返書を将軍の直書の形で送らないことが非礼に当たることは、幕府も十分認識していると考えられる。④は、③の問題を緩和するため少しでも厚礼にしようとして披露状の形式を取ったと考えられるが、その日本側の意識は、オランダ側には伝わらなかった。(90)

返書の文面上の趣旨は、親書への返答を書かないことに対する弁明に終始しており、親書の要点、すなわち薪水給与令だけではイギリスとの武力衝突を回避するのに不十分だと思われるが、その場合、幕府に貿易を開始する用意があるかどうか、という点には全く返答していない。その意味で、伊沢の「今般之使節者何となく御差返し」という案が採用されたともいえる。しかし、それは別の言葉で言えば、それまでアダム・K・ラクスマンやニコライ・レザノフに与えられた「国法書」「教諭書」の趣旨を繰り返す行為であり、既存の政策を再確認することであった。近年の研究では、この返書において、②の「通信之国」を李氏朝鮮・琉球に限定し、「通商之国」をオランダ・中国に限定する、という幕府の方針は最も明瞭に宣言され、成文化され、明確な「祖法」となった、と評価されている。(91)

植民大臣バウトは、まず返書の蘭訳をフォン＝シーボルトに依頼、フォン＝シーボルトはさらにそれを助手のヨハン・J・ホフマン博士に依頼した。ホフマンの翻訳は概ね正しいと評価できる。その翻訳をもとにフォン＝シーボルトは一八四六年五月四日付書翰(92)において、返書についての意見を、レザノフ宛の「教諭書」のドイツ語訳を添えて、植民大臣に報告した。植民大臣は、それに基づいて五月一二日付報告書(93)を国王ウィレム二世に提出した。

フォン＝シーボルトは、返書の内容について、以下のように述べる。

〔前略〕この書翰の起草に際して、老中によって、外国の取り扱いに関わるすべての証書類 oorkonden〔証拠能力を具備した形式の文書〕が、参照されたことは明らかである。諸外国に関して定められた古い諸規則から、また二世紀以上にわたる論説や、〔外国人によって〕表明されてきた貿易の自由への懇願に一貫して反対し続けてきたことから逸脱しないために。この書翰で示された論説は、日本政府から既に様々な機会にオランダ商館長に知らされてきたことと一致している。〔中略〕しかし、特に将軍の書翰において、一六〇九年と一六一一年に現在の王朝の始祖〔徳川家康〕から、日本にいた初期のオランダ人に対して与えられた、古い通航許可証に〔日本〕人が付与している〔大きな〕価値は、明らかである。〔中略〕古い慣習や繰り返され従われる〔先〕例は、日本においては法的な効力を持つ。〔後略〕(92)

それを受けて、バウトは国王への報告書に〝親書が将軍に感謝の気持ちを与えたに違いないので、それが実を結ぶのを気長に待つこととし、それまで政庁は貿易の利益を無理やり追求するべきではなく、そうすれば親書の特徴である公平無私〔の精神〕を総督も共有しているという印象を〔日本人の間に〕引き起こすであろう〟と書いた。フォン＝シーボルトの報告を受けたバウトは、薪水給与令は日本の開国政策への方針転換の表れでは決してなく、日本が「排外的な体制」を堅持するつもりであることが確認できたのであり、その上でオランダは性急な貿易利益拡大の追求は避けるべきだと、考えていたのである。すなわち、バウトはこの時点で、親書送付は少なくとも失敗ではなかった、と判断したと思われる。国王への報告書の文面上は、親書送付が成功であったと明言していないが、対日政策における従来の本国政府の路線を継続すればよい、と結論しているからである(94)。

第三節　親書送付の影響とその後の日蘭関係

1　イギリスの脅威の持続と薪水給与令の諸列強への伝達

国王親書へのこのような幕府の姿勢が明らかになったため、オランダ政府は薪水給与令を一八五〇年まで、他の欧米各国に広報しなかった。[95] 同令により異国船打払令（一八二五年）[96] が撤回されたという情報を、オランダが各国に流すことは、即〝日本が排外政策を放棄しつつある〟と解釈されかねなかったからである。国王親書への否定的返答によって、それが日本の意図とは大いに齟齬することが明らかになった以上、オランダにとっても諸外国への伝達は好ましいとは考えられなかったからだと考えられる。逆に、オランダ政府は日本沿岸の測量禁止などを内容とする一八四三年令を、一八四七年にイギリス・フランス・アメリカに伝達した。[97] 前述のように、一八四三年令は、発令当初、オランダから欧米各国に伝達して遵守を迫ることは無茶だと、通詞にも商館長にも判断されたのだが、この段階ではむしろ幕府が排外政策を放棄しないことを諸外国に印象付けることが重要だとオランダ政府は判断したと思われる。

薪水給与令が各国に伝達されたのは、一八五一年である。一八四五年以降、度重なった測量船の来航に対して、一八五〇年に長崎奉行から再度〝薪水給与令は、ただ人道的な漂流民の救済を目的としたものであり、従来の国法を変更するものではないので、誤解のないように、各国に再確認せよ[98]〟との命令を日本商館長が受け取ったことがきっかけである。[99] これをうけて、オランダ植民大臣が外務大臣に、〝薪水給与令を「これは鎖国の維持を表明したものであるとして」関係各国に伝達してほしい〟と要請したのは、一八五一年三月のことであった。[100] 横山伊徳が既に類似の指摘をしているが、[101] オランダ政府はこれら列強の日本接近をあまり喜ばしくは考えていなかったのである。

三谷博は、「オランダによる東アジアの国際環境の変化〔中略〕の指摘は、かえって幕府に西洋諸国の接近意欲を減ずる必要を痛感させ[102]」たとしている。日本にとって、この時期の対欧米関係の最大の争点は、何のか、ある程度融和的な政策をとるのか、という点にあり、積極的な開国という選択肢はほとむしろ、異国船打払令復活の議論が再燃しているほどである[103]。しかし、異国船打払令復活の意見が出意見があり実現することはなかった。国王親書が幕府に、もはや異国船打払いは不可能であること、戦争し日本の敗北を招くのみに過ぎないものである、という現状認識を与えたのである[104]。このように考えると、イギやその他の欧米諸国と日本との軍事衝突を何よりも恐れ、それを防ぐために送られた親書は、オランダにとって十分な効果を上げたと言えるだろう。

2　新たな脅威アメリカ

オランダは、親書送付以後も、一八四五年から一八四七年頃にかけて、イギリスの対日計画を注視し続ける[105]。しかし、その後は、むしろアメリカの対日計画の方がオランダにとっても脅威になってくる。一八四九年以降のアメリカの対日計画の変遷と、オランダへの協力要請、それに対するオランダの対応については既に研究がある[106]。一八五〇年には、日本商館にもアメリカの対日計画が伝達された。しかし、政庁から送付された別段風説書[107]も、商館長が通詞に語った内容も、アメリカの計画の軍事色をあえて弱めて伝えたものだった[108]。

にもかかわらず、前述の一八五〇年一〇月二一日付の幕令（薪水給与令の再確認）を総督に告げる新旧商館長ヨセフ・H・レフィスゾーンとフレデリック・C・ローゼの同年一〇月三一日付書翰には、以下のようにある。

見たところ、以前にもいや増して現在日本政府に存在するところの、その国〔日本〕と接触しようとして目前に迫る〔英米の〕努力への恐れを、我々は今のところ大部分が別段風説書で伝えられたことが原因だと考えざるを得ないと信じます。すなわち、英国政府のもとで英領インドやバーミンガムの商人たちが、そして、合衆国政府のもとで北アメリカ人たちがしている、日本貿易が彼等〔商人〕のために開かれるように働きかけるための努力に関して〔の別段風説書の情報〕です。〔中略〕今や〔英米〕二つの強国において日本国との貿易を確保する努力が話題になっているという知らせを受け取りましたので、この機会に我々はいわゆる別段風説書の慎重な編集に高い重要性があることについて閣下の注目を引かせていただきます。江戸の幕府が、情報を大変重視していると考えるには多くの理由があります。〔中略〕〔日本〕人が、どれ程関心を持ってそれ〔別段風説書〕を求めているのか、またどれ程速やかにそれが翻訳され〔江戸へ〕発送されるのかについて知る機会があれば、この意見に同意せざるをえないでしょう。(109)

新旧商館長は、イギリスとアメリカの対日計画と関連して、日本人が別段風説書に対して持っている非常に強い関心について総督の理解を促している。オランダがアメリカの対日計画を、軍事色を払拭して伝えたにもかかわらず、幕府はオランダからの情報を重要視したのである。このため、両商館長は、〝一八五一年の別段風説書では、イギリスとアメリカの日本貿易獲得の努力について何らかの情報を与えること、もし情報がなければ、ないと明言することが、非常に重要であること〟を総督に進言している。

一八五一年には、アメリカの計画は非常に具体的になった。しかし、総督は、別段風説書(110)においてはこの件に触れず、同年六月七日付総督・評議会決議の抜粋を日本に送付し、商館長に「日本人を不必要に不安にしないために、商館長は〔アメリカ国務長官〕ジョン・M・クレイトンの計画について〔中略〕は、なお秘密にしておくしかない(111)」とした上で、日本政府にしかるべき情報を流すように、と命じ、何が「しかるべき」であるかは、商館長に一任した。横山は、「〔前略〕判断を商館長に一任した点で、日本との関係を積極的に変化させようという政策上の大転換が行なわれたとは判断しにくい(112)。」とする。商館長を含む「長崎口」での情報操作はなお可能であった。それは、商館長や長崎通詞にとってだけでなく、政庁にとってもいわば便利な緩衝材として機能したのである。

一八五一年一二月、植民省は親書送付の一件を覚書[113]にまとめ、関係文書の一覧表を作成した。一覧表は、何段階かの追加を経て作成されたと思われ、一八四七年における一八四三年令、一八五一年における薪水給与令の諸外国への伝達や、アメリカの対日政策関連文書から、それに関わる蘭米間の交渉まで含むもので、最後は一八五四年一〇月二七日付文書で終わっている。アメリカの対日計画を知ったオランダが、この新たなる事態に対処するために作ったものであろう。

一八五二年にもウィレム二世の息子ウィレム三世の国王書翰が計画されたが[114]、結局は総督ダイマール＝ファン＝トゥイストが老中宛の書翰を送った。一八四四年の親書に対する返書に、今後は書翰を送っても受け取らない、という文言があったため、オランダは国王親書が受領されないという事態は避けたかったものと思われる。送られた総督の書翰は、前述日蘭条約草案やその説明書とともに、〝別段風説書と同様に扱う〟、すなわち返書を要求しない、と新旧商館長が確約した上で長崎奉行に受領され、江戸に送られた。長崎奉行も、事態は切迫して、もはや書翰を読まずに突き返すという選択肢はないことを理解し、それまでの大義名分とのすり合わせのために、返書は求めないという条件を考え出したと思われる。そして、それを商館長ドンケル＝クルチウスも了承したのである[115]。一八五二年になってなお、「長崎口」の機能、すなわち両国（あるいは二つの文化・文明）の狭間にあって、両者を橋渡しし、時には商館長・通詞・長崎奉行レベルの裁量で、方便や情報操作も辞さない、という機能が健在であったことがわかる。

3　「鎖国」の「祖法」化

藤田覚は、「十七世紀の半ばに形成され、十八世紀に確定した対外関係が、それを規定する法や規則を欠いた部分を残したまま持続した。十八世紀末になって〔中略〕それまでの対外関係を法のレベルで捉え返そうとし、通信の国、通商の国を定めた祖法が存在し、新規に関係を持つことを禁止しているとした。〔後略[116]〕」と書いている。この藤田の論に、既にフォン＝シーボルトは、かなりの程度近づいていたと言えるだろう。日本においては古い慣習や繰り返される先例が法的効力を持つ、というフォン＝シーボルトの指摘は、興味深い視点を我々に提供してくれる。当時の日本人と現実に付き合っていたオランダ人の目から見れば、日本においては成文法だけが法ではなく、慣習や先例も場合によっては法的効力を持っていたのである。

さらに、フォン＝シーボルトは、「すべての証書類が、参照されたことは明らかである。」と述べているように、その先例は、ロシア人に対しては、「証書類」として成文化して示されなければならなかった。彼はその一番良い例として、レザノフに対する「証書」（の翻訳）を植民大臣に提示したのである。先例は、時の幕府によって整理され、自覚化されて「証書類」に成文化され、次の「証書」を作る際の不可欠の前提となっていった。フォン＝シーボルトも、そのことを理解していたと思われる。

おわりに

国王親書送付の真意は何であったのかという、最初の問題に立ち戻ろう。

第一節に述べたように、植民省の関連文書を読む限り、オランダ政府が親書送付を決定した直接の契機は、一八四二年の薪水給与令の発令だった。言い換えれば、薪水給与令が開国政策への転換の糸口なのか、従来の排外的な体制を守るために一定程度譲歩したに過ぎないのか、幕府の真意を知ることだった。しかし、なぜその「謎」の「解明」が、いわゆる「開国勧告」、すなわち貿易開始の可能性の示唆を伴った国王親書という形をとったのかについては、ここでもう一度整理して考察する必要がある。

当時オランダ政府も（商館長レベルでは勿論）、イギリスが中国においてしたのと同様に武力で近々に日本に開港を迫る可能性があると、真剣に認識していた。薪水給与令が発令され、さらにその諸外国への伝達がオランダ政府に依頼されるに及んで、オランダ政府としては、その伝達が諸外国を日本へ引き寄せ、かつ日本が排外政策を転換するつもりがない場合には、深刻な武力衝突になるだろうと懸念した。そのような事態になれば、オランダ、特に商館長は、イギリスか日本のどちらの側に付いたとしても、難局に追い込まれる。反対側からの強い憎悪の対象になるだけでなく、付いた側からも疑われ続けることになることは明らかである。さらに、日蘭の良好な政治的関係維持のために、その代償としてそれまで長い間払ってきた犠牲、つまり貿易の利益がほとんどないにもかかわらず日本への派船を続け、屈辱的扱いに耐えてきたこと、がすべて無に帰することになり、オランダとしては何としても避けたい最悪の事態となる。

それを避けるために、当時の英蘭間の圧倒的な国力の差、特に東アジアで展開できる軍事力の差の中で、オランダが取ることができた唯一の手段が、実際にイギリスが日本に貿易交渉をしに来たら、紛争回避のために貿易を認める道もあることを、幕府に示唆することであった。オランダ本国から日本は遠く、書翰の往復の間にイギリスが行動を起こしてしまう可能性もあった。それに対処するためには、親書の内容に幕府の真意を探り出すための言辞だけではなく、紛争回避策としての「開国勧告」をも盛り込まざるを得なかった。すなわち、この親書は日本に一般的な開国を勧告したものではなく、便宜的な紛争回避策であり、なるべくなら他国の介入を排除し、対日貿易独占を維持したいのが、オランダの本音であったと考えられる。

これに対し、幕府は、排外政策を堅持する方針であり、薪水給与令は最低限の譲歩を意味するに過ぎないことを返書によって確認した。オランダ政府は、欧米諸国の中でオランダだけが日本貿易を独占できるという新たな通航許可証を得たようなものだと解釈できた。従って、植民大臣バウトは、親書は失敗だったという認識を持たず、従来の対日政策に自信を得、それを堅持することに決めた。しかも、その後も、この親書が、オランダが最も恐れていた幕府の排外政策の強化、すなわち異国船打払令への回帰、ひいては日本と諸外国の武力衝突の回避に一役買ったとすれば、予想以上の成果といえよう。

親書は、イギリスが本当に日本への貿易開始の働きかけを実行するのか、幕府が排外的な体制の放棄に向かっているのか、双方の幅を想定した上で、状況に応じて最善の成果が達成できるように企図され、その役目を果たしたものだと考えられる。オランダ政府も総督も、親書送付によって対日貿易を拡大し、直接的利益を得ることは期待していなかった。むしろ、彼等は商館長レベルの露骨な通商拡大要求には批判的であった。だからこそ「無私無欲」をことさらに強調したのである。従って、「貿易上の利益なく、オランダの威信も高めることができなかったから」親書送付は失敗だったという、ヤコブスの意見には賛成できない。また、「無私無欲」の語を一般的に解釈して、幕府に「深い感銘」を与えたから成功だという、永積の意見にも賛同できない[117]。

親書送付の第二の目的、すなわち「長崎口」を排した直接交渉への道を開くことは、老中の返書を得て一応の成功を収めたものの、二度と国王書翰は送るな、という条件が付され、結局達成されなかった。「長崎口」を排しての交渉を続ける道は閉ざされ、商館長や通詞や長崎奉行の情報操作を経てしか、幕府と交渉できないことになったのである。従来、この親書送付を「平和外交による日本開国への道[118]」「オランダの日本に対する近代外交の出発点[119]」であるとする説がある。しかし、たとえ端緒的なものとしてであっても「外交」という言葉を、この親書送付について用いることには疑義を呈したい[120]。なぜなら、親書送付の後、一八五〇年代になってなお、日蘭関係を維持する装置として、「長崎口」の機能、すなわち、相手の出方をみながら情報操作を行なうなどの行為が健在であったからである。親書と返書の文書形式に関する日蘭双方の無知と無理解は、「書札礼」を共有する「外交文書」成立には程遠い状態だったことを示している。

(1)『新課程　新日本史』（山川出版社、二〇〇三年）。松本英治氏のご教示による。なお、天保が弘化に改元されたのは、天保一五年一二月すなわち一八四五年一月のことである。従って、一八四四年を弘化元年とするのは厳密には誤りである。

(2) Chijs, Jacobus A. van der, *Neêrlands Streven tot Openstelling van Japan voor den Wereldhandel*, Amsterdam, 1867, pp. 20-68. 小暮実徳訳『新異国叢書第Ⅲ輯九　シェイス　オランダ日本開国論』（雄松堂、二〇〇四年）二〇―八三頁。

(3) 小暮実徳「ファン・デル・シェイスの『オランダ日本開国論』―その書誌的説明と本書の一八五二年までの問題点への検討―」（『日蘭学会会誌』二二―二号、一九九七年）。

(4) インドネシア国立文書館 Arsip Nasional Republik Indonesia 所蔵東インド政庁一般書記局 Algemeene Secretarie 文書。同文書については、本書第八章参照。

(5) 福地源一郎『水野閣老　後之文』（二三館、一八五九年）五三―九三頁。

(6) 呉秀三『シーボルト先生　其生涯及功業』（吐鳳堂書店、一八九六年）三七一―三七七頁。なお、同書は、ウィレム二世の親書送付がフォン＝シーボルトの献策によるものであると、示唆はしているが、断言しているわけではない。

(7) 徳富猪一郎『近世日本国民史二九　幕府実力失墜時代』（民友社、一九二八年）五三―九一頁。

(8) 田保橋潔『近代日本外国関係史』（刀江書院、一九三〇年）三七八―三九五頁。なお、後に『増訂近代日本外国関係史』（刀江書院、一九四三年）が刊行された。

(9) 幸田成友「和蘭王キルレム二世の書翰」（『長崎談叢』一三号、一九三三年）。親書到着時の長崎在勤長崎奉行伊沢美作守政義の手控「阿蘭陀本国船渡来一件」四冊（現在、一橋大学附属図書館所蔵）によって、事実関係を追ったもの。

(10) 井野辺茂雄『維新前史の研究』（中文館書店、一九三五年）四七二―四七四頁。

(11) 森岡美子「ウィレム二世の開国勧告に関するオランダ側の事情について―鎖国日本に対して寄与すべきオランダの役割―」（『史学雑誌』八四―一号、一九七五年）。

(12) 森岡「弘化年間における日蘭国書往復について―幕府側の諸問題―」（『日本歴史』三〇一号、一九七三年）、森岡「弘化年間における日蘭国書往復について―長崎奉行伊沢美作守の任務―」（『長崎談叢』五四号、一九七三年）。

(13) 永積洋子「通商の国から通信の国へ―オランダの開国勧告の意義―」（『日本歴史』四五八号、一九八六年）。

(14) Jacobs, Els M., "Met alleen woorden als wapen. De Nederlandse poging tot openstelling van Japanse havens voor de internationale handel (1844)", *Bijdragen en Mededelingen betreffende de Geschiedenis der Nederlanden* 105 : 1, 1990.

(15) 植民省文書の構造については、本書第五章参照。フルバール構造の場合は、Kol. 番号に続き、no. を付してフルバール番号を記す。
(16) 国王府文書もフルバール構造をとっている。no. を付して、フルバール番号を記す。
(17) Voorhoeve, J. J. C., *Peace, Profits and Principles : A Study of Dutch foreign Policy*, The Hague/Boston/London, 1979, p. 43 も、同様である。
(18) 本章において、引用史料・文献を、筆者が要約した部分は、〃 〃で示した。
(19) 佐藤昌介『洋学史研究序説―洋学と封建権力―』（岩波書店、一九六四年）、藤田覚『幕藩制国家の政治史的研究―天保期の秩序・軍事・外交―』（校倉書房、一九八七年）などを参照。
(20) 本書第四章及び第五章参照。
(21) 荒野泰典「大君外交体制の確立」加藤榮一・山田忠雄編『講座日本近世史二　鎖国』（有斐閣、一九八一年）、荒野『近世日本と東アジア』（東京大学出版会、一九八八年）、深谷克己「総論」加藤榮一・北島万次・深谷克己編著『幕藩制国家と異域・異国』（校倉書房、一九八九年）など。その後も、鶴田啓「近世日本の四つの『口』」荒野泰典・石井正敏・村井章介編『アジアのなかの日本史Ⅱ　外交と戦争』（東京大学出版会、一九九二年）、池内敏「大君の外交」歴史学研究会・日本史研究会編『日本史講座六　近世社会論』（東京大学出版会、二〇〇五年）などにより深められている。
(22) いくつかの研究はある。例えば、荒野泰典「通訳論―序説―」荒野・石井・村井編『アジアのなかの日本史Ⅴ　自意識と相互理解』（東京大学出版会、一九九三年）、松井洋子「江戸時代出島における日蘭関係の担い手たち」東京大学・フランス高等研究院『第二回日仏コローク予稿集　ユーラシアにおける文化の交流と転変Ⅱ』（二〇〇四年）、池内敏「『武威』の国―異文化認識と自国認識―」井上勲編『日本の時代史二〇　開国と幕末の動乱』（吉川弘文館、二〇〇四年）特に二〇五―二〇六頁など。
(23) 石井良助・服藤弘司編『幕末御触書集成』六（岩波書店、一九九五年）四三五頁。
(24) 井上勝生『日本の歴史一八　開国と幕末変革』（講談社、二〇〇二年）一四八頁。
(25) 佐藤前掲書、三〇八―三〇九頁。藤田前掲書、二六七―二六九頁。なお、佐藤は長崎市立博物館（当時）所蔵（長崎県立歴史文化博物館所蔵）「寛政十年午四月十一日就御用楢林重兵衛江府え被為召候諸書留」を典拠だとするが（佐藤前掲書、三二二頁）、同史料中にこの内容は確認できない。東京大学史料編纂所所蔵維新史料編纂会引継本Ⅱほ―四一四『モリソン』号事件関係記録　全　天保九年ヨリ　納富介次郎所蔵文書ノ内」には、この内容の記述がみえる。

(26) 藤田前掲書、二六九頁。

(27) Beasley, W. G., *Great Britain and the Opening of Japan: 1834-1858*, London, 1951, pp. 42-43.

(28) この時期のオランダの政治情勢一般については、Boogman, J. C., "The Dutch Crisis in the Eighteen-Forties", J. S. Bromley and E. H. Kossmann (ed.), *Britain and the Netherlands*, London, 1960、森田安一編『世界各国史一四　スイス・ベネルクス史』（山川出版社、一九九八年）三一一—三一五頁。

(29) 藤田前掲書、一九八頁。

(30) モリソン号はアメリカ船籍であったが、中国駐在のイギリス貿易監督官の意を受けて日本に派遣された。また日本では「モリソン」がイギリス人だと誤解され、イギリスの脅威と見なされた（佐藤前掲書、二三四—二四六頁）。

(31) 一八四二年九月一七日付の通詞による幕府命令書の蘭訳。Ingekomen stukken 1842 no. 7 (NFJ463 & Kol. 4294 no. 458).

(32) 一八四三年六月一三日付植民大臣宛総督書翰（Kol. 4294 no. 458）。

(33) 本書第五章参照。Extract uit Verslag 1842, Aanhangsel の §b (NFJ716 & Kol. 4294 no. 458)。

(34) 一八四三年一〇月二三日付植民大臣決定（Kol. 4294 no. 435）。この件に関する最初のフルバールは、一八四三年一〇月一三日付四一〇号として作成されている。

(35) Kol. 4294 no. 435 及び KdK. 4161 no. X38。

(36) 一八四三年一〇月二五日付植民大臣宛国王府長官書翰（Kol. 4294 no. 458 & KdK. 4161 no. X38）。

(37) Kol. 4294 no. 458.

(38) Kol. 4297 no. 47.

(39) Nota van den Directeur-Generaal van Financiën (Kol. 4297 no. 47).

(40) Kol. 4297 no. 47.

(41) Meijlan, Germain F., *Geschiedkundig Overzigt van den Handel der Europezen op Japan*, Batavia, 1833.

(42) メイラン前掲書、三三一—三三四、三四三—三四六頁。

(43) 藤田前掲書、二〇五頁。

(44) 佐藤前掲書、二三七頁。佐藤昌介『渡辺崋山』（吉川弘文館、一九八六年）一四七—一五〇頁。

(45) Opgegeven nieuws, facturen en monsterrol 1838（NFJ1459）の付属文書。ニーマンの署名あり。日付を欠く。
(46) この時期のオランダ人提供情報には「秘密」「機密」等の語を付して用いられることが多いが、「秘密」の含意を論ずることなく、これらの語を用いることには疑念を呈する。
(47) 本書第八章第二節参照。
(48) 前掲「『モリソン』号事件関係記録」。
(49) この情報提供については、管見の限り日本商館文書等オランダ側に全く記録が残っていない。ビックとしては、十分な心構えなしに話してしまったことを、無理やり文書にして通詞と奉行に提出させられたため、東インド政庁に知られたくなかったのであろう。
(50) 一八四三年八月発令の日本近海での測量禁止の幕令（後述、「一八四三年令」）の原因となったため、注目されている。佐藤昌介「弘化嘉永年間における幕府の対外政策の基調について—水野忠邦の再入閣・再辞職をめぐる一考察—」石井孝編『幕末維新期の研究』（吉川弘文館、一九七八年）、藤田前掲書、二九八—三〇三頁、横山伊徳「日本の開国と琉球」曽根勇二・木村直也編『新しい近世史二　国家と対外関係』（新人物往来社、一九九六年）三六八—三六九、四一七—四一八頁参照。
(51) 前掲「『モリソン』号事件関係記録」に収録されている。なお、藤田と横山は「咬嵧吧日記抜萃」を東インド政庁の記録とするが、『ジャワ新聞』と考える方が自然である。藤田前掲書、三一三—三一四頁参照。
(52) 東京大学総合図書館所蔵。藤田前掲書、三一二頁。
(53) 「商館長日記」（NFJ1613）一八四二年八月一五日条の内容とも一致する。
(54) 「咬嵧吧日記抜萃和解」前掲「『モリソン』号事件関係記録」。なお、史料は、藤田前掲書、三一三頁収載の翻刻を引用した。写本では、「此横文字弐通」及び「コウラント」の二ヶ所で改行している。
(55) 一八四三年一〇月三一日付総督宛P・A・ビック書翰付属文書、文書記号A。Afgegane stukken 1843（NFJ1644）.
(56) 一八世紀末に日本商館長を務めたイザーク・ティツィングにおいて既にみられる（横山伊徳編『オランダ商館長の見た日本—ティツィング往復書翰集—』（吉川弘文館、二〇〇五年）二八二、二九六頁）。
(57) 一八四三年八月三〇日〈天保一四年八月六日〉付長崎奉行宛老中達書。内容は、①マカオにいる日本人漂流民をオランダ船または中国船に託して送還せよとの命令を確認する、②イギリス等の国々の船で漂流民を連れて来ても受け取らないので、そのことをオランダ商館長からイギリスその他の国々へ伝達させよ、③日本沿岸でのイギリス人による測量の噂があるが、沿岸測量は日本の国禁であるので、噂が事実ならばイギリス人に伝えるようオランダ商館長へ命令せよ、というものである。佐藤前掲『洋学史研究序説』六九頁、藤田前掲書、三〇四—三〇八頁、横山前掲「日本の開国と琉球」三六八頁参照。蘭訳は、日本商館文書の受信文書集（Ingekomen stukken）の中には、伝存していない。写しは東インド政庁と植民省経由で、外務省にも伝えられ、オランダ国立中央文書館所蔵オランダ外務省文書（以下、BuZa. を付して出納番号を記す）の中にある（BuZa. 3141）。

(58) Kol. 4294 no. 458. なお、親書送付の準備にフォン＝シーボルトが大きく関与したことは、永積前掲論文やヤコブス前掲論文に既に述べられている。

(59) Kol. 4297 no. 47.

(60) Kol. 4295 no. 488. なお、ネプフーは、海軍少将ではなく、陸軍少将である。

(61) Minister van Oorlog. 職務的には「陸軍大臣」であるが、当面直訳しておく。

(62) ヤコブス前掲論文。

(63) 以上の記述は、Kol. 4297 no. 47 及び KdK. 4164 no. M2 による。

(64) H・T・コープス H. T. T. Coops は「特使」「使節」ではなく、パレンバン号の船長である。

(65) ヤコブス前掲論文。一八四三年一二月一六日付植民大臣宛フォン＝シーボルト書翰（Kol. 4297 no. 47）。

(66) 日本商館長は、親書の送付と同時に、大砲の陸揚げ・親書捧呈等々手続き面での様々な訓令を受け取り、長崎奉行もそれに呼応して交渉を行なった。従って日蘭双方の史料は、手続きについての膨大な記述を含む。永積前掲論文・ヤコブス前掲論文などを参照。

(67) Kol. 4299 no. 144 中の親書最終草案。Geheim stukken 1844-1845 (NFJ1716) や BuZa. 3141 にも写しがあるが、同草案が、最も文書形態をとどめていると考えられる。

(68) この点については、ヘルマン・ムースハルト Herman J. Moeshart 氏のご同意も得た。

(69) 文章の口調に関して、永積前掲論文は「オランダが日本のパトロンであるような調子が見られる」と指摘する。ムースハルト氏からも「大人が子供に諭すような文章である」とのご教示を得た。

(70) ファン＝デル＝シェイス前掲書、四七—五二頁。

(71) 訳文の作成過程については、森岡前掲「弘化年間における日蘭国書往復について」。
(72) 永積前掲論文（抄訳）、小暮前掲訳書、五七―六三頁。
(73) 永積前掲論文。
(74) 小暮前掲訳書、六三頁。
(75) オランダ本国政府も、アヘン戦争を主な内容とする別段風説書が日本に送付されていることは、総督の決定 Besluit の写しや前掲 Extract uit verslag 1842, Aanhangsel 8b (Kol. 4294 no. 458) が本国に送付されていたため、知っていた。
(76) 金井圓「嘉永五（一八五二）年の和蘭別段風説書について」（『日蘭学会会誌』一三―二号、一九八九年）、フォス美弥子「まえがき」フォス編訳『幕末出島未公開文書―ドンケル＝クルチウス覚え書―』（新人物往来社、一九九二年）。
(77) 植民省は、国王親書に添えて南京条約等の条文の英文正本の認証付きの蘭訳を日本に送付した。本書第五章参照。
(78) 永積前掲論文、ヤコブス前掲論文等参照。
(79) ホフマンの翻訳とともに、外務省文書に本紙が所蔵されている (BuZa. 3147a)。箭内健次編『通航一覧続輯』巻二（清文堂出版、一九六八年）五二六―五二七頁参照。
(80) 永積前掲論文。
(81) 本紙は、植民省文書中に保存されている (Kol. 4324 no. 142)。
(82) 墨書、通詞三名の連名・連印で、日本商館文書に保管されている (NFJ1716)。Kol. 4324 no. 142 にも、写しがある。森岡は、老中発給の返書に長崎通詞による蘭訳が存在したとする（森岡前掲「弘化年間における日蘭国書往復について」）が、誤解であり、蘭訳が存在したのは、商館長宛の諭書である。
(83) 外交史料館所蔵『続通信全覧』類輯之部　雑門「荷蘭本国使節初テ長崎ニ渡来国書捧呈一件　十五」弘化二年四月一日の条。『通航一覧続輯』巻二、五二八―五二九頁。
(84) 『通航一覧続輯』巻二、五一三―五一五頁。出典は「管海区略」。
(85) 佐藤前掲論文。
(86) 『通航一覧続輯』巻二、五一四頁。
(87) Geheim instructie voor het opperhoofd van den Nederlandschen handel in Japan, art. 14-16, Geheim ingekomen stukken betrekkelijk de zending naar Japan van Z. M. fregat *Palembang*, 1844, no. 3 (NFJ1710).

(88) 横山前掲「日本の開国と琉球」三七二頁。

(89) 三谷博『明治維新とナショナリズム—幕末の外交と政治変動—』（山川出版社、一九九七年）八七—八八頁。三谷『ペリー来航』（吉川弘文館、二〇〇三年）五二頁。

(90) ヨーロッパには、目上に対して直接手紙を書くのは非礼との観念はないようである。イサベル・ファン＝ダーレン氏、ユルン・ラーメルス氏のご教示による。

(91) 藤田覚「鎖国祖法観の成立過程」渡辺信夫編『近世日本の民衆文化と政治』（河出書房新社、一九九二年）、藤田「対外関係の伝統化と鎖国祖法観の確立」藤田編『一七世紀の日本と東アジア』（山川出版社、二〇〇〇年）。（ともに、藤田『近世後期政治史と対外関係』〈東京大学出版会、二〇〇五年〉に再録。）

(92) Kol. 4324 no. 142. 写しは、Geheim stukken betrekkelijk geschenken voor Z. M. den keizer van Japan alhier met Z. M. fregat *Palembang* aangebragt over 1845, 1846 en 1847, no. 10 (NFJ1713) にある。なお、レザノフ宛書翰のドイツ語訳は、レザノフの使節団に随行した博物学者フォン＝ランゲスドルフ G. H. von Langesdorff の著書よりの抜粋である。

(93) Kol. 4324 no. 142.

(94) もし国王が暗愚であれば、大臣は、国王が自署した書翰を失敗だったとする報告を提出する可能性はなく、報告書の内容は、単なる国王への追従だと理解すべきであろう。しかし、ウィレム二世はアヘン戦争後中国への遣使を自分で立案し (Kol. 4286 no. 581, Kol. 4288 no. 95, Kol. 4289 no. 101 など)、一八四八年には保守的専制君主から進歩的な自由主義者に豹変する（前掲『スイス・ベネルクス史』三一六頁）など、十分な政治的判断力の持ち主だったと思われる。従って、報告書は、国王への追従ではなく、バウトの本心として検討に値すると思われる。

(95) 小暮前掲訳書、八八—九〇頁。横山前掲「日本の開国と琉球」三八四—三八五頁。

(96) 異国船打払令は、欧米から見れば日本の「排外的な体制 het uitsluitingsysteem」の頂点として認識されていた（ファン＝デル＝シェイス前掲書、一二頁。小暮前掲訳書、一三頁では「鎖国体制」と訳す）。

(97) 横山前掲「日本の開国と琉球」三八〇頁。

(98) Geheim ingekomene en afgegane stukken 1850, no. 12 (NFJ1696).

(99) 事実関係や各国の反応については、横山前掲「日本の開国と琉球」三八四—三八六頁。

(100) 横山前掲「日本の開国と琉球」三八五頁。「　」内は、横山論文よりの引用。

(101) 横山前掲「日本の開国と琉球」三七九頁。
(102) 三谷前掲『明治維新とナショナリズム』八七頁。
(103) 藤田前掲書、三四八―三六〇頁、三谷前掲『明治維新とナショナリズム』九五―一二〇頁等。
(104) 特に海防掛の認識に顕著に見られる（藤田前掲書、三五〇、三五五頁）。
(105) Klapper op het geheime-en kabinets verbaal 1846 (Kol. 4398), 1847 (Kol. 4399). Kol. 3218 の関係史料一覧表参照。
(106) 田保橋前掲書、四二一―四三二頁、横山前掲「日本の開国と琉球」三八一―三九一頁、小暮前掲訳書、九五―一一五頁。
(107) NFJ1703. 武藤長蔵「長崎出島和蘭商館長の風説書」（『商業と経済』二二―二号、一九四二年）。
(108) 横山前掲「日本の開国と琉球」三八三頁。
(109) Geheim ingekomene en afgegane stukken 1850 no. 10 (NFJ1696). 末尾に「〔我々は〕我々に送られてきた諸文書の内容〔アメリカの具体的な対日計画〕には全く言及しなくてもよいと考えました〔中略〕、そこで取り扱われている問題は、我々にはまだ余りにも深刻さに欠けるように思われたからであり、それを日本に知らせることは、既に存在する不安をおそらく全く不必要に増大させるという結果になるだろうからです。」とある。
(110) インドネシア国立文書館 Arsip Nasional Republik Indonesia 所蔵オランダ領東インド政庁一般書記局文書、Besluit, 7 juni 1851, no. 16. 武藤前掲論文。
(111) Ingekomene en uitgegane stukken 1851 no. 2 (NFJ1697).
(112) 横山前掲「日本の開国と琉球」三八六頁。
(113) Nota van het historiële der buitengewone zending naar Japan in 1844 (Kol. 3218).
(114) 一八五二年四月一四日付国王府長官宛ヘンドリック公書翰（KdK. 4232 no. S7)。ムースハルト氏のご教示による。田保橋前掲書、四五〇―四五四頁参照。
(115) 以上の記述は、フォス前掲書、三三―三四頁による。
(116) 藤田「対外関係の伝統化と鎖国祖法観の確立」二一六頁。
(117) 三谷は、「開国勧告の拒絶は、〔中略〕異国船打払令の撤廃が鎖国政策の緩和と誤解され、したがって西洋の日本接近の試みが増すのを防ぐためとられた措置であった」とする（三谷前掲『明治維新とナショナリズム』八六頁）。しかし、オランダ以外の国が返書の内容を詳しく知りえたとは思えない。

(118) 森岡前掲「ウィレム二世の開国勧告に関するオランダ側の事情について」。

(119) 永積前掲論文。

(120) 横山伊徳は、親書送付について「植民省＝東インド政庁は新しい通交関係を積極的に指向したと過大評価はできない」とし、また、対日関係が植民省から外務省に移管されるのは一八六二年だと指摘している（横山「日本の開港とオランダの外交―オランダ外務省文書試論―」荒野泰典・石井正敏・村井章介編『アジアのなかの日本史Ⅱ　外交と戦争』〈東京大学出版会、一九九二年〉三六八、三七一頁）。

第七章　一八四五年の別段風説書

はじめに

本章では、一八四五〈弘化二〉年の別段風説書の、蘭文テキスト及び長崎の通詞による同時代の翻訳を紹介する。また、初期の別段風説書の情報源にも言及する。

従来、紹介されてきた和文写本の注記から、一八四四年に送付された南京条約以下の諸規定の条文が一八四五年の別段風説書の内容であるかのように誤解されてきた。しかし、本書第五章にみるように、南京条約等の条文が日本に送られたのは、前年一八四四〈天保一五〉年のウィレム二世の親書送達時であること、一八四五年分の別段風説書本文の蘭文テキストが存在し、同年に日本に送付されたこと、さらに虎門寨追加条約以下の諸規定等の条文も同時に日本に送付されたことは確実である。

本章では、一八四五年別段風説書について、第一節において情報源となった当時の東アジアにおける欧文の定期刊行物（以下、煩瑣を避けるため「新聞」とする）を概観した上で、第二節で同年の別段風説書本文の蘭文テキストの拙訳を紹介する。第三節で、財団法人鍋島報效会所蔵の「籌辺新編」と題された一連の史料の中に収録された、一八四五年の別段風説書の和文テキストを紹介する。一八四五年に送られた別段風説書本文及び虎門寨追加条約以下の条文については、今まで和文テキスト、すなわち長崎の通詞による当時の翻訳が知られていなかった。

第一節　一八四〇年代東アジア発行の欧文新聞

初期の別段風説書の情報源については、まず板沢武雄が、風説書の情報源としてカントン（広州）やシンガポールの新聞があったことを、本書第五章で紹介した一八四〇年のオランダ領東インド総督決定を引用して示した(1)。続いて、森睦彦が一八四二年提出の別段風説書和文末尾の文言を根拠に、一八四〇年の風説書の情報源はシンガポールの新聞であると推測している(2)。また、安岡昭男は、同じく一八四二年の別段風説書末尾文言から、「情報源としては、ホンコンやシンガポール発行の新聞が大きな比重を占めていたことが窺える」(3)とする。これらの研究は、東インド総督決定や日本の通詞の証言から情報源を考えようとするもので、手がかりを得るには有効な方法であったが、情報源となった新聞名を特定するには至らなかった。これに対し、加藤祐三は、一八四〇年における別段風説書の情報源は、マカオで刊行されていた英文情報がシンガポール経由でオランダ植民地に伝えられたものであるとし、具体的に、『カントン・プレス *Canton Press*』『カントン・レジスタ *Canton Register*』『チャイニーズ・レポジトリー *Chinese Repository*』の三紙の名を挙げ、ごく一部であるが別段風説書と『チャイニーズ・レポジトリー』紙との記事の照合もしている(4)。本章では、加藤の手法を敷衍し、この年の別段風説書全文について情報源となった新聞を探る。

一八四〇年の東インド総督決定には、「殖民局長官に、〔中略〕カントン、シンガポールその他の〔土地の〕定期刊行物を収集させ(5)」、それをもとに別段風説書を作成させる、とある。ここから、別段風説書の情報源は、少なくとも一八四〇年についてはカントンやシンガポール発行の新聞であり(6)、オランダ領東インド政庁の殖民局の役人がその内容を要約したことがわかる(7)。

そこで、東インド政庁の役人が、一八四五年提出の別段風説書の内容である、一八四四年の清英関係をまとめる際、依拠し得た情報源について検討する。筆者が、一八四〇年代に、中国沿岸を中心とする東アジア地域（除島嶼部）で刊行された欧米系の新聞を、確認できた範囲で表にまとめた（表3）。

表3を一覧すると、カントンとシンガポールで刊行されていたのはすべて英語新聞である。カントン発行の英語新聞は、中国政府からの圧迫でカントン夷館の安全が危ぶまれたため、一八三九年にマカオ（澳門）に事務局を移し、マカオで印刷されていたが、名称には「カントン」の文字を残していた。一方、ポルトガル語の新聞は、元来マカオで発行されていた。総督決定に「マカオ」の文字がないこと、初期別段風説書の主題が清英関係であったことから考えて、主たる情報源は、英語の新聞だと考えてよいだろう。[8]

一八四〇年にマカオで刊行されていた諸新聞は、一八四二年の南京条約を受けて英領植民地香港が建設されると、一八四三—四四年に廃刊あるいは香港に移転した。一方、香港では植民地の建設が進められ、その一環として一八四一年五月には官報『ホンコン・ゴバメント・ガゼット *Hongkong Government Gazette*』の第一号が刊行された。しかし、香港政庁当局は、自力による官報出版の方針を早くも転換し、一八四二年『フレンド・オブ・チャイナ *The Friend of China*』紙と官報刊行委託の契約を結んだ。同年発刊されたばかりの『フレンド・オブ・チャイナ』紙はすぐ紙名を『フレンド・オブ・チャイナ・アンド・ホンコン・ガゼット *The Friend of China and Hongkong Gazette*』と変更した。官報刊行委託契約は、一八四四年に一時的に『ホンコン・レジスタ *Hongkong Register*』紙に、一八四五年からは恒久的に『チャイナ・メイル *China Mail*』紙に委譲されたが、『フレンド・オブ・チャイナ・アンド・ホンコン・ガゼット』紙は、その紙名を維持した。[9] 一八四五年の別段風説書が対象とする一八四四年は、中国沿岸の英語による言論世界がカントン（一時的にマカオに避難中だったが）から香港へ移転する、そのちょうど端境期であると言える。

一八四四年通年の記事を有している英語新聞は、香港では『ホンコン・レジスタ』紙（以下、「ＨＲ」と略記する）

表3　1840年代に中国・シンガポールで刊行された欧米系の新聞

番号	紙誌名1	紙誌名2	言語	発行地	刊行頻度（1840年代における）	発行年月日	廃刊年月日（もしくは刊行が確認できる最後の年月日）
1	*Boletin do Governa de Macao*（RG）	*O Portuguez na China*（CR 解説）*1	ポルトガル語	Macao		1838（CR 解説）	
2	*O Commercial*				週刊（RG）	1838（CR 解説）	
3	*O Farol Macaense*（RG）	*Parol Macaense*（CR 解説）			週刊（RG）	1841（CR 解説）	1842（RG）
4	*A Aurora Macaense*				週刊（RG）	1843（CR 解説）	1844（RG）
5	*O Procurador dos Macaistas*				週刊（RG）	1844（RG）	
6	*O Solitario na China*					1845（RG）	
7	*Canton Register**2	*Hongkong Register**3	英語	Canton→ 1839 Macao に移転 → 184306 Hongkong に移転（RG）	週刊	1827（RG）	1859（RG）
8	*Chinese Repository*			Canton→ 1839 Macao に移転 → 184410 Hongkong に移転	月刊	1832	1851
9	*Canton Press and Price Current*（RG）	*Canton Press*（BL）		Canton→ 1839 Macao に移転	週刊	1835（RG）	184403（RG）
10	*Hongkong Government Gazette*（Eitel）	*Hongkong Gazette*（CR 解説 /RG）		Hongkong（少なくとも1号は Macao で印刷）		18410501（Eitel）	184108 extraordinary（Eitel）
11	*Friend of China**4	*Friend of China and Hongkong Gazette**5		Macao→ 1842 Hongkong に移転（RG）	週刊（木/RG）/18440101 より週2回（水・土/RG）	18420317（Eitel/RG）	1859（RG）
12	*China Mail*			Hongkong	週刊	184502 （CR 解説/RG）	1974（BL） 1911（RG）
13	*Overland Friend of China**6				月刊	1845（RG）	1859（RG）
14	*Overland register and Price Currrent**6				月刊	1845（RG）	1861（BL/RG）
15	*Overland China Mail* *6				月2回刊	1848（RG）	1941（BL） 1909（RG）
16	*Singapore Free Press and Mercantile Advertiser*		英語	Singapore	週刊	1835（BL）	1933（BL）
17	*Overland Singapore Free Press**6					1847（BL）	1847（BL）
18	*The Straits Times and Singapore Journal of Commerce*					1845（BL）	1853（BL）

*1　1839年に *Gazeta de Macao*，間もなく *O Portuguez na China* と改名した（CR 解説）．
*2　1843年6月に *Hongkong (late Canton) Register* と改名，1844年より *Hongkong Register* と改名した（RG）．
*3　1844年4月-12月のみ，*Hongkong Register and Government Gazette* を称した（RG）．
*4　この名を称したのは，1842年3月17号のみである．1842年3月24日に改名した（RG）．
*5　官報刊行委託契約を失ってからもこのように称した（RG）．
*6　Overland 版とは，本国に送付された版であると考えられる．Overland（陸越え）とは，喜望峰回りでなく，（運河開通前の）スエズを陸越えで運ばれることを指し，アジア・ヨーロッパ間の最も速い輸送路であった．
（なお，*Canton Miscellany* という定期刊行物が，1831年に Canton で5冊刊行され，同年中に廃刊した．RG には採録されていないが，天理図書館が原本を所蔵している〈村尾進氏のご教示による〉．また，RG には，*Eastern Globe and Commercial Advertiser* という新聞が1843年6-10月に香港で刊行されたとあるが，詳細は不明である．）

BL：British Library Newspaper Library Web Catalogue（http://prodigi.bl.uk/nlcat/）．
CR 解説：岩井大慧監修，沼田鞆雄・市古宙三・河鰭源治等解説『支那叢報解説』（丸善株式会社，1944年）1巻，序4-8頁及び12巻187-190頁．
Eitel：Eitel, E. J., *Europe in China: The History of Hongkong*, London/Hongkong, 1895.
RG：King, Frank H. H. (ed.) and Clarke, Prescott, *A Research Guide to China-coast Newspapers, 1822-1911*, published by the East Asian Research Center, Harvard University, distributed by Harvard University Press, 1965, pp. 17-63.

『チャイニーズ・レポジトリー』紙[10]（以下、「CR」）『フレンド・オブ・チャイナ・アンド・ホンコン・ガゼット』紙（以下、「FC」）のみである。シンガポールでは、『シンガポール・フリー・プレス・アンド・マーカンタイル・アドバタイザー *Singapore Free Press and Mercantile Advertiser*』紙（以下、「SFP」）のみである。他に、マカオで刊行を続けていた『カントン・プレス』紙（以下、「CP」）が、一八四四年三月までの記事を有している。香港政庁の告示や人事などのできごとは、まず香港の週刊紙HRや週二回刊のFCで報道される。この年三月まではFC、四月以降一二月まではHRが官報委託契約を結んでいるが、官報契約を結んでいない側も、本文を掲載している。発刊地が異なるCPやSFP、月刊紙であるCRは、これらFCやHRの記事を引用して記事を作成する。引用して記事を作成する場合は、もとの記事を丸写しする場合と、要約して掲載する場合があり、どの新聞の何日の記事がもとになっているかを明示する場合が多い。カントンその他の開港地の事件は、CPの報道がFCやHRに先んじることもある。

第二節　一八四五年の別段風説書蘭文テキストとその情報源

1　「中国のアヘン問題」所収の蘭文テキスト――拙訳と解説――

以下に一八四五年提出の別段風説書蘭文テキストの試訳を掲げる。[11]同テキストは、「一八四四年の間に中国のアヘン問題から引き起こされた主要なできごとの第五続報」の表題を持つ独立の冊子で、本書第五章で紹介した日本商館文書中に伝存する「中国のアヘン問題」という一括文書[12]に含まれる。

便宜上、タイトルと結語部分を除く全体を二四の部分に分け、〈1〉以下の通し番号を付した。通し番号ごとに、拙訳と解説を示し、解説部分で内容に関する解説とともに、この年の記事を有している上記五紙の中で情報源と考えられる記事に言及する。その上で、可能な限り、一八四五年の別段風説書蘭文テキスト（以下、六番目の別段風説書の意味で、「別段六」と略記する）の記述や表現との比較を行なった。

〔表紙〕

《拙訳》「イギリスと中国の間の主要なできごとの第五続報」

〔本文第一頁上部記載の表題〕

《拙訳》「一八四四年の間に中国のアヘン問題から引き起こされた主要なできごとの第五続報」

〈1〉

《拙訳》既に昨年の報告〔別段風説書〕で、中国と結んだ条約を極度に厳しく維持しようとするサー・ヘンリー・ポティンジャー(13)の熱意について述べた。しかし、そのために何回かの機会になされた忠告にもかかわらず、なお何人かが決められた規則を、特に条約においてその〔境界の〕中でしかイギリス人が動き回ることを許されていない境界に関して、破ろうとした。また、数人のイギリス士官は、福建・浙江省の長官(14)に福州府とその周辺地域を訪ねたいという願いを〔出したところアモイの地方行政官に願い出るようにと〕回されたのだが、そのための許可をアモイの町の地方行政官（Taoutai〔道台〕(15)）から得ずに、前述の土地へ行った。

〔前述の〕中国の官吏がこれについてサー・ヘンリー・ポティンジャーに告げた不快感は非常に抑えて表現されていたが、彼〔ポティンジャー〕は、非常な厳罰を脅しとして〔虎門寨追加〕条約の第六条に定められたことの遵守に関する政令を繰り返し公布することが必要だと考えた。その政令は同時に別の命令で、ストーントン卿(16)の跡を継いでイギリス陸軍の司令官になった陸軍少将ダギラー(17)によって、陸軍にも公布された。

《解説》〈1〉は、虎門寨追加条約第六条に定められた、外国人が貿易かつ居住することのできる貿易港・遊歩地域を超えて周辺地域に入ってしまった事件とその対処についてである。閩浙総督のポティンジャー宛書翰の一節を引用した一八四四年一月二七日付のポティンジャーのアモイ領事宛書翰が、一月二七日付香港政庁告示として公開され、続いて二月二日付のダギラーの陸軍への命令も一般に公開された。

一月二七日付の政庁告示は、FC一八四四年一月三〇日号（新聞発行年月日は、以下特に必要のない限り省略する）、CP、HRに記事がある。ダギラーの布告は、FC、HR及びHRの記事を引用したSFP（このような場合、以下「SFP（HR）」のように記す。）に掲載されていることを確認している。なお、FC・HR・CP・SFPすべて、イギリス人士官が入った町を漳州府としており、福州府であるとしたのは「別段六」作成者の誤りである。また、ダギラーの前任者の名前は、諸新聞の記事にはみえず、「別段六」の筆者が付け加えたものだが、正しくはサルトンである。

〈2〉

《拙訳》同時に、イギリス法が、民事〔法〕も刑事〔法〕も在中国のイギリス臣民に適用されることが宣言され、そして既に開かれた法廷も、これから開く法廷も、イギリスにおけるのと同様の司法権が確認された。いかなる犯罪も、たとえ海上でも、中国沿岸から一〇〇マイル以内で犯された場合は中国国内でなされたと見なされた。またマカオもイギリスと中国の〔共同の〕司法管轄下に入れられた。国外追放に値すると判断された者たちのための刑場として、原則としてファン・ディーメン島(18)が指定された。

《解説》一八四四年一月二六日付の政令で、中国及び中国海岸から一〇〇マイル以内にある船舶に乗り組んでいる英国臣民をイギリス法の下に置き、香港の法廷の司法権に委ねることが定められ、この政令で「中国」という場合、マカオも含まれるとされた。この政令は、CR・CP・HRに収載されている。また、三月一一日付の布告で、国外追放者をタスマニアに送ることが定められた。HRに布告本文が収載され、SFPにはタスマニアを流刑地とすることだけが伝えられている。

〈3〉

《拙訳》三月の初めに、サー・ヘンリー・ポティンジャーによって、刑事海事法廷が開かれた。その構成員は、香港・マカオ・カントンの様々な階層から集められ、陪審法廷[19]を構成した。それ〔陪審法廷〕は、証人の証言と独自の判断に従い刑事事件に判決を下し、特に様々な殺人の量刑を確定するべきものだった。

サー・ヘンリー・ポティンジャーが、いくらか軍事色を帯びたある短い講演において、彼等〔法廷構成員〕の高い使命を説明し、同じ目的のために彼等と手を組みたいと保証した後、スクーナー船ハーレクイン号と蒸気船ドライバー号の船上で犯された殺人に関して、マニラ人及び中国人に対する二つの訴訟の取り扱いが始められた。

《解説》CPは、三月四日付で、刑事海事法廷が開かれたことを報じ、大陪審を構成するメンバーが、香港・カントン及びマカオから集められたことを記し、実名も挙げている。それに続けて、ポティンジャーが大陪審向けに行なった演説が収録され、大陪審に付された二つの事件が紹介されている。一つが、ハーレクイン号上でマニラ人の船員が上官を殺害した件、もう一つがドライバー号の海兵隊員が中国人を殺害した件である。マニラ人と中国人を共に犯罪者側と解しているように読める「別段六」の記事は誤りである。

〈4〉

《拙訳》これらの対策を講じた結果として、講和によって得られた安寧はますます確実に保障された。中国側も、その〔安寧の保障の〕ために必要な貢献をした。なぜなら、第一八連隊のマッキンレー医師と二人のポルトガル人水夫を殺した海賊のうち、捕えられていた者たちに対する〔中国側の〕断罪が、他の者が乱暴や襲撃をしないための見せしめとなったであろうからである。

ファレイズという名のその首領は粉々に切り刻まれ、他の犯罪者二人は斬首されるはずだった。しかし、その最初の一人は獄中で死に、〔それでも〕彼の頭は他の者の頭とともに、犯行場所で杭の上にさらされた。

《解説》一八四四年一月一六日付香港政庁告示で、一八四三年一二月二〇日付ポティンジャー宛耆英[20]の書翰の英訳が公開された。これには、マッキンレー医師等の殺害に関わったとされるファレイズら三人が処刑されたことが記されていた。この告示は、ＦＣ・ＨＲ・ＣＲ（ＦＣ）・ＳＦＰ（ＨＲ）にも収載されている。この公示自体には、「一八連隊」の文字はなく、また告示中の首領の名を、ＦＣ・ＨＲ・ＳＦＰはFanasze、ＣＲはFán Az´と記しているので、これらが情報源になったとは考えられない。一八連隊という文字が記されており、首領の名をFarraszeとするＦＣ二月一四日付本国送付用縮約版 *Overland summary*（通常のＦＣとは異なる）の記事が情報源になったと考えられる。

〈5〉

《拙訳》その間、イギリス人は、かつての不和の第一原因として見なされるべきもの〔アヘン貿易〕から、長い戦争によっても彼等がまだ少しも抜け出ていないことを明らかにした。というのは、アマリア号とメインゲイ号という名の二隻のイギリス船が、様々な荷の中にかなりの量のアヘンを入れて、上海への持ち込みを再び敢行したのである。

禁止された品目を売ることはできないし、この荷のために他の〔荷〕に関しても邪魔されることを恐れて、アヘンはウィレム四世号に積み替えられた。ある上海在住のイギリス人はこの状況を知らされて、そのことをTaoutai〔道台〕に知らせたが、その知らせは不愉快な知らせと見なされて、彼〔イギリス人〕は捕えられ罰せられた。

それにもかかわらず、彼はこの〔些細な事〕件にふさわしからぬ頑張りでイギリス領事に話を持ち掛けた。その結果、ただちに〔中国〕官吏の小船何艘かが、前述の二隻を捕獲するために派遣された。これらの〔小〕船の到着前に、おそらく五〇箱と推測される密貿易品は既に〔海中に〕捨てられてしまったのだが、ウィレム四世号は香港に護送され、一方、アマリア号とメインゲイ号の船員には厳しい監視が付けられて、上海に留め置かれた。サー・ヘンリー・ポティンジャーはさらに、ウィレム四世号に五〇〇〇ドルの罰金を科し、これに関わったすべての費用は残りの二隻〔アマリア号とメインゲイ号〕に科した。

《解説》この事件が何日に起きたかは定かではないが、この事件の記事があるのは、ＣＰ・ＦＣ・ＳＦＰ（ＣＰ）・Ｓ

FP（FC）である。しかし、FCは、前段についての記事は詳しいものの、後段の部分を欠いている。また、CPでは三隻目の船名をジョージ四世号としている。SFPはCPを引用したにもかかわらず、なぜかウィリアム四世号としているので、SFPが情報源として採用されていることがわかる。なお、「別段六」は「ウィリアム」をオランダ風に「ウィレム」と綴っている。

〈6〉

《拙訳》同時に立法府は、中国において法と諸規則の制定に熱心に取り組んでいる。

《解説》これとほぼ同内容の文が、SFPにあり、SFPはそれに続けて二月二八日にこの別段風説書の〈9〉と〈10〉に相当する三つの政令を含む四政令（四つめの内容は明示されていない）が（英国植民地に置かれた）立法委員会議を通過したことを伝える。SFPの記事はFCをもとに執筆されたと思われ、政令本文は収載していない。〈6〉から〈10〉は、すべて二月二八日付で告示された政令に関する記事であるので、「別段六」は、SFPを骨格に、その他の新聞からの情報を付け加える形で書かれたことが推測される。なお、一般に政令は立法委員会議の議決を経て告示される。

〈7〉

《拙訳》二月半ばの政令において、香港の奴隷制が廃止された。イギリスの諸新聞は、この規則をこの上なく賞賛し、それ（規則）が、イギリス人が戦時には勇気や敢闘精神において中国の住民に劣らないのと同様に、平時には公平性や人間性の保持においてはるかに勝っていることを、あらためて説得的に証明したと考えている。

《解説》一八四四年二月二八日付で香港の奴隷制に関する香港政庁令が出された。これについては、〈6〉で言及したSFPには紹介されていない。政令の条文は、CR・FC・HR・CPに収載されている。FCにはコメントが付されており、この政令を賞賛していることは確かであるが、「別段六」にある戦時云々の表現は残念ながら見出し得なかった。

〈8〉

《拙訳》同日付の政令において、印刷機の保有や書籍等の印刷が規制された。

《解説》一八四四年二月二八日付で印刷に関する香港政庁令が告示された。FC・HR・CRに本文が収載されている。

〈9〉

《拙訳》〔中国〕皇帝の領土内の英国〔女王〕陛下の領事たちに対して、彼等が配置された諸港の境界内においては、香港の港におけるのと同様に、罰金二〇〇ドル以下及び二ヶ月〔以下〕の禁固に相当するすべての犯罪と違反に対して、司法権が認められた。

民事においては、もし、告発が名誉毀損、殺人やその他の対人犯罪に起因しないならば、彼等〔領事〕は〔量刑五〇〇ドルまで判決を下すことができる。その上、彼等は遺言を検認する（to grant probates）権限と遺産管理状〔を検認する権限〕も持つ。さらに重い事件においては、彼等はただ証言を聞くことだけが許されている。その場合、その証言をさらなる処理に〔委ねるべく〕香港の高等裁判所（Court of Judicature）に送致するためにである。

もう一つの政令は、香港の不動産所有権に関わるあらゆる取引・遺産処分・判決・名義書き換えの登記についての規則のためのものである。

《解説》一八四四年二月二八日付で中国駐在のイギリス領事たちに司法権を付与する政令が告示された。この政令はHR・CRに本文が収載されている。SFPには本文は掲載されていないが、丁寧に内容が紹介され、その紹介が「別段六」の表現とほぼ一致するので、SFPが「別段六」の直接の情報源であろう。なお、中国の領事裁判は、原則として現地二審制であった。各条約港の領事裁判法廷が一審、香港の高等裁判所が二審、それから英本国で三審の上級審が行なわれる構成になっていた[21]。二つめの政令は、香港における不動産登記に関するものであり、HR・CRに本文が収載されている。

〈10〉

《拙訳》船員たちの振る舞いがあまりにも勝手に任されており、諸船の船長たちはしばしば船員の何人かを香港に置き去りにしていき、または、役に立たなくなった者たちをイギリスに連れ帰るのを拒否するので、これに対しても別個に、一八四四年二月二八日付〔の政令〕で、措置が講じられた。

《解説》一八四四年二月二八日付の船員に関する香港政庁令は、HR・CRに収載されている。SFPに記されたこの政令の説明は「別段六」の記述とほぼ一致する。

〈11〉

《拙訳》イギリス人が中国に定住できるようになって以来、この国の住民〔中国人〕の中に、イギリス植民地において、彼等の産業も試してみたいという欲望が生じてきたということは、注目に値するし、諸国民と諸国家の観察に携わる者にとって、考察すべき十分な材料を確かに提供する。それは、イギリス政府によってこの上なく強く奨励された。一方、この機会にクローファード氏[22]に対し中国人の熱心さと勤勉さに関する報告を発表する事が委任され、彼は、彼等〔中国人〕を〝どんなことでもできる右手が二本ある民族（ambidextroos）[23]〟と名づけた。

そこで、植民地・移民委員会（Colonial Land and Emigration Commissioners）は、イギリス政府の権限委任をうけて、彼等が西インドに向けて出発し、同地で仕事を手に入れる機会が得られる条件を知らせた。この件は、直接にはこの報告〔別段風説書〕に関係しないので、この件についてのさらなる詳述は、ここでは無用だと考えられる。多数の中国人が、彼等が行き来したことがない地方において、祖国が今まで〔彼等に〕提供してきた以上に利益ある生活を追求するために、彼等の祖国を離れたこと〔を述べる〕だけで十分である。

《解説》この段落の情報源として考えられるのは、ＳＦＰのみである。ＳＦＰには、植民地・移民委員会が、中国人労働者の西インド移民に関する諸規則を公示する権限をイギリス政府から与えられたことを報じ、その記事に続いて、一八四三年九月一日付の「クローファード氏の中国人労働者に関する報告」を掲載している。この報告書は、シンガポールやマラッカの英領植民地における華僑について述べたものである。

〈12〉

《拙訳》カントンは、昨年中も数度の混乱の舞台であった。それ〔混乱〕は、強力に対抗しなければ、一八四二年一二月にあったような悲惨な結果を生んだかもしれなかった。(24)

スウェーデン船の船員の一団の無秩序な振る舞いは、この混乱を誘発した原因だった。その混乱は、その時点ではしかるべき時に到着した警官や兵士の派遣隊によって一時的に収められたが、その後しばらくして、カントン住民の群衆が特定の原因なしにイギリス人やアメリカ人の居住者の庭に侵入し、そこで様々な乱暴を働くという形で繰り返された。

不幸なことに、アメリカ人の一団が武装して対抗した際、一人の中国人が死んだことが、騒動の扇動者の激怒を増し、その結果として後日、街路の辻々で脅迫状が何枚も貼られているのが発見された。アメリカとイギリスの領事が良い潮時に仲介に入ったことで、その不和が終わらせられたのでなければ、その脅迫状の後には、非常にひどい結果が続いたに違いなかった。

《解説》ここには、カントンで起きた三つの事件が書かれている。第一は、一八四四年三月四日に起きた事件で、スウェーデン船のマニラ人船員が中国人と喧嘩したことが発端であった。ＣＰ・ＦＣ・ＨＲ（ＣＰ）・ＳＦＰ（ＣＰ）に記事がある。このうち、「スウェーデン船」などの情報を含むＣＰ（あるいはそれを引用したＨＲかＳＦＰ）が「別段六」の情報源と思われる。第二は、五月六日のいわゆる風見矢事件で、カントン米国領事館の米国旗竿に取り付けられた風見矢が、カントンに蔓延していた疫病の原因だと中国人の間で信じられたことにより、群集が領事館の前庭になだれ込んだ。[25] FCとCRに記事がある。どちらが情報源かは特定できない。第三は、六月一五日に起きた中国人 Sü Amun〔徐亜満か〕の殺害事件である。[26] これもCRに詳しい記事があるほか、FCにも記事がある。この事件については、FCが「一人の男が」殺されたとするのに対し、CRは「中国人」と特定しているので、CRが「別段六」の情報源になったと考えられる。

〈13〉

《拙訳》現地の問題や特定の人々の利害の調整に関わる、イギリス全権サー・ヘンリー・ポティンジャーの行動と業績のすべてが、彼の派遣の主要目的、すなわち中国との協定〔締結〕をなし遂げるに際し彼が用いた方法に関して〔彼が〕得たのと同じ〔く高い〕評価を、大方から享受することができたわけではないかもしれないが、一般に、彼の心は気高くて寛大だと〔いう意見を〕弁護するような大きな仕事を彼がやり遂げたことは立証されている。なぜなら、彼は〔相手を〕侮辱するような条件も、独占的な特権も無理に獲得しないで、貿易を営む権利を、彼の国や他の国に保証することで、満足したからである。それぞれ〔の国〕は、今日に至るまでそれ〔権利〕を持っていなかったのである。

彼の功績の最もすばらしい証拠として見なされるのは、おそらく以下のことだろう。すなわち、イギリス〔では〕議会のサー・R・ピール[27]とパーマストン卿[28]が、中国におけるイギリス代表〔ポティンジャー〕に、今まで政党や党派に属したことのない一人の人間として、ただ精神と武器の力によって全イギリス国民の誇りを勝ち取ったと、最大限の賞賛を送った一方で、中国の大官たちは、彼にこの上なく温かい敬意を抱いており、〔中国〕皇帝の使節耆英は彼に大変親しい気持ちを持っていたので、彼〔耆英〕は際限ない好意のしるしを示し、交際の記念としてサー・ヘンリー・ポティンジャーの配偶者と娘の肖像画を求め、後で自分の〔家族の肖像〕を彼〔ポティンジャー〕に呈すると約束した程だったということである。

《解説》残念ながら、この部分については情報源と呼ぶべきものを確認していない。

〈14〉

《拙訳》去年五月八日に、ジョン・フランシス・デイヴィス氏[29]が、香港に到着した。同行したのは使節団の書記官ブルース氏と、財務官モントゴメリ・マーティン、法廷の書記カイ、総督書記官マーサー、随行員シェリーである。

同日早くも彼は立法権のある評議会の前で慣習的な誓いを行なった後で、イギリス〔女王〕陛下の全権・イギリス首席駐清貿易監督官・植民地香港及び属領の総督兼最高司令官[30]の肩書のもとにある統治を引き継いだ。

閣下はこの重要な官職をこの上なく良い兆しのもとに引き継いだ。一つの小さな植民地の統治を組織するのに十分な、かつそのために彼等が呼ばれたところの仕事を果たすのに完全に適した官僚たちに囲まれて、サー・J・F・デイヴィスは彼の前任者が経験したような諸困難と戦う必要は決してないだろう。

サー・ヘンリー・ポティンジャーは異例な状況の中にあった。彼は、彼を補佐できるような相談役なしに、植民地を設立しなければならなかった。彼は、軍人を裁判官に、船員を財務官僚に、聖職者を警察官に、医師を植民地官僚に、改造しなくてはならなかった。〔周囲の〕補佐がそのようでは、統治を満足の行くように営むのは不可能だった。欠点のある司法組織は不平が繰り返される原因であり、公共事業のほとんどすべての部門の特徴は、無能力であった。

このような困難は、サー・J・F・デイヴィスには全く存在しなかった。その上、彼の任命は、ほぼ大方に受け容れられた。なぜなら、中国人の性格、言語及び法律について、〔彼〕より通暁している人は一人も見つからないし、東洋貿易業務における彼の豊かな経験が、彼ならそれ〔東洋貿易業務〕を最もイギリスのために良いように運営できるだろう、という希望を与えたからである。

一〇年前、この上級官吏は、首席駐清貿易監督官の職についた。一八年前、彼はアマースト卿[31]に同行して、北京への使節団に加わった。

この間の数十年間のほとんどを、彼は東インド会社の仕事のため中国で過ごした。ネーピア卿(32)の免職の際、彼は、彼にとって名誉あるやり方でイギリス政府の代表を務め、一方彼の著作(33)はかつて中国について書かれた最高のものであるのだが、彼の文学の才能、とりわけ彼の観察力の鋭さを証明した。

《解説》〈14〉は三つの部分からなる。第一はデイヴィス着任と随行者、第二はポティンジャーの苦労、第三はデイヴィスの経歴についての記事である。第一の部分については、FC・CRなどで報じられている。またSFP（FC）にも同様の内容がみえる。第二部分は、FCに「別段六」とほぼ同じ表現の記事があり、これが情報源であると確認できる。第三部分は、FCにこれも「別段六」とほぼ同表現の記述が見え、これが情報源であることが確認できる。ただし、アマーストに同行した時期をFCは二〇年前とするのに対し、「別段六」はやや細かく一八年前とする。「別段六」の作成者の知識で補ったものであろう。

〈15〉

《拙訳》六月一九日、サー・ヘンリー・ポティンジャーは蒸気船ドライバー号に乗船し、ボンベイ〔ムンバイ〕経由で彼の祖国への帰路についた。

人々は彼の出発にふさわしい華やぎを添えることを望んだが、大変残念なことに、この偉大な政治家の断固たる希望により実現しなかった。

中国のできごとについての報告を書いているのであるから、我々はこれ以上彼〔の事績〕を追跡するわけにはいかない。ボンベイにおける彼の短い滞在に際し、彼に寄せられた尊敬のしるしのすべてについて我々は口をつぐみ、ただ彼がイギリスの繁栄の増進のために行ない成し遂げたことに対して、同地においても口頭並びに書面で彼に感謝の念が示されたこと〔を記するだけ〕で満足しなければならない。

《解説》ポティンジャーの離任については、例えばFCに記事があるが、ポティンジャーが儀式的なことを嫌ったという記述については筆者はまだ発見していない。ポティンジャーが英国への帰路のあちこちで歓迎を受けたという記事は諸紙に見られるが、「別段六」の作成者に倣い、ここでは触れない。

〈16〉

《拙訳》ところで、中国におけるイギリス政府の新しい代表サー・デイヴィスは、〔任期〕最初の期間を、外国貿易に開かれた中国沿岸の諸港を訪ね、彼の前任者が大英帝国の利益を〔生み出すように〕整えた新しい方法について知見を得るために費やした。

《解説》デイヴィスは着任最初の仕事として、八月二八日に香港を出発、アモイ、福州、寧波、上海の諸港を回って、一〇月一八日に香港に戻った。[34] CR初め諸紙に断片的な記事がある。

〈17〉

《拙訳》さらに、彼によって高等裁判所が香港の外にも、それが前述の土地〔香港〕で設置されたのと同様に設立された。そして香港とその属領に定住するすべてのイギリス人の登録に関わる政令が公布された。

これによって、年齢が二一歳に達している、または〔二一歳より〕前に既に生計を〔独立して〕立てている人全員が、毎年、登録局長官（Registrar General）またはその下吏のもとに出向き、そこで必要な情報を伝えることを義務づけられた。すなわち、年齢・出生地・〔既婚か未婚かの〕状態・職業・住所・家族・係累・植民地に来た日付などである。それらすべての細目の記録が、そのために割り当てられた個々別々の記録〔簿〕に書きとめられなくてはならない。

登録官が、これらの情報に従って、ある人を植民地にとどまるにふさわしいと考えたときには、彼にその証明書が渡された。それは、一年間有効で、月収の一〇―二五パーセントで購われた。

それに対して、出頭した人が、登録局によって治安と公共の安全の維持にとって危険だと思われた場合には、または、本人が無為徒食あるいは収入がわずかだったならば、登録官は植民地香港にそれ以上滞在するための完全な権利を彼に〔与えることを〕拒んだ。

《解説》香港の高等裁判所は、九月二五日付の政令により一〇月一日に設立され、一〇月二日に正式に開廷した。FC・HR・SFP（FC・HR）に記事がある。前述のように中国の領事裁判制度において、香港以外の土地に高等裁判所が設立されるとは考えがたい。「別段六」の作成者が事実を誤認したと思われる。[35] イギリス人の登録に関する政令は、八月二一日付で交付されたがイギリス人商人たちの反対にあって、一一月一三日付で修正版が出された。[36] それぞれの本文が、管見の限りHRに収載されている。「別段六」にある、証明書が月収の一〇―二五パーセントという規定は八月二一日令にのみあり、一一月一三日令では証明書は無料となっている。「別段六」の作成者が八月二一日令のみに基づいたことがわかる。

〈18〉

《拙訳》大方の安寧は、デイヴィスの施政下でも続いた。カントンにおいてさえも、そこでは、ただ時折外国人に対する恨みがぶちまけられるだけだった。それは、辻々に貼られた侮辱的な印刷物で表明された。しかし大抵の場合、洪水や火事、そしてそれに起因する貧困が、憤激の原因だった。なぜなら、イギリス人や他の外国人は、中国との間に締結した協定の違反によって、それを新たに煽りたてないように、気をつけていたのだから。

《解説》カントンが静穏だという記事は、FCなど、七月から八月にかけて香港の新聞に時々みられるが、九月にイギリス人の商会の建物が新築されるにあたって排外感情が再燃し、諸所に貼紙が出された（SFP〈HR〉などに記事がある）。洪水についてはHR・CRに、火事についてはFCに記事がある。「別段六」の記述は、これらの記事をつなぎ合わせて作成されたものと思われる。

〈19〉

《拙訳》バルフォア氏[37]をその港〔上海〕の領事に任命したことについて、この年にイギリス政府から受け取った承認は、これにさらなる貿易問題上の重要度を付け加えたに違いなかった。〔彼は〕その難しい任務に必要な事柄に通暁しているばかりでなく、彼は、中国人住民の敬意と信頼を獲得する〔のに十分な〕幅広い才能と、イギリス人たちに利益の維持を保証する〔のに十分な〕剛直さを兼ね備えていた。

《解説》バルフォアは、初代上海領事に任命され、一八四三年一一月八日着任、一七日に上海を正式に開港した。バルフォアの任命が承認されたという記事は、CPにみられるが、人物についてのコメントはない。

〈20〉

《拙訳》上海に続いて、舟山は貿易にとって最も重要な場所だった。沿岸にある点で、かつ他の場所〔の住民〕とりわけカントンの住民より気風〔の良さ〕と信用において勝る住民〔が住んでいるという点〕によって有利であった。また、良い気候に恵まれていた。香港の代わりにこの港の所有権を規定しておかなかったことは、大方の嘆きの種だった。

それでも、人々の言うところでは、イギリス全権サー・デイヴィスによって、これを手に入れるか香港と交換するための努力は行なわれたのであるが、不成功のままであった。同地では亜麻布や毛織物の活発な取引が行なわれ、それによって、イギリスの製造業者たちは、余っていた彼等の手工業製品の大部分を処分することができた。

《解説》一八四〇年六月、イギリス軍は舟山島を占領した。[38] その後条約で、アヘン戦争の賠償金が完済されればイギリス軍は撤退すると決められたが、デイヴィスは駐屯軍を撤退させなかった。結局一八四六年四月の虎門寨協定でイギリス軍は撤退することになった。[39] 舟山の人心や香港との交換に関する記事は、FC・CR・SFP（FC）、貿易に関する記事は、SFP（FC）などにみられるが、「別段六」が直接もとにしたとおぼしき記事は確認できなかった。

〈21〉

《拙訳》寧波は、杭州から五〇〇里の距離にあり、そこからチェーンハンとチャーネインという二つの川[40]によって隔てられていた。寧波の、あまり貿易には適合的ではないと考えられている小さな港には、たった六隻の船が見られるだけだった。今までに受け取られた輸入関税は一六〇〇タエルを超えず、それは主として、カントンで売り払うことができず同地へ運ばれてきた商品に由来していた。輸出は四〇〇〇カッティーの生糸に限定されていた。

《解説》寧波は、一八四四年一月一日に開港されたが、貿易港としては繁栄しなかったと言われる。[41]この記述の情報源となった記事は残念ながら見出しえなかった。

〈22〉

《拙訳》福州府は、〔他港に〕遅れてイギリス貿易に対して開かれ、その後まもなく、サー・デイヴィスがそこを訪れたのだが、あまりに貧しかったので、大きな取引は起こらなかった。何人かの富裕な資本家は、同地に資産を持っていたが、自身は台湾に滞在しており、そこで、彼等は自分たちの商品や必需品をカントンから取り寄せ、同地〔台湾〕の港にはフーチャウ[42]から上等の茶を船で運んでいた。他方、より一般的な資金の不足のため、貿易は小規模な売買にとどまり、貿易商品の荷卸しや倉庫への収納の費用を〔考え〕合わせると、それはほとんど価値があると思えない程度だった。

《解説》福州は、五港の中では最も遅れて一八四四年七月に開港されたが、貿易は発展しなかった。[43]「何人かの富裕な資本家は」から「茶を運んでいた」までの部分はFCに同じ表現がみられるが、それ以外の部分の情報源は不明である。

〈23〉

《拙訳》また、カントンでの貿易も不振であった。なぜなら、国内の混乱におびえて、貿易商人たちがこの町を訪ねることを差し控えたからである。そして、再び火事と洪水が住民を一掃し、カントン付近を遊弋する海賊が、彼等を根絶するために厳しさを極めた対策が講じられているにもかかわらず、この港に〔船が〕近づくことを困難にした。
それにもかかわらず、この港の開港がイギリスの繁栄と貿易に与えた影響は重要だった。
六ヶ月間に、従来の六年間に公行商人(44)に渡された量に匹敵する商品が同地から送り出され、二五パーセントと三〇パーセントの利益をもたらした売上計算書が受け取られた。

《解説》この部分に関しても情報源となった記事は見当たらなかった。

〈24〉

《拙訳》最後に、さらにここに以下のことを記さなくてはならない。すなわち、この〔一八四四年の〕間に、アメリカとフランスが中国に、イギリスの例に倣ってその国との通商条約を締結する目的で全権大使を送ったことである。その後続けて受け取った知らせによれば、予想どおり、双方の利害関係者たちの満足するような結果になり、中国で開港された五港の貿易は、こうしてアメリカとフランスにも、イギリスとの間で合意したのと同じ特権を以て認められた。ところで、その特権はオランダにも均霑される。

《解説》一八四四年、アメリカは全権代表カレブ・カッシングを送り、七月三日欽差大臣耆英との間で清米望厦条約三四ヶ条が結ばれた。また、フランスも同年テオドール・ラグレネを全権として送り、一〇月二四日清仏黄埔条約を締結した(45)。米仏の特権がオランダに均霑されるという記述は、一八四三年七月付の耆英等の布告(46)を根拠とする。すなわち、中国側はこの布告において、一方的な恩恵として、イギリス以外の諸外国に最恵国待遇を与えるという措置をとった(47)。この両使節との交渉の経過や、その結果結ばれた条約については、諸新聞で繰り返し報じられているが、別段風説書の記事は非常に簡潔である。この点で、中国情勢における重要度を判断するよりも、記述を機械的にイギリスと中国の関係に絞ろうとする、やや官僚的な態度が「別段六」作成者にみられるように思う。

〈結語〉

《拙訳》これを以て、イギリス・中国間のできごとの第五〔続〕報を終えることができる。

バタフィア、一八四五年五月一四日

《解説》「別段六」が一八四五年五月にバタフィアで作成されたことがわかる。

2　一八四五年別段風説書の情報源

一八四五年の別段風説書は、一八四四年の清英関係を対象とする。内容は、香港政庁が出した植民地香港の諸制度を固めるための諸政令、各開港地で起きた密輸や殺人などの諸事件、香港総督の交代と新総督の動静、そして開港地の貿易の様子などである。

〈1〉以下の記事を、情報源である英語新聞との関係に即して、大雑把に分類すると、

① もとになったと考えられる新聞記事の丸写し的なもの……〈6〉〈9〉〈10〉〈14〉〈22〉
② もとになった新聞記事を要約したもの……〈1〉〈2〉〈3〉〈4〉〈5〉〈7〉〈8〉〈11〉〈12〉〈17〉
③ 別段風説書の作成者が、もとになった新聞記事の要点をいくつか組み合わせ作文したもの……〈16〉〈18〉〈24〉
④ 今回の作業では確認できなかったが、何らかの情報源がなければ書けないはずのもの……〈13〉〈15〉〈19〉〈20〉〈21〉（〈22〉の一部も④）〈23〉

の四通りに整理できる。さらに元になった記事の情報に、別段風説書作成者である政庁の役人が別のところで得た知識を付け加えたり（例えばダギラーの前任者の名前や、デイヴィスがアマーストに随行した時期など）、逆に作成者が事実を誤認して誤訳をしたりすることもあった。

四つの範疇のうち、情報源がほぼ特定できるのは、①に分類される〈6〉〈9〉〈10〉〈14〉〈22〉と、②のうち〈4〉〈5〉〈11〉〈12〉に限られる。〈4〉〈5〉は新聞各紙の綴りなどにばらつきがあるため、〈12〉は含まれる情報

に多少の精粗があるため情報源が特定できる。また、〈11〉は、もとの記事が独特なため情報源として明白である。それ以外の②と③は、情報源となりうる記事が複数なため特定できない。①と②と③の区別には、記事の内容（香港政庁令に関するものか、事件を扱ったものか、など）との対応関係はない。それに対し④は、〈19〉以下の各開港地の様子に関する記述において特にみられる。④が存在する理由として、前置きに述べたように筆者の見落としである可能性も否定できないが、本章で取り扱った新聞以外にまとまった情報源があった可能性もある。ここでは判断を保留しておきたい。

さて、情報源の特定が可能なものが、何を情報源としているかを検討する。〈5〉〈6〉〈9〉〈10〉〈11〉の情報源と考えられるのは、SFP、〈12〉の一部はCP、〈12〉の次の一部はFCかCR、〈12〉の残る一部はCR、〈4〉と〈14〉と〈22〉はFCである。特定の新聞を排除しているようにはみえない。特定の新聞に依存することなく、全体に目を通した上で作成されたと考えられる。ただ、SFPが一番多いのは、同紙が中国で刊行された新聞ではないため、相対的に中国関係の記事が短く簡潔であり、全貌を知るためには便利であったことが一因であったと考えられる。（なお、以上は一八四五年の別段風説書に限っての結論である。第一節で述べたように、この時期カントン・香港では新聞の創廃刊が激しかったので、その年によって情報源となし得た新聞は違う。他の年については、とりあえず表3を参照されたい。）

「別段六」の記事の配列は、〈6〉と〈9〉・〈10〉の間に〈7〉・〈8〉を挿入したと考えられるように、新聞記事の配列に従っているわけではない。全体としてみれば、古いできごとから新しいできごとへと筆を進めているが、必ずしもできごとの日付順ではない。日付の明白なものは〈4〉の一月一六日が最も早く、〈16〉の一〇月一八日が最も遅い。一応話の脈絡を「日本人に理解できるように」つける努力をしたと思われる。

しかし、記事の選び方をみると、この蘭文テキストの作成者であるオランダ領東インド政庁の役人は、ただ命令に従い、英語新聞の中から清英関係と言える記事を機械的につなぎ合わせたような印象を受ける。政庁の一般の役人にとって、同時代的に生起しつつある様々なできごとのうち、何が重要なのかを判断し選び出すことは至難であっただろう。結果的にやや焦点のぼけたものになった印象がある。列強の東アジア進出の脅威の実態を知りたかった幕府にとっては、香港の大陪審の構成やイギリス人の登録制度の詳細は重要ではなく、この年のできごととしては、むしろ米仏と中国との交渉の経過やその結果結ばれた条約、あるいは舟山列島の返還問題などのほうが、興味の対象となり得、詳しい記述を欲したと考えられる。しかし、別段風説書の作成者は幕府の興味のありどころを関知していなかったと思われる。また、英語をオランダ語に訳出する際にも困難が伴ったらしいことは、この蘭文テキスト自体に、to grant probates、Court of Judicature など、英語の原語を付記した部分がみられることからもわかる。翻訳に自信がないか、オランダ語の定訳がないかの理由であろう。加藤祐三も、一八四〇年の別段風説書の記事について、その質に疑問を呈しているが[48]、清英関係の基調が、戦争から植民地建設の細部へと移行して、一八四五年の別段風説書は、いよいよ日本人の関心とはかけ離れた報告となってしまったように思う。

この年を最後に、一八四〇年の東インド総督決定に従った別段風説書の作成は終わりを告げ、一八四六年には新たな決議に従って、清英関係に限らない全世界の時事情報を対象とした別段風説書が作成されるようになる[49]。清英関係に限定した別段風説書の作成をこれ以上続ける意味が失われたことを、この一八四五年の別段風説書の内容の〝つまらなさ〟自身が示してしまったと言えるであろう。

第三節　一八四五年の別段風説書和文テキスト

1　佐賀藩鍋島家文庫「籌辺新編」と「中国のアヘン問題」

本章で紹介する「籌辺新編」は、現在すべて財団法人鍋島報效会が所蔵しており、一一七冊が佐賀県立図書館に鍋島家文庫として寄託され、一冊が徴古館で保管されている〈表4〉。県立図書館寄託本は、なぜか二つに分けて架蔵されており、二二冊が鍋島家文庫九九一―五五一として、五冊が同九九一―五七四として登録されている。現在存在が確認できる「籌辺新編」は、以上の二八冊のみである。(50) 佐賀藩鍋島家の蔵書と文書は、一九六三、一九六四年の二回に分けて佐賀県立図書館に寄託された。(51) 前記県立図書館寄託本二七冊は、この中に含まれる。しかし、寄託から漏れていた分があり、それは現在佐賀市の鍋島報效会徴古館で保管されている。前記徴古館本一冊がこれに相当する。

全冊同体裁で、青表紙を持つ和装本であり、表紙左上に題簽を付す。題簽には、「籌辺新編」の文字の下にやや小ぶりの字体で副題を載せている。「籌辺新編」全体の通し番号が付されていないため、もともと何冊の叢書であったのか、どのような順番であったのかは確認できない。全体の構成を、仮の通し番号を付して表4に示した。表4では、原則として、鍋島家文庫の架蔵番号順、さらにその内部では現在史料が配架されている順に、各冊を配列したが、明らかに倒錯があると思われる部分は、もとの秩序の復元を試みた。副題のあり方から、少なくとも(19)と(20)の間、及び(27)の前後に、計二冊の欠本があることは確かである。内容的には、一八四〇年から一八五七〈安政四〉年に至る長崎での、特に日欧・日米関係を中心とする対外関係に関する諸史料を集成したものと言える。佐賀藩が長崎警備を担当しており、長崎奉行等から直接情報を得やすい立場にあったことを考え合わせれば、全体として非常に興味深い内容を含んでおり、全般的な検討が是非必要な史料である。

原本及び目録には、作成者・作成年代・作成事情の手がかりになるようなものは何もない。(52) しかし、『国書総目録』(53)が、「籌辺新編」としては東京大学史料編纂所架蔵の副本七冊〈維新史料引継本〉(54)を収載するのみであり、管見の限り、その他の著名な文庫や鍋島支藩の史料の目録類にも「籌辺新編」の名がみえないことから、おそらく佐賀藩鍋島家、またはその周辺で作成され、流布しなかったことが確実である。「蘭人風説」以外の部分が対象とする年代の下限が、現在把握できる範囲で一八五〇〈嘉永三〉年であり、その後の例えばエフフェミイ・プチャーチンの長崎来航〈一八五

表4　鍋島報效会所蔵「籌辺新編」の構成

通し番号(仮)	保管者*1	範疇	架番号*2	副題	史料編纂所架蔵副本*3	内容
(1)	県図	鍋	551	阿片風説　全	維新Ⅱい-103	アヘン戦争関係オランダ経由の情報
(2)	県図	鍋	551	弘化元年辰阿蘭陀使節船来津　三冊之内	維新Ⅱい-105	ウィレム二世の親書関係
(3)	県図	鍋	551	弘化元年辰阿蘭陀使節船来津　三冊之内	維新Ⅱい-105	ウィレム二世の親書関係
(4)	県図	鍋	551	弘化元年辰阿蘭陀使節船来津　三冊之内	維新Ⅱい-105	ウィレム二世の親書関係
(5)	県図	鍋	551	琉球風聞　二冊之内	維新Ⅱい-102	琉球関係
(6)	県図	鍋	551	琉球風聞　二冊之内	維新Ⅱい-102	琉球関係
(7)	県図	鍋	551	弘化二年巳長崎英咭利船来津　三冊之内	維新Ⅱい-107	イギリス測量船サマラング号来航関係
(8)	県図	鍋	551	弘化二年巳長崎英咭利船来津　三冊之内	維新Ⅱい-107	イギリス測量船サマラング号来航関係
(9)	県図	鍋	551	弘化二年巳長崎英咭利船来津　三冊之内	維新Ⅱい-107	イギリス測量船サマラング号来航関係
(10)	県図	鍋	551	弘化三年午仏郎察船長崎来津　全	維新Ⅱい-108	フランス，インドシナ艦隊司令官セシーユ長崎来航関係
(11)	県図	鍋	551	弘化四年未亜墨利加人漂着一件　全	維新Ⅱい-106	1846年択捉島漂着のアメリカ人7名，1847年長崎送致関係
(12)	県図	鍋	551	嘉永元年申亜墨利加漂着一件前　二冊之内	維新Ⅱい-104	アメリカの漁民松前領に漂着の件
(13)	県図	鍋	551	嘉永元年申亜墨利加漂着一件後　二冊之内	維新Ⅱい-104	アメリカ軍艦プレブル号長崎来航関係
(14)	県図	鍋	551	蘭人風説　一		1840〈天保11〉年の別段風説書（「中国のアヘン問題」1）
(15)	県図	鍋	551	蘭人風説　二		1841〈天保12〉年の別段風説書（「中国のアヘン問題」2）
(16)	県図	鍋	551	蘭人風説　三		1842〈天保13〉年の別段風説書（「中国のアヘン問題」3）

通し番号（仮）	保管者*1	範疇	架番号*2	副題	史料編纂所架蔵副本*3	内容
(17)	県図	鍋	551	蘭人風説　四		1843〈天保14〉年の別段風説書（「中国のアヘン問題」4）
(18)	県図	鍋	551	蘭人風説　五		1844〈天保15〉年の別段風説書及び南京条約等の条文（「中国のアヘン問題」5，7〜9）
(19)	県図	鍋	551	蘭人風説　六		1845〈弘化2〉年の別段風説書及び虎門寨追加条約等の条文（「中国のアヘン問題」6，10〜14）
欠本				（蘭人風説　七）		（おそらく，1846〈弘化3〉年〜1850〈嘉永3〉年の別段風説書）
(20)	県図	鍋	551	蘭人風説　八		1851〈嘉永4〉年の別段風説書（長崎訳） 1851〈嘉永4〉年「和蘭風声」（江戸訳か）
(21)	県図	鍋	551	蘭人風説　九		「新聞紙」1852〈嘉永5〉年の別段風説書（江戸訳か？） カムチャツカ漂流の日本人病死の証拠書類 1853〈嘉永6〉年の別段風説書（長崎訳） 1854〈嘉永7〉年の別段風説書（長崎訳）
(22)	県図	鍋	574	蘭人風説　十		1855〈安政2〉年の別段風説書
(23)	県図	鍋	574	蘭人風説　十一		1856〈安政3〉年の別段風説書（長崎訳） 1857〈安政4〉年の別段風説書（江戸訳）
(24)	県図	鍋	551	蘭人風説　雑三冊之内		状態悪くて読めず（横文字和解など）
(25)	県図	鍋	574	蘭人風説　雑三冊之内		状態悪くて読めず（漂流民の話，蘭船不着の理由など）
(26)	県図	鍋	574	蘭人風説　雑三冊之内		状態悪くて読めず
(27)	県図	鍋	574	唐人風説　二冊之内		状態悪くて読めず（アヘン戦争関係か）
欠本				（唐人風説　二冊之内）		
(28)	徴古館			蘭館問答　全	写真帳6170．92-4-5（1973年撮影）	年月不詳，弘化3年，嘉永3年，の3回にわたるオランダ商館における尋問の内容

＊1「県図」＝佐賀県立図書館．
＊2 佐賀県立図書館の架蔵番号．すべて991―．
＊3「維新」＝維新史料引継本．

三年）等が含まれていないことも、「籌辺新編」の成立年代があまり下らないことを示唆していると考えられる。

現在の鍋島家文庫中及び佐賀県立図書館所蔵蓮池鍋島家文庫中には、「籌辺新編」編纂の材料となったと思われるような別段風説書写本がさほど存在するわけではない。「籌辺新編」「蘭人風説」八に含まれる一八五一年の「和蘭風声」には、鍋島家文庫中に別写本[55]があり、「御手元本写」の注記がある。藩主の御手元本から藩庁の役人が写したものであろう。おそらく「籌辺新編」はさらにそれからの転写だと考えられることから、その他の材料となった史料も、元来は佐賀藩鍋島家の藩庁の史料中にあった可能性が高い。佐賀藩の史料のうち、現存のものは冊子類が大半であり、一紙物のほとんどが佐賀の乱で焼けたとされる。[56]その中に、「籌辺新編」の材料となった史料があったのであろう。そのため、「籌辺新編」編纂の材料となった史料の大部分は、現在は失われたと考えられる。

以下では、表4のうち「蘭人風説」一―六（⑭―⑲）、すなわち一八四〇―四五年の別段風説書に注目する。アヘン戦争情報を有する写本として、これまで「籌辺新編」に着目したのは、小西四郎[57]、向井晃[58]、片倉日龍雄[59]である。しかし、これらの論考は、「籌辺新編」がオランダ人のもたらした情報、特に別段風説書を収載していることを述べてはいるものの、対応するオランダ側の史料である「中国のアヘン問題」との比較をしていないため、内容の理解が今一歩不十分である。

「籌辺新編」中この六冊は、以下の点で特に重要である。第一に、一八四〇年から四五年の別段風説書がまとまって伝存していること（⑭―⑲）、第二に、一八四四年の別段風説書本文、すなわち「中国のアヘン問題」5が、同年に日本に送付された「中国のアヘン問題」の7―9、すなわち南京条約とそれに付随する諸規定条文の翻訳とともに一括されていること（⑱）、第三に、本章で主に取り上げる、一八四五年の別段風説書本文を含んでいること（⑲）、第四に、それが「中国のアヘン問題」の10―14に相当する、虎門寨追加条約以下の諸規定等の条文とともに一括されていること（⑲）、である。

第一の点について。一八四〇年から四五年までの初期別段風説書の写本と、それを所蔵している機関は、現在管見の限り表5の如くである。[60] 一八四四年の別段風説書本文の写本は、現在知られているところでは、鍋島報效会所蔵「籌辺新編」⑱、同「御内密申上候別段風説書写」[61] 及び宮城県図書館所蔵伊達文庫「和蘭風説清英戦闘詳記」[62] の三つしかない（表5参照）。そして、一八四五年分の本文については、前述のように「籌辺新編」⑲が唯一の写本である。すなわち、「籌辺新編」は、六本の初期別段風説書本文が一括されている稀有の例なのである。

第二の点について。従来知られていたテキスト、例えば、東京大学史料編纂所架蔵謄写本「唐蘭風説書集纂」[63] 所収の「本国船より申上候別段風説書　但弘化二年巳年」という表題のテキストの内容は、南京条約・通過税に関する宣言・五港通商章程（すなわち「中国のアヘン問題」7―9）の条文である。[64]「本国船より」とあるので、一八四四年来航のウィレム二世の親書を載せたパレンバン号（同船は、オランダ本国ではなくバタフィアから来たのだが）によってもたらされたものであることは明記しながらも、「但弘化二年巳年」と但し書きを付け、一八四五年の別段風説書として扱っているわけである（このような場合、表5では、一八四五年のところに☆印で表記した）。

それに対し、「籌辺新編」「蘭人風説」五⑱は、「辰（天保十五年）七月」付の商館長ビックの署名と通詞連名のある、一八四四年の別段風説書本文（「中国のアヘン問題」5）をまず収載する。それに続けて、南京条約・通過税に関する宣言・五港通商章程の蘭文テキストを載せ、[65] これには「辰八月」付で商館長ビックと通詞目付本木昌左衛門以下二名の署名と判が付されている。[66] 従って、「中国のアヘン問題」7―9の翻訳は、同年の別段風説書本文の翻訳から一ヶ月遅れて完成したことがわかる。商館長と通詞の署名と判があること、及び後述の伊沢政義の手控の記述から、「籌辺新編」「蘭人風説」五が、まさにその年に長崎のオランダ通詞が作成した、いわば公的な翻訳を写し取ったものであることがわかる。[67]

一八四四年の長崎在勤長崎奉行伊沢政義の手控である「阿蘭陀本国船渡来一件」に、

表 5　初期別段風説書諸写本

所蔵先または保管先	文庫／旧蔵者名	写本名（「　」内は，さらにその一部の表題である）	1840 天保11	1841 12	1842 13	1843 14	1844 15	1845 弘化2
佐賀県立図書館	鍋島家文庫	籌辺新編	◎	◎	◎	◎	◎☆	◎★
東京大学史料編纂所	謄写本	唐蘭風説書集纂	◎	◎	◎	◎		☆
国立公文書館	内閣文庫／静岡学校旧蔵	阿片招禍録	◎	◎	◎	◎		
東京都立中央図書館	特別買上文庫／中山久四郎旧蔵	阿片招禍録	◎	◎	◎	◎		
筑波大学附属図書館	渡辺文庫旧蔵	阿片一件和解書	◎	◎	◎	◎		
静嘉堂文庫	大槻文庫旧蔵	阿片事件記事	◎	◎	◎	◎		
東京都立中央図書館	特別買上文庫／中山久四郎旧蔵	清暎阿片一件風説	◎	◎	◎	◎		
宮内庁書陵部	手島本	阿片始末	◎	◎	◎	◎		
京都大学附属図書館		和蘭風説	◎	◎	◎	◎		
京都大学附属図書館		和蘭飀説		◎	◎	◎		☆
宮城県図書館	伊達文庫	和蘭風説清英戦闘詳記*1		◎	◎	◎	◎☆	
静嘉堂文庫		阿芙蓉彙聞	◎	◎	◎	◎		
東京大学史料編纂所	維新史料引継本	阿芙蓉彙聞	◎	◎	◎	◎		
京都大学附属図書館		阿芙蓉彙聞		◎	◎	◎		
京都大学文学部附属図書館		阿芙蓉彙聞		◎	◎	◎		
九州大学附属図書館		阿芙蓉彙聞		◎	◎	◎		
東京大学史料編纂所	鳥羽文庫旧蔵	阿芙蓉彙聞		◎	◎	◎		
東京大学附属図書館		阿芙蓉彙聞		◎	◎	◎		
東京都立中央図書館	特別買上文庫／中山久四郎旧蔵	阿芙蓉彙聞		◎	◎	◎		
東京都立中央図書館	特別買上文庫／中山久四郎旧蔵／高鍋藩旧蔵	阿芙蓉彙聞		◎	◎	◎		
福井県立図書館	松平文庫	阿芙蓉彙聞		◎	◎	◎		
尊経閣文庫		阿芙蓉彙聞				◎	☆*4	
名古屋市立蓬左文庫		青牖叢書「阿芙蓉彙聞脱漏」		◎	◎	◎		
東北大学附属図書館	狩野文庫	清蘭阿片単報		◎	◎	◎		
京都大学附属図書館		御沙汰書・天保十一卯年唐国エキリス戦争風説・和蘭使節長崎江渡来「御内密申上候別段風説書」		◎	◎			

所蔵先または保管先	文庫／旧蔵者名	写本名（「　」内は，さらにその一部の表題である）	1840	1841	1842	1843	1844	1845
			天保 11	12	13	14	15	弘化 2
宮内庁書陵部		御内密申上候別段風説書		◎	◎			
東北大学附属図書館	狩野文庫	御内密申上候別段風説書		◎	◎			
山口県文書館	毛利家文庫	兼重源六持帰之長崎ニ於ケル風説書「御内密申上候別段風説書」*2		◎	◎			
長野市立真田宝物館	真田家文書	子丑西洋風説和解極秘書		◎				
長野市立真田宝物館	真田家文書	御内密申上候別段風説書			◎			
長野市立真田宝物館	真田家文書	御内密申上候別段風説書				◎		
佐賀県立図書館	鍋島家文庫	御内密申上候別段風説書写					◎	
佐賀県立図書館	蓮池鍋島家文庫	東西報聞		◎	◎			
早稲田大学図書館		エキレス人日記和解写		◎	◎			
筑波大学附属図書館		阿片一件記		◎	◎			
名古屋市立蓬左文庫		青牖叢書「阿片始末」		◎	◎*3			
東京大学附属図書館	田中芳男旧蔵	鴉片類集	◎					
東京大学史料編纂所		洋邦彙事			◎			
早稲田大学図書館		和蘭風説書和解			◎			
名古屋市立蓬左文庫		阿蘭陀風説書*2						☆
静嘉堂文庫	大槻文庫旧蔵	紅毛告密						☆
刊本（中野同子刊行，1942 年）	添川栗（廉斎）編	有所不為斎雑録	◎					☆
刊本（針谷武志編，ゆまに書房，2001 年～）	向山誠斎著	向山誠斎雑記				◎		

◆安岡昭男「和蘭別段風説書とその内容」の付表の弘化 2〈1845〉年までの部分をもとに筆者が大幅に増補改訂して作成した．［安岡による凡例］この一覧表には個人所蔵写本は旧大名家を除いて割愛した．◆「中国のアヘン問題」1～6 はそれぞれ◎で，同 7～9 は☆で，同 10～14 は★で表す．◆ここに載せた諸写本は，別段風説書以外の記載を含む場合もある．特に中国からの漢文情報和解などを併せて載せる写本が多い．◆小西四郎「阿片戦争の我が国に及ぼせる影響」は，東京大学附属図書館南葵文庫本「阿片一件」が別段風説書を収載するとするが，誤り．◆安岡論文では香川大学附属図書館所蔵神原文庫が，1844 年の別段風説書を収載するとし，目録は，「阿蘭陀風説　天保十五年七月写」を収載するが，現在欠本とのことで，内容が確認不可能なため，割愛した．◆安岡論文では，長崎県立長崎図書館が 1843 年の別段風説書を収蔵するとするが，同館（当時）にて確認できなかったため，割愛した．◆安岡論文では，東京大学史料編纂所所蔵島津家文書中に，1845 年の別段風説書が含まれるとするが，同文書中に確認できなかったため，割愛した．◆神奈川県立歴史博物館にも「阿芙蓉彙聞」の写本があるが，別段風説書が収録されている巻四は，「別有蔵本故省略不謄写」とある．

＊1 岩下哲典氏ご所蔵の写真版による．＊2 写本名と内容の概要は安岡昭男氏のご教示による．＊3 後欠．＊4 何年の別段風説書であるとは書かれていない．当面，1844 年のところに記入しておく．

阿蘭陀本国船より申出候別段風説書横文字和解出来候ニ付、差上候儀、申上候書付
伊澤美作守

此節入津仕候阿蘭陀本国船より別段風説《ママ》横文字壱冊在留かひたんを以差出候付、和解為仕出来候間、則差上申候、以上

辰八月
伊澤美作守(68)

という部分がある。伊沢のいう「別段風説書横文字」は、「本国船」すなわちパレンバン号でもたらされたのであるから、「中国のアヘン問題」7—9であることが確実である。その「和解」は「辰八月」(一八四四年九—一〇月)付で、「籌辺新編」「蘭人風説」五のうちの南京条約以下の条文末尾にある通詞連印の月付と一致する。長崎奉行も、日本商館のオランダ人と同じく7—9を「別段風説書」の範疇でとらえていたことがわかる(長崎奉行がそうとらえたから、日本商館も「中国のアヘン問題」として別段風説書本文と一括保存したのかもしれない)。また、この手控から、翻訳が完成した「辰八月」のうちに、長崎奉行から江戸へ送られたことがわかる。従って、南京条約以下の条文が、翌一八四五年の別段風説書として流布したのは、翻訳の遅延が原因ではない。

なお、「籌辺新編」「蘭人風説　五」(18)では、南京条約、通過税に関する宣言、五港通商章程という配列になっており、「中国のアヘン問題」とは順番が異なる。しかし、前述のように「中国のアヘン問題」は7—9が各独立の冊子となっているため、単に重ね方の問題であり、この違いは意味を持たない。この三点の条文が、明確に一八四四年の別段風説書と一括して残され、翻訳の月付までわかる、ということに大きな意味がある。

第三、第四の点についていては、今まで繰り返し強調してきたことである。後掲翻刻にみるように、一八四五年の別段風説書本文は、新旧商館長ピーテル・ビックとヨセフ・レフィスゾーンの連名の後に、月付は欠くものの「横文字書付」を和訳したことを証する通詞目付本木昌左衛門以下通詞一一名の連名・連印(69)を付す。それに、虎門寨追加条約以

下の条文が続き、同じく新旧商館長ビックとレフィスゾーンの連名の後に、「巳〔弘化二年〕八月」（一八四五年九月）付で、同じく「横文字書付」を和訳したことを証する通詞目付本木昌左衛門以下通詞一一名の連名・連印[70]を付す。従って、これらも長崎通詞による当時の公的な翻訳であり、長崎奉行を通じ、即刻江戸へ送付されたと考えられる。一八四五年九月のうちに、「中国のアヘン問題」10—14までの翻訳も終えられたことがわかる。6と10—14が一括されている点で、「籌辺新編」はオランダによる情報提供の形をよく残しているテキストだと言えよう。さらに、「中国のアヘン問題」の12と14に相当する部分を見ると、オランダ本国の植民省で翻訳をせずに、『ジャワ新聞』を参照せよとの指示文言を以て代替された12と14部分が、政庁のみならず日本商館でもきちんと『ジャワ新聞』で補完されずに、日本側にそのまま提供されたことがわかる。通詞が「中国のアヘン問題」10—14の構成を理解できず、相当な誤訳になっているとはいえ、通詞が「中国のアヘン問題」のテキストそのものを翻訳しようとしたことは確実である。従って、「中国のアヘン問題」が、まさに日本側に提供されたテキストであることがあらためて立証される。

なお、表5から、少なくとも初期別段風説書の和文テキストすべてが、当時伝達、翻訳されたままの形で揃っているという点で、「籌辺新編」は稀有の写本であるということを主張したい。

また、本章の主題とは若干ずれるが、「御内密申上候別段風説書」という名前を持つ写本が複数（七本）存在すること、この名を持つ写本は内容が別段風説書だけであること、この名を持つ写本は（二年分が一度に持ち渡られた一八四一年・一八四二年度分以外は）一写本に付き一年分のみの記載であること、さらにこの名を持つ写本は所蔵先の筋が比較的良いこと[71]などから考えて、初期別段風説書が世上に流布した際の最初の段階での写本名が「御内密申上候別段風説書」であった可能性が高いことを指摘しておく。

2 「籌辺新編」「蘭人風説」別段風説書——本文部分の翻刻——

以下に、「籌辺新編」「蘭人風説」六 (19) のうち、一八四五年の別段風説書本文部分（「中国のアヘン問題」6に相当）の翻刻を掲載する。(72) 別段風説書は、蘭文テキストでは箇条書きされていないが、「籌辺新編」では一つ書き形式に直されている。本章第二節1では、内容的なまとまりから、全体を二四の部分に分け、〈1〉以下の番号を付したので、本節でもそれに対応させて、一つ書きの脇に〈1〉以下の番号を付すこととする。

〔表紙題箋〕
「籌辺新編　蘭人風説　六」
〔本文〕
「
唐国阿片商法ニ付相発候騒動之末既ニ追々申上候後、暦数千八百四拾四年〔弘化元年〕尓至り候儀を爰ニ申上ル

〈1〉
一、昨年中上候風説ニ、ヘンレイ・ボッテインゲル与申者、唐国与之取極め何卒啶与規則相立候様心配仕候儀中上置候処、各規定取極之儀ニ付、度々同人唐国与取合候得共、兎角規定相立兼候訳ハ、和談之節エケレス人江自由差免し有之候土地之境より実者エケレス武卒共トーショーフラー〔地名〕其外近隣之地江参度願ひトキーン〔地名〕並セキアン〔地名〕之奉行を以て可相伺筈之処、其儀なくインテンダント〔役名〕タコウカイ〔人名〕之免シを請すしてアモイ〔地名〕よりトーショフヲー〔地名〕辺江罷越候儀共有之、兎角規定相立兼候
一、右之通不和熟之儀、唐国役人よりヘンレイ・ポッテイゲル〔人名〕尓掛合ニ相成、其儀程能く相答者致し候得共、

右等之儀和談之節、既ニ厳科を犯し候内ニ取極置候得共、六ヶ条之取極を能く存へく旨、再度別段ニ相達し不申而者不相済、依之エゲレス軍士としてロルト・スタウントン与申地押領軍功あるマヨール・ゼ子ラール〔役名〕デカギュイラル与申者より一統の兵士共江逸々相達し候

〈2〉

一、其節唐国ニ罷在候エケレス支配町家之者共へも一同刑罪定法の次第申達し、且又是迄之掟又者此節可相定掟もエゲレス国同様ニ可取計様相極り候、仮令海上たりとも唐国地方より百里之内ニ而犯し候科ハ、唐国中ニおゐて犯し候も同様ニ、可取計様相成候、且又マカヲ〔地名〕の儀は、唐国並エゲレスの領地与相定メ、ディーメン〔島名〕ハ流罪之配所与相定り候

〈3〉

一、第三月〔弘化元辰年二月ニ当候〕初旬シリミ子ーレ〔役名〕並アドミラリテンイト〔役名〕の役所を定て、同所詰方ハホンコン〔地名〕マカヲ〔地名〕並広東の役人共を以て、一同詰方致しシリミ子ール〔役名〕尓拘り候事も掟を相極メ、就中諸人罪の軽重ニ応し、掟を相定申候

一、ヘンレイ・ボッティンゲル〔人名〕ミリタイレ〔武方〕のアーンスプラーク〔諭事か〕尓て、高声ニよばわり、諸人ニ申聞候者、右等之儀兎角諸人心一致いたし希候様ニと申聞候後、直ニハルレゴイン与名付ルスクー子ル〔船の一種〕並ディリフル与名つくる火船ニ而マニルラーの人並唐人を殺害致し候、二ヶ条之取扱の儀ニ引移り申候

〈4〉

一、右等之規定相立候事より双方和熟いたし、次第尓平和ニ相成、且又無余儀次第も有之節者、唐国よりも程能心を用ひ候様相成、右殺害の一件ハ、兵卒拾八隊之医師マキンライ並ホルトカル国水夫二人殺害致し候海賊召捕、或者不法狼藉の者共を戒め候ニも、唐国より心を付ケ加勢いたし候

一、右海賊の張本タルラッセ与申者ハ、寸々尓切りさかるへき筈之処、牢死致し両人の罪人ハ打首ニ相成申候、尤右張本人の首一同不法相働候場所ニ而さらし申候

〈5〉

一、エゲレス人初発不和の基となりたる事、久敷軍事ニ取紛レ、いまた少も元ニ復セさる躰尓見セ、アマリア並マインガイ与申エゲレス船弐艘ニ種々の荷物之内多分の阿片積込、サンハイ〔地名〕尓遣候様子、試ミ候者も有之候

一、吟味ニ付右制禁之品何とも致方なく、且又右荷物ニ付後難の程を恐れ、阿片ハウィルレム・フイールデ与申船ニ積移候

一、サンハイ〔地名〕住居のエゲレス人、此様子を知りトウタイ与申者ニ知らセ候得共、右様害ニ相成候儀、告ケ候付、召捕被罪候

一、右の者罪られ候得共、矢張其儀を好き事ニ存しエゲレスのコンシュル〔役名〕に申聞候処、早速彼船弐艘とも引留置候ためマンダレイン〔役名〕の船々差遣し候、乍併右マンダレインの船着前ニ既ニ不正物ハ推察の通リ五拾箱共船より取捨罷在候得共、ウイルレム・フィールデ与申船ハホンコン島尓差遣封し置候、且又サンハイ〔地名〕内アマリア並マインガイ与申所ニハ厳敷船方の者共の番を付置候、ヘンレイ・ボッティンゲル与申者ハ右ウィルレム・フィールデ与申船ニ五百ドルラルス〔一ドルラルス、凡銀拾匁七分五厘ニ当ル〕の過料を申付、其上箱不残の価を償候様取計候

〈6〉

一、右之通掟相立候而、役々の者、尚唐国ニおゐても厳重ニ仕来の規定専ラ心懸罷在候

〈7〉

一、第二月〔弘化元辰年二月ニ当ル〕中旬の達しニ而、ホンヨシ〔地名〕のスラーフル子イ〔召遣ひの如く押付遣わるゝ

事〕を相拒、扨エゲレスの目録尓此事第一ニ記し、全体エケレス人唐人より軍事威勢廉直、人道ニおゐて勝レ候徴を見せ付ケ候心得候

〈8〉

一、同し日付の達書ニ而書籍類版行等の規定相立申候

〈9〉

一、唐国在住エゲレスのコンシユル〔役名〕其在住の湊毎ニ罪料の者弐百ドルラルスの過料を不過、或ハ一ヶ月入牢申付候位之儀者、ホンコン〔地名〕の湊同様自分ニ取計へく旨、命られ候

一、都而町家ハ制方致し難く殺害其外無道の愁訴有之節ハ五百ドルラルス〔一ドルラルス、前ニ同〕差出候様、コンシユル〔役名〕のもの取計可申、尚フヒリフヒカチーン〔競見るといふ義〕並アドミニスタラチー〔支配するといふ義〕の書面をも取扱ひ、且又大切の事柄ハ一通り取調子、ホンコン〔地名〕の裁判所ニ而、巨細ハ糾し方可致旨被命候

一、別段の達ニてホンコンの地エゲレス尓属し候儀、或ハ刑罪の事まて書付を以極め置候

〈10〉

一、エゲレス水夫共の行状ニ付、数多取極度儀も有之、且又船主とも船方の者両三人を見限り候様子ニ而、ホンコン〔地名〕尓残し置候事、折々有之エケレス国江連帰り候而も船方ニ而役尓立さる様の者ハ、連帰の儀相拒候付、暦数千八百四拾四年〔弘化元辰年〕第二月二十八日〔正月十一日ニ当ル〕の日付を以、各等の事ハ格別ニ規定立置候

〈11〉

一、エケレス人共唐国住居致し候以後ハ、土地の者共諸事相励候心発し、且又エゲレスのコロニーン〔人を外国の島ニ遣シ倍養シ属国とする所をいふ〕をも試度、心願引起候様相成、是等者自国のため或ハ国民の諸事取計を業と致し候者ニ者、急度心得とも相成諸事練考且智略の導とも相成へく事ニ候、エゲレス奉行所より、兼而右様相励まし、扨又

其比唐人の行状出精之模様調子の役命せられ候カラウホルト与申者の説ニハ、唐人ハ二ツの法を能く守る質尓て諸事ニ行届たるものといふ

一、エゲレス属国国替等の事を取計ふ役の者奉行所より命を請ケ、唐人共時宜ニ寄、西印度ニ引移り同所ニ而相稼候様ニも相成へく趣、唐人共江相達し候

一、右の儀未決ニ者候得共、委細ニ申聞候儀、余り手過ニ相当り候得共、幾許の唐人共、我土地を離れ、終ニ見馴さる国ニおゐて是迄の活計より勝手よろしく業を営儀可然と存られ候旨、相諭し候

〈12〉

一、去年中ハ広東ニて只一度騒動有之候得共、千八百四十二年第十二月［天保十三丑年十二月ニ当ル］の如き格別手荒き事ハ無之候

一、スウェジャ［国名］船の水夫共の悪行より右騒動の根を引出シ暫時前知らせニ付、ポリシーディナーレン［役名］並ハルダーテン［役名］の手当有之候得共、無程広東の土民等何と申訳無之エケレス人並アメリカ人の花園ニ込入色々非道の儀有之候

一、右騒動ニ付アメリカ人の内武具をもつて防候処、唐人一人殺し、夫より不平弥増し、翌日町中辻々ニ張紙いたし、其趣者アメリカ並エゲレスのコンシュル［役名］の取扱ひ無之候事者、急度鬱憤を晴すへき与之儀ニ候

〈13〉

一、エゲレスのブレニボーテンテイアリス［役名］ヘンレイ・ボッテインゲル［人名］ハ其場所尓拘りたる商売方の支配或ハ諸人の押へ役を蒙りたる者ニ而、一統の騒動尓拘らすといへとも元来大量尓して無理押しの取計ひ無之人物、殊ニ我国並余国の為メ交易の規則相立候様、取計ふ而已之役に候得共、専ニ此騒動ニも骨折相静め候

一、右騒動相静り候様取計ひ候者、全くボッテインゲルの徳の秀たる所といふへきなり、エゲレス奉行所ニおゐてユ

ルヘール〔人名〕、ロルド・パルメルストン〔人名〕唐国へ在住のエケレス人一統江披露尓およぶニハ、右ボッテインゲル者政事を預るへき人尓あらすして、唯才智武威を以、惣エゲレス国民の誉をあらわし、唐国の高官ともボッテインゲルを誠ニ尊敬し奉行のケイン〔人名〕も心中感伏し、既ニ因ミを結ひ、ポッテインゲルの妻或ハ娘の画像までも乞請候程尓随心いたしたる趣を相達ス

〈14〉

一、ヨン・フランシス・ダーフィス〔人名〕昨年第五月八日〔弘化元辰年三月二十一日ニ当ル〕、レガーチー〔役名〕のセケレターワス〔役名〕ブリュセ〔人名〕、シカットベウールドル〔役名〕モントゴメレイ・マルティン〔人名〕、ホフ〔役所〕のキリフフィール〔役名〕カイ〔人名〕、ゴウフルニュール〔役名〕のセケレターリス〔役名〕メルセス〔人名〕並アターセ〔役名〕ステルレイ〔人名〕召連レ、ホンコン〔地名〕尓参着いたし候

一、同日右ターフィス〔人名〕規定評議のため誓詞いたし候上、唐国中エゲレス商法のホーフド・シュベルインテンデント〔役名〕ゴウフルニュール〔役名〕且ホンコン〔地名〕並その周地のオップルベフュルヘップル〔役名〕相勤候、ブレニポーテンテイアリス〔役名〕の支配向を引請申候

一、ダーフィス〔人名〕は右重役を相勤候ニ諸役人を召連レ来り、右者全く商売方を支配し、諸事を取計候ためニ候得者、ダーフィス〔人名〕は先役のことく平生六ヶ敷儀者有之間敷候

一、ヘンレイ・ボッテインゲル〔人名〕は不馴の事ニ携り、諸事相談致し取計候ものも無之、壱人ニ而土地を支配し、既ニボッテインゲル〔人名〕は兵士をレグトル〔役名〕とし、船方をフィナンシール〔役名〕とし、法家の者をボリシー・マギスタラート〔役名〕とし、医師をコロニヤーレ・セケレターリス〔役名〕とし召遣ひ、右様の手割尓て領地を行届候様支配いたし候儀者誠ニ難出来ニ付、政事ニ携り候者無之旨、猶又差知レ候義、取計候ニも差支間々有之趣、毎々難渋いたし候付、歎願ニおよひ候

一、此大業ダーフィス〔人名〕の役となり、同人其職を蒙り候ニ付而ハ、一統望ミを失ひ申候、其故者、右下役之内唐国の文字、言語並掟或ハ東方の商法を心得たる者壱人も無之候、エゲレス国之為めのミを第一とす所存と相見へ候故ニ候

一、十ヶ年以前ダーフイス義唐国商売のホーフト・シュベルインテンデント〔役名〕助勤いたし、猶拾八ヶ年以前ロルト〔官名〕アムヘルスト〔人名〕使節として北京へ罷越候節、同人義も同道いたし候者ニ候

一、同人義右年限の間は、凡唐国ニ罷在東印度役所の諸用を相勤申候、ロルト〔官名〕ナビール〔人名〕退身の節よりエゲレス奉行所ニ被召出、勤役致し候は、規模の事ニ候、其砌同人所業唐国ニ而記録いたし有之ニハ、彼人学才相備り殊ニ才智勝レ万事行届候趣を記し有之候

〈15〉

一、第六月十九日〔弘化元辰年五月四日ニ当ル〕ヘンレイ・ポッテインゲル〔人名〕は、大船ディリーフル〔船号〕尓乗りボムバイ〔地名〕を通り本国江帰帆いたし候

一、ヘンレイ・ポッテインケル〔人名〕帰帆致スニ付、諸人名残を惜ミ美名を申立引留めんと歎れとも、所存ニ不叶相断申候

一、唐国尓おゐて差起たる一件ニ付記録したるヘンレイ・ポッテインゲル〔人名〕の取極を惜むらく随ふ事不能一統黙すへし、扨又ボムバイ〔地名〕尓同人纔か滞留中ニも万端エゲレス国の幸をのミ専ら心掛ケ人皆感謝し、風説を以称し、或ハ詩文を以令名を称したる事抔を記録ス

〈16〉

一、唐国中エゲレス奉行所の新役ダーフィス〔人名〕義、初め異国商売のため相開き置たる湊尓浜辺伝ひニ而巡見いたし、先役エゲレス国の要用を取扱ひ候ため、新法を建置候事等を一見いたし候

〈17〉
一、同人儀、ホーグゲングッホフ〔裁判役所〕をホンコン〔地名〕の外尓相建、一体の義ハホンコン〔地名〕尓おゐて相定候通の振合にホンコン其他同地尓在住のエゲレス人共江相達ス
一、右ニ付弐拾一歳ニ相満候者、又者其歳ニ未満の者といへとも家業を次候者は、都而レギスタラテュール・ゼ子ラール〔役名〕又ハ其手附役人方ニ年々可罷越、右ハ其人の歳、生地、身分、掛り役、住所、親類並其地ニ罷越候時ハ其外格別なる事等、別段役所ニ用意有之候書面ニ書載いたすへく事
一、右届ケ相済候上、都而其地ニ在住いたし候て不苦旨、レキスタラテユール〔役名〕申渡候節、其者より証札を差出し、一ヶ年何程月々受用の内より一割か二割五歩差出シ可申旨相認メ有之候
一、一体事治り候初めニ候得者、レギスタラテユール〔役名〕右届ケ致シ候者ともの内尓も如何の事いたし候哉難計、大ニ懸念罷在、若悪党有之候ハヽ、其者義ホンコンの地ニ永く滞留いたし候義を差留メ候
〈18〉
一、ダーフィス〔人名〕支配ニ相成候而、其地ハ勿論広東の地ニおゐても一統諸人行状ハ相慎候、是迄異国人ニ対し不平を懐キ市街の角々尓誹謗いたし候書キ物等を張付候抔与申儀も相止ミ、尤洪水・出火等有之、夫より土民困窮ニ廻り悪意を含ミ候端与相成居候得共、エゲレス人又其地の外国人共一旦唐国与の取極を破り候而ハ、新ニ双方意恨を挟ミ候様成行可申ハ顕然ニ付、精々相慎罷在候
〈19〉
一、彼港のコンシュル〔役名〕をハルファツル〔人名〕尓申付、此年中エゲレス役所より相固め候者、商売方ニ付甚タ肝要之同人義其役六ヶ敷勤向ニ候処、能々心得全体才智深き者ニ而、唐国の土民より尊敬和熟を得、即ちエゲレス人ハ国益の肝要と取扱ふ事能ふ力量の勝たるをあらわし候

〈20〉

一、舟山者サンハイ〔地名〕尓続き商売第一の場所ニ而、海浜ニ有之勝手宜く、土人ハ広東其地の土人より万事ニ物馴れ、殊更人柄相勝レ、加之風土よろしく候得共、人皆此港をホンコン〔地名〕の代引請度もの与頻ニ羨申候

一、エゲレス・フレニポーテンライヤリス〔役名〕ターフィス〔人名〕も舟山をホンコン〔地名〕と振替候為め、大ニ心配罷在候抔与申風聞も、何となく相絶、近比ハ此地ニおゐて木綿・毛織類の商売殊の外繁盛いたし、エゲレス職人等数多仕入候品物多分ニ相捌候様相成居候

〈21〉

一、ニンポー〔地名〕は、ハンコー〔地名〕より五百里相隔り其間ツエーンハン並ツアー子インの両河ニ而分地いたし、其港は狭く、商売ニ甚タ勝手悪く、今ニ只六艘の船入津いたし、是迄請取候入津運上拾六貫目ニ不過、右ハ広東ニ而不相捌品を其地江積越候運上ニ候、尚又同所より他方江積出し候者ハ、漸生絹四千斤ニ限る

〈22〉

一、トーシヨウフラー〔地名〕は、エゲレス商売の場所ニ相成、其後程なくダーフィス〔人名〕巡見いたし候処、諸品捌方宜く有之候割ニ而ハ、一体困窮之様子ニ相見へ、尤富家の面々ハ其地ニ地面等を持ち、自分ハ台湾尓居住いたし、諸荷物並入用之品広東より取寄、又好き茶をテエカウ〔地名〕より取寄候、然ニ一統金銀ニ手支居候得共、商売纔ニ候て、漸く荷揚荷積之雑費を償候而已ニ候

〈23〉

一、広東の地、商売殊の外衰微致し候者、全く土地不穏外国より商人等来り候を相恐レ、且又出火・洪水等有之、土民相減、加之近海尓制すといへ共賊船夥敷しく漂ひ居候而、其港尓商船廻着いたしかたく候

一、此地の港交易相開ケ、エゲレス国商売繁盛豊饒之端シと相成候者格外ニ而、往古六ヶ年ニ本商人ニ売渡高の荷物

六ヶ月の間ニ相捌、売上算用弐割五歩、三割の利潤ニ相当り申候

〈24〉

一、猶書載致すへくハ、アメリカ並フランス国よりも同くエゲレス国の取極の通ニ而商売の規定相建度所存を以、唐国江目代を差越、談尓およひ候処、即ち唐国五ヶ所の港ニおゐて、両国共エゲレス同様の取極ニ而商売致し候義差免し候、尚此取極の通ニ候得者、子ートルラントより参り候とも、同様の振合ニ候、エゲレス与唐国与の一件右之通御座候

古かひたん
　ひいとる・あると・びつき
新かひたん
　よふせふ・へんりい・れひそん

右之趣、横文字書付を以申出候付、和解差上申候、以上

通詞目付 本木昌左衛門 印
同 西与一郎 印
通詞 楢林鉄之助 印
同 森山源左衛門 印
同 植村作七郎 印
同 小川慶右衛門 印
同 西記志十 印
同 志筑龍太 印

通詞　岩瀬弥七郎　印
同　名村貞五郎　印
同　横山源吾　印
同　楢林定一郎　印」

3　「籌辺新編」「蘭人風説」にみる翻訳の問題

蘭文・和文両テキストの比較から、当時の長崎通詞の翻訳について簡単に所感を述べておく。この問題は、日本語の近代化の過程の一側面として非常に重要であるが、本書の射程を大きく超えるため、ここでは2項で紹介した和文テキストの範囲内でいくつかの点を指摘するにとどめる。

蘭文テキストからわかるように、この年の別段風説書の内容は、治外法権発動など、植民地香港の建設に関わる実務の詳細に及んでいる。ましてや、虎門寨追加条約以下の諸取り決めの相互関連は、翻訳の助言をする立場のオランダ商館員にとってさえ、難解だったと思われる。さらに、蘭文テキストのオランダ語自体が、さほど文法的に明解なものではなく、英語からの翻訳に自信がないような部分も見受けられるような状態であった。

さらにそれを翻訳した和文テキストは、辛うじて蘭文を和文に直したという以上の翻訳ではないと言えよう。まず、固有名詞などのオランダ語の綴りも読み取れていない（FとTとを間違えるなど）部分が多いのは、通詞（やオランダ商館員）の知識不足が原因であろう。一方、「ホンコン」を「ホンヨシ」と誤記したり、「ポ」と「ボ」あるいは「ラ」と「ヲ」を混同するなど、仮名表記の誤りは、訳文を転写する際に生じたと思われる。(73) 中国地名も、広東・舟山などは漢字に直せているが、上海・寧波などは直せていないなどの特徴がある。(74)

翻訳は困難を極めたと思われる。(75) 内容が日本側の興味と合致していない上に、それまで貿易関係の翻訳をもっぱらとしていた長崎のオランダ通詞は、ヨーロッパの制度や事物を表す語彙を持たず、理解もしていなかった。また、法廷・議会・政府・植民省の「省」など、多くの語を区別できずに「役所」「奉行所」と訳している。全権・領事などの役職名は、片仮名のままで「役名」の割注があるのみである。いくつかの語については、片仮名のままで、場合によっては割注を付してある。演説は「諭事か」、奴隷制は「召遣ひの如く押付遣わるゝ事」、植民地は「人を外国の島ニ遣シ倍養シ属国とする所をいふ」の割注がある。陪審は全く訳出されていないし、遺言の検認・不動産所有権なども理解された痕跡が全くない。一方、高等裁判所を「裁判役所」とするなど、現在の日本語に近い訳語が使われている場合もある。一八四五年の別段風説書に付属していた虎門寨追加条約等の条文の部分においても、条約は「誓約」と訳されている。

確かに、当時の日本で法廷や議会の機能を果たしていたのは、「役所」や「奉行所」であった。また、香港で行なわれていた隷属的な労働は、奴隷制というよりはむしろ「召使ひの如く押付遣わるゝ事」に近かったであろう。従って、和文テキストに見られる翻訳や割注は、あながち誤りとは言えない。当時、この和文テキストを提出されて理解しようとした幕府役人にとっては、無理のない翻訳だったとも言えるだろう。

また、別段風説書が連年に及ぶことによって、翻訳も少しずつ改善されているようにみえる。例えば、一八四四年に日本に送付された、南京条約条文が英文からの正確な蘭訳であることを保証するオランダ植民省の認証部分では、オランダ植民省のことを「コローニー［エケレス国より人を植付る島をいふ／割注］の役所」（二ヶ所にみられる）と書いている。翌年には、「属国」と訳している植民地を、まだ「人を植付る島」と訳しているところに、理解の不足が感じられる。しかも、オランダの植民省の注でありながら、イギリスの植民地だという説明がなされているところが興味深い。植民地という概念自体を日本人が恐れることを、危惧したためであろうか。オランダ領東インド政庁は「和蘭領印度奉行所」と訳されている。(76)

「籌辺新編」は、通詞が訳した別段風説書の「正本」と呼べるものから、何回もの転写を経て成立したと思われるので、転写を重ねる過程のどこかで写し間違いが生じたことは十分ありうる。「籌辺新編」の編者が書写する段階で書き間違えたのかもしれない。幸か不幸か、一八四五年の別段風説書和文テキストは、「籌辺新編」が唯一の伝存写本であり、ほとんど流布しなかった。しかし、流布した他年度の諸写本についても、和文テキストの質については十分注意が必要であろう。

おわりに

本章では、従来未紹介だった、一八四五年の別段風説書の蘭文・和文のテキストを紹介した。蘭文テキストからは、オランダ領東インド政庁が別段風説書作成に際して利用したと思われる情報源を検討し、和文テキストからは当時の長崎のオランダ通詞の翻訳についての問題点を指摘した。

繰り返しになるが、当時東アジア地域におけるジャーナリズムはまだ創成期にあり、変転が激しかった。従って、別段風説書が終わりを告げる時まで、その情報源も大きく変わったと思われる。また、翻訳の問題、ひいては「当時の様々な階層や立場の日本人が、伝えられた情報の何をどの程度理解できていたのか」についても、まだ多くの論点が残されている。本章の試みは、それらの問題群の着実な検討・解明への第一歩である。

（1）　板沢書、一九一頁。ただし、板沢は「通常の」風説書と別段風説書とを区別していない。
（2）　森睦彦「阿片戦争情報としての唐風説書—書誌的考察を主として—」（『法政史学』二〇号、一九六八年）。
（3）　安岡昭男「和蘭別段風説書とその内容」（『法政大学文学部紀要』一六号、一九七一年）。

(4) 加藤祐三『黒船前後の世界』(岩波書店、一九八五年) 二六九―二七〇、三〇三―三〇四頁。
(5) 一八四〇年五月二六日付オランダ領東インド総督決定第一号第四条。本書第五章参照。
(6) 一八世紀以来、西洋に開かれた中国唯一の貿易港として、欧米人の夷館 factory が置かれた (坂野正高『近代中国政治外交史―ヴァスコ・ダ・ガマから五四運動まで―』〈東京大学出版会、一九七三年〉 一二九頁以下参照)。
(7) 一八二四年より英領植民地。
(8) 一七世紀以来ポルトガル人が居住を許されていた。一八三九年以降、カントンが不穏になると、欧米人はマカオに退避した (坂野前掲書、一六一頁以下参照)。
(9) 以上の記述は、King, Frank H. H. (ed.) and Clarke, Prescott, *A Research Guide to China-coast Newspapers, 1822-1911*, published by the East Asian Research Center Harvard University, distributed by Harvard University Press, 1965, pp. 19-25, 41-57 (以下、「キング書」)、及び Eitel, E.J., *Europe in China : The History of Hongkong*, London/Hongkong, 1895, pp. 170-171, 183 (以下、「エイテル書」)、岩井大慧監修、沼田鞆雄・市古宙三・河鰭源治等解説『支那叢報解説』(丸善株式会社、一九四二―一九四四年) 一二巻、一八七―一九〇頁による (なお、『支那叢報』とは『チャイニーズ・レポジトリー』紙の中国名であり、この解説は、同紙の復刻版の付録として出版された)。『チャイニーズ・レポジトリー』紙の性格については、加藤前掲書、三〇三―三〇四頁、『支那叢報解説』一巻、序四―八頁参照。同紙以外の各紙の性格等については、キング書参照。
(10) CRには、地誌や旅行記、伝道状況の報告などの論説記事に続いて、時事録として報道記事が掲載されている。本章に関係するのは時事録部分である。
(11) 拙訳においては、オランダ語以外の言語は翻訳せず原綴のままとした。イギリス人の人名の片仮名表記は、英語読みを採用した。
(12) NFJ1626.
(13) 陸軍で功績を上げた後、一八四一年駐清全権・首席貿易監督官に就任し、一八四二年イギリス側全権として南京条約を締結した。一八四三年六月香港総督に就任した。
(14) 閩浙総督。
(15) 道台は、清の官制で総督・巡撫の下で特定の行政事務や特定地域の管轄にあたる役職。
(16) 正しくはサルトン Saltoun (エイテル前掲書、二〇七頁、CR)。

(17) 英国中国方面陸軍司令官がダギラーに交代したのは、一八四三年一二月である（CR）。
(18) タスマニアの旧名。
(19) 大陪審（あるいは起訴陪審）Grand Jury。
(20) 清の宗室。欽差大臣・中国側代表として南京条約に調印した。欽差大臣として望厦条約・黄埔条約を締結、一八四四年から一八四八年まで両広総督を務めた。
(21) 坂野前掲書、一九六頁。
(22) ジョン・クローファードと思われる。ジョン・クローファードは、一八二〇年代にトーマス・スタンフォード・ラッフルズの後任として海峡植民地長官を務め、帰国後は多くの民族学的論文を発表した。
(23) 「非常に器用な」の意。ラテン語に由来する。
(24) 一八四二年一二月七日、インド人船員と中国人が喧嘩したことがきっかけとなり、大規模な外国人居留地焼き討ち事件が起きたことを指す。
(25) 『支那叢報解説』一三巻、一四二―一四四頁。
(26) 『支那叢報解説』一三巻、一四四―一四九頁。
(27) ロバート・ピール。当時のイギリス首相。一八三四―三五年に第一次ピール内閣、一八四一―四六年に第二次ピール内閣を組織した。
(28) ヘンリー・J・T・パーマストン。一八三〇―四〇年代に三回外相を務め、後五〇―六〇年代には二回首相を務めた。対中「砲艦外交」の担い手として知られる（坂野前掲書、一六三頁以下参照）。
(29) 一八一三年東インド会社カントン商館書記、一六年アマースト使節団の随員に選ばれた。その後引き続きカントンに在勤、三二年商館長、三三年にはウィリアム・ネーピアのもとで第三席貿易監督官に任命され、翌年次席に昇任、一八三五年ネーピアの後を継いで首席貿易監督官になった。同年辞職して帰国したが、一八四四年ポティンジャーの後任として、全権・香港総督・首席貿易監督官となった。一八四八年辞任、帰国した。
(30) 総督は平時には軍司令官を兼ねる。加藤前掲書、一五七頁参照。
(31) ウィリアム・P・アマースト。一八一六年イギリスから清への使節として派遣されたが、叩頭礼の問題で紛糾、皇帝への謁見を許されず、使命を達成できなかった（坂野前掲書、一四三―一四四頁）。

(32) ウィリアム・ジョン・ネーピア。一八三四年東インド会社の対清貿易独占権廃止に伴う措置として、首席貿易監督官に任命された。中国官憲の許可なくカントンに入り、両広総督に対等の礼を以て接しようとしたため、カントン退去を余儀なくされ、同年中にマカオで病没した（坂野前掲書、一四四―一五一頁）。
(33) *The Chinese : A General Description of the Empire of China and Its Inhabitants*（1836）を指すか。
(34) 『支那叢報解説』一三巻、一二五―一二八頁。
(35) 高等裁判所の設立については、エイテル前掲書、二二〇頁参照。
(36) この過程については、エイテル前掲書、二二一―二二六頁参照。
(37) ジョージ・バルフォア。アヘン戦争に将校として参加、一八四三―四六年に上海領事を務める。
(38) 『支那叢報解説』九巻、三五―九一頁参照。
(39) 坂野前掲書、二〇七頁。
(40) 富春江と銭唐江か。
(41) 坂野前掲書、一八六頁。
(42) 福州か。
(43) 坂野前掲書、一八七頁。
(44) 「広東一三行」と呼ばれる同業者組合を構成していた特許商人。坂野前掲書、一三一―一三三頁参照。なお、「公行商人に aan de *Hong*-kooplieden」は「公行商人から van de *Hong*-kooplieden」と読めなくもない（傍点筆者）。
(45) 坂野前掲書、一八〇―一八三頁参照。
(46) 佐々木正哉編『鴉片戦争の研究　資料編』（東京大学出版会、一九六四年）二四七頁所収。英訳は、ＣＲ一八四三年八月号所収。この布告はオランダの中国における権益を保証するものとして非常に重要であったため、蘭訳が日本に送付された（NFJ1626 に含まれる）。
(47) 坂野前掲書、一八〇頁。
(48) 加藤前掲書、二七〇頁。
(49) 本書第五章及び第八章参照。
(50) 鍋島報效会徴古館主任学芸員藤口悦子氏のご教示による。

(51)「解題」佐賀県立図書館長村山和彦編『佐賀県立図書館所蔵鍋島家文庫目録　郷土資料編』(一九八〇年)。
(52) 藤口悦子氏のご教示によると、鍋島報效会にもそのような手がかりはないとのことである。
(53)『補訂版国書総目録』(岩波書店、一九八九―一九九一年)。
(54) 文部省維新史料編纂事務局（当時）が作製した副本（表4にある文書番号「Ⅱ」は、当該副本が購入・寄贈ではなく同局の作製によるものであることを、「い」は当該副本が「一般史料」に分類されることを示している)。「維新史料編纂会」の罫紙に書かれており、「台本出処　侯爵鍋島直映所蔵（原本)」とあり、当該の七冊はすべて一九三五年七月から一〇月までの間に謄写、校合、校正されている。
(55) 架蔵番号二五三―二四。
(56) 藤口悦子氏のご教示による。
(57) 小西四郎「阿片戦争の我が国に及ぼせる影響」(『駒沢史学』創刊号、一九五三年)。
(58) 向井晃「『籌辺新編』―佐賀鍋島藩入手の海外情報について―」トヨタ財団助成研究報告書『西南諸藩の洋学―佐賀・鹿児島・萩藩を中心に―』(代表者杉本勲、一九八五年)。
(59) 片倉日龍雄「幕末期佐賀藩の海外情報収集と対応―『籌辺新編』をめぐって―」(『幕末佐賀科学技術史研究』一号、二〇〇五年)。
(60) 表5は安岡前掲論文付表を基に、一八四五年分までを抜き出し、筆者が安岡論文本文等を参考にしながら写本名を特定し、一つの所蔵機関であっても、写本が異なるものは別扱いとし、できる限り原本によって内容を確認したものである。おそらく遺漏が多いと思われるので、他の写本をご存じの方はご教示くだされば幸いである。
(61) 佐賀県立図書館寄託鍋島家文庫、架蔵番号九九一―七一三。この写本の存在と内容の概要については、既に安岡が前掲論文（一〇四頁）において指摘している。ただ、安岡は前掲論文の別の部分（一一一頁）で、一八四四年の別段風説書としてスタット・ティール号託送の別の短いテキストを掲げており、安岡前掲論文中には矛盾がある。後者の短いテキストは、オランダ側の意識では、別段風説書 Apart Nieuws とは別範疇のものである。
(62) 架蔵番号D二二二―オ一―三。岩下哲典氏から同写本の写真を拝借し、全体の構成について概要を知ることができた。岩下氏のご厚意に深謝したい。
(63)「唐蘭風説書集纂」三、架蔵番号四一五一・九―九〇―三。

(64) 京都大学附属図書館所蔵「和蘭颿説」（架蔵番号五―一三／オ／三）、静嘉堂文庫所蔵「紅毛告密」（槻九七―一六）、等にも同様の表題で同様のテキストが収載されている（表5、☆印参照）。

(65) 三点それぞれに、条約・諸規定の英文テキストからの正確な翻訳であることを認証する、オランダ植民省総書記官代理の署名、さらに本国植民省から送付された蘭訳の正確な写しであることを認証する政庁一般書記官の署名を付す。

(66) 「籌辺新編」は写しであるため、「判」と書いてあるのみである。

(67) 別段風説書和文テキストの正本と呼べるもの（商館長署名と通詞連印の双方を備えたもの）は現在伝存が全く確認されていないが、長崎の奉行所に伝来したとされる「自嘉永四年至安政四年風説書　全」という表題の冊子体の文書が伝存している（長崎県立長崎図書館所蔵、架蔵番号一四―九三―一）。この写本については、向井晃の洋学史学会月例会（於明治大学、二〇〇一年一月一八日）における口頭報告「洋邦彙事と風説書」においても紹介された。この写本には、商館長署名はないものの、通詞連印（黒印）がある別段風説書和文テキストが複数含まれる。現段階では、同写本に含まれる、清書され通詞連印のあるテキストを別段風説書の準正本と位置づけてよいであろう。但し、この写本は、初期別段風説書の準正本テキストを含むわけではなく、今後詳しい史料批判が必要である。

(68) 一橋大学附属図書館所蔵。「購入　昭和七、一二、一三　東京商科大学」のスタンプがある。架蔵番号貴―一二四（全四冊）のうち第二冊。表紙題簽「天保十五辰年従七月至八月　阿蘭陀本国船渡来一件　二　伊沢美作守勤役中取扱手扣」。引用部分に続いて「右和解者、呈書之間留記ニ有之ニ付略ス」という、朱書きの注記がある。なお、本史料全四冊中には、一八四四年別段風説書本文についての言及はない。おそらく、同年の別段風説書本文がスタット・ティール号託送であったため、オランダ本国から来たと思われたパレンバン号の渡来、すなわち親書の一件とは無関係だと判断されたからであろう。

(69) 「籌辺新編」は写しであるため、「印」とあるのみである。

(70) 同右。

(71) 真田宝物館所蔵真田家文書には、一八四二―四三年の写本があり（架蔵番号六―一二―一〇八―一〇九）、一八四一年分は別表題だが同一系統の写本と考えられる。これは、松代藩主真田幸貫が海防掛老中であった時期（一八四一年―一八四四年六月頃）と重なる。また、毛利家文庫の写本（架蔵番号「風説」六七）も「兼重源六持帰之長崎ニ於ケル風説書」という表題の写本であり、『山口県文書館史料目録　二一　毛利家文庫目録第二分冊』（山口県文書館、一九六五年）によれば兼重源六は萩藩の長崎聞役とのことであるので、萩藩が長崎で直接入手した写本である。

(72) 読みやすさのために、適宜筆者が読点や中黒を補った。割注は、［ ］を以て示した。「ホンコン」を「ホンヨシ」とする等、仮名表記の誤りは、通詞が訳出する際と、第三者が訳文を転写する際の、二段階で生じたと思われる。当翻刻においては煩瑣を避けるため、敢えて一つ一つに「ママ」等の注記をすることは避けた。

(73) 国語学史的には、濁音の記号が「゛」に定まったのは江戸時代だとされているとのことなので（菅長理恵氏のご教示による）、片仮名の表記自体がこの時期不安定だったというよりは、転写を重ねる過程で、誤りが生じたのであろう。

(74) 一例を挙げると、何回も出てくる「トーショーフラー」または「トーショーフヲー」は「福州府」を表す。なお、「福州府」の『ロンドン・ガゼット』紙収載の南京条約・五港通商章程や、本書第五章注（64）言及のイギリス議会発行の小冊子収載の虎門寨追加条約における英語表記は、Foochowfoo である。一方、『チャイニーズ・レポジトリー』紙掲載の南京条約・虎門寨追加条約は、（同紙一八四四年九月号によれば、一八四四年七月一〇日付の香港政庁布告をもとにしているが）「福州府」を Fuchau fû または単に Fuchau と表記している。（なぜ表記に差が出たのか、興味深いが本章では中国地名の英語表記についてはこれ以上の立ち入りを避ける。）しかし、これをもとに別段風説書を作成した政庁の役人は、Fao-chow-foo、Foochaufoo などと様々に表記している。さらにこれを、オランダ語読みにすると、「フォーショーフォー」となる。さらに、通詞は最初のFの大文字をTと読み違え、最後の「フォー」を、当時の仮名遣いの慣行に従い、「フヲー」と表記した。そしてそれが、転写を重ねるうちに、「フラー」とされることがあったため、「籌辺新編」では、「トーショーフラー」「トーショーフヲー」が混在することになった。

(75) 通詞が別段風説書の翻訳に苦労し、多大な時間を要したことは、内閣文庫所蔵「阿片招禍録」所載の一八四二年の通詞の上申文言にみえる。小西前掲論文参照。

(76) 日本語の「植民」は、オランダ語の volksplanting の直訳だとの説がある（Sterkenburg, P. G. J. van、Boot, W. J.、日蘭学会監修『オランダ語辞典』〈講談社、一九九四年〉の volksplanting の項）。詳細については今後の課題としたい。

第八章　一八四六年におけるオランダ風説書

はじめに

本章では、第五章の最後で言及した、一八四六年の別段風説書の内容の一般化と、それが「通常の」風説書にもたらした影響、及び当時の日本商館の動きについて論ずる。

第一節　オランダ領東インド政庁決議にみる別段風説書の内容の一般化

本節は、現在インドネシア国立文書館 Arsip Nasional Republik Indonesia（以下、「ＡＮＲＩ」）に所蔵されている、オランダ領東インド政庁一般書記局（以下、「一般書記局」）文書によって、一八四六年の別段風説書の内容の一般化の事情を明らかにすることを目的とする。[1]

一般書記局文書は、一八一七年から一九四一年に至る、オランダ領東インド（現在のインドネシア）を支配していたオランダ領東インド政庁（以下、「政庁」）の一般書記局 Algemeene Secretarie に蓄積された文書である。[2]一般書記局は、正式には一八一九年初めから活動を始めた部局であり、オランダ領東インド総督（以下、「総督」）のもとで政庁文書

の管理や官報 *Staatsblad van Nederlandsch-Indië* の発行などを行なった。一般書記局文書は、書架延長三三〇メートルを占める。[3]元来、ANRIの前身である、オランダ領時代の一八九二年設立の地方文書館 's Landsarchief 自体が、一般書記局文書を保管するために設立されたものであり、一般書記局のもとで管理運営されていた。[4]

同文書は、フルバール構造をとっており、[5]基幹部分は、総督の決定や総督及び評議会（総督の諮問機関で、総督を含め五名からなる）の決議と、[6]その付属文書からなるフルバールである。[7]決定・決議本文の写しは、同時代的に本国植民省に送付されたため、ほとんどがオランダ国立中央文書館の植民省文書でみることができるが、[8]付属文書はANRIにしか保存されていない。ただし、日本関係の決定・決議については、大抵は抜粋が日本商館に送られ、日本商館文書中に残された。[9]付属文書が付されている場合もある。

本書第五章において、アヘン戦争終結とともに、一八四〇年の決定の効力も消滅したため、一八四六年には六月一四日付で新しい決議[10]がなされたことを指摘し、新しい決議の拙訳を示して、内容も紹介した。この決議に従って、この年の別段風説書[11]・清仏黄埔条約要旨・清米望厦条約要旨及びマンハタン号に関する書翰がファニイ号に託送されて日本に送られた。この決議の原本は、一八四六年六月一四日付第一六号決議として、付属文書とともに、一般書記局文書中に保存されている。[12]

このフルバールは、厚紙の表紙に「一八四六年六月一四日付第一六号決議」と書いてあり、中に、大きく分類して七つの文書が挟んである。フルバール内部の文書は、綴じられていないため本来の順番で保管されているとは限らないが、本章にみる決議の場合は、本来の秩序を比較的よく保存していると考えられる。まず、決議があり、決議に至る諸文書が、時間を遡及するように重ねられている（上から、第一文書—第七文書）。最後に、付属資料として、別段風説書の草稿とさらにその下書きが付されている。以下、時系列順に並べ直した形で、内容を紹介する。[13]

第四文書が、政庁内の一連の動きの発端である。一八四六年二月一八日付バタフィア発信の、総督ヤン・ヤコブ・

ロフッセン宛殖民局長官シャルル・F・パフト書翰第一一三一号である。

〔前略〕先の報告書で言及したように、わずかな調査をしただけで、現在イギリス・中国間の諸問題の状況が安定したことにより、そのような報告〔別段風説書〕の続行が不必要になったという考えに私が導かれたのでなければ、私は既に今年も同様の文書〔別段風説書〕の作成を進めさせるつもりでおりました。さらにその上、貿易に関する正しい考察、それによってこそ今後も方針を決めることができるのですが、に至るために、少ない資料に頼らざるをえないことを別にしても。

この結果、当該の報告〔別段風説書〕を今後も継続することを中止させること、及び、誠に失礼ながらこの件に関して〔の結論を〕私にお知らせくださることを私は勝手ながら閣下に提案いたします。(13)

すなわち、イギリスと中国の間の問題が落ち着いてきたため、それについて日本に知らせることが不必要になったことにより、また、そのように主題を限定してしまうと情報源となるような資料（具体的には香港やシンガポール発行の新聞を指すと思われる）がわずかであることにより、殖民局長官はそれまでのような別段風説書の中止を総督に進言しているわけである。第五章に見たように清英関係についての別段風説書の調製は、一八四〇年五月二六日付総督決定第一号によって、殖民局長官に命じられていた。

この文書を受けて、東インド評議会が稟議形式で意思を表明した過程を示すのが、第三文書である。複雑な文書形式をしているが、東インド評議会より総督への助言を最終的に決定した文書である。以下引用史料中、傍線部は手書きではなく印刷である。

二月二六日付附託、第五三三号

中国のアヘン問題が引き起こしたできごと〔について〕の日本人向けの報告を編集することは、今後はもはや実行しないという提案を含む、今月一八日の殖民局長官の書翰第一一三一号東インド評議会宛、評議を経ずに buiten rade 返送を以て〔評議に代え〕検討と〔総督への〕助言〔をするため〕に役立つように〔送付〕

回覧

第五三五号

関係既往文書 retroacta

一八四五年六月一四日付決定第二七号⑭

一八四〇年五月二六日付決定第一号

国務大臣たる総督の命令により

政庁書記官代理

F・C・ローゼ〔署名〕

東インド評議会による答申

第五四一号、一八四六年三月三日

〔A〕〔殖民局〕長官に同意して、〔別段風説書の継続を〕中止し、そのことを商館長に知らせるように、彼〔殖民局長官〕に命令する。オランダが、今後中国と条約を結んだ場合には、日本への通達を再び始めることもありうる。

二月二七日　J・C・レインスト

〔B〕前述の助言に同意　〔略式署名、判読不能〕　二月二八日

〔C〕長官に同意

JFWvN〔J・F・ファン＝ネス〕　三月一日

〔D〕同意　〔略式署名、判読不能〕　三月二日

〔E〕私は、一般書記局において、一八四五年から一八四六年の間に起きたことで、日本人にとってそれを知っておくことが重要であるような短い報告を作成することを要請する。そのようにして〔日本〕人が〔それがない場合に比べて〕より良い判断ができるようになり、日本政府の関心をこれやそれやの点に向けることは、〔オランダにとって〕有用であることが、おそらく明らかになるだろう。

三月五日　〔略式署名、判読不能〕(13)

第三文書によると、殖民局長官の意見を受けて、中国のアヘン問題についての別段風説書の送付をするかどうかが、総督の命令のもと、二月二六日政庁書記官の手により、東インド評議会の稟議に付されたことがわかる。さらにその結果、二月二七日から三月五日にかけて、〔A〕から〔E〕の五人から意見が出された。五人は、東インド評議会のメンバーである、レインスト、C・S・W・ファン＝ホーヘンドルプ、J・デュ＝パイ、ファン＝ネス及びH・J・ホーヘフェーンであることが確実である。(15) しかし、〔A〕のレインスト及び〔C〕のファン＝ネス以外は、略式署名のみで、名前はほとんど判読できない。大きく分けて、二つの意見に分かれる。一つは、〔A〕から〔D〕の、殖民局長官に同意し、別段風説書の送付は当面中止し、もしオランダが中国と条約を結ぶことになった場合は、再開するというもの。もう一つは、〔E〕の別段風説書の送付の実務を殖民局から一般書記局に移し、内容も幕府の関心に沿うように、清英関係に限定せず、一年間に起きた事柄を要約したものとする、というものである。最終的に、この二つ目の案〔E〕が採用されたことは言うまでもないだろう。この稟議書類がまとめられた日付として、三月三日の書き込みがあるが、なぜ〔E〕の意見の日付より前になっているのかは不明である。途中に「評議を経ずに buiten rade」の文言があるが、稟議を以て評議に代え、最終的には「決定」ではなく「決議」に結実させたと考えられる。

第五文書は、同年四月一六日付バタフィア発信、一般書記官 algemeene secretaris 宛殖民局長官パフトの書翰第二八〇〇号である。第一二三一号書翰すなわち第一文書に対して、総督がどのような取扱をしたのか、その結果を知らせてくれるように、頼んだものである。もし、別段風説書の送付を続けるということが決定されたのであれば、殖民局長官のもとで、別段風説書の作成作業を始めなくてはならないからである。稟議の結果が、この時点で、まだ殖民局長官に知らされていないことがわかる。

それを受けて出された第二文書は、一八四六年四月二二日付バイテンゾルフ（現ボゴール）発信の、殖民局長官宛一般書記官書翰第七七二号である。内容は、以下の如くである。

貴下からの今月一六日付書翰第二八〇〇号への返答として、日本のための注目すべきできごとの報告は、一般書記局で責任を持つことになったので、貴局でこの文書（別段風説書）を編集することは中止して結構です、と謹んでお知らせします。[13]

すなわち、殖民局長官の書翰（第五文書）への返答として、別段風説書問題が、殖民局から一般書記局に移管されたことを述べている。バイテンゾルフは、本来総督の避暑地であり、当時総督はバタフィアよりむしろ同地にいることが多かったため、一般書記官も総督とともにバイテンゾルフにいたと考えられる。

第一文書が、本書第五章第四節に引用した、六月一四日決議第一六号である。本文に「〔東インド〕評議会は（中略）決議した」とあり、評議会の評議を経たものとして扱われている。

第六文書が、第一文書を受けて作成され日本に送られた別段風説書の草稿で、清仏黄埔条約の要旨と清米望厦条約の要旨を含み、全部で約三八頁の蘭文である。日本商館文書中に、写しが収録されている。[16] 日本商館文書収録のテキストでは、それぞれの末尾に、一八四六年六月一四日付決議（第一文書）に従って作成された旨の一文と、政庁首席書記官代理の署名があるが、日付を欠く。

第七文書は、さらに興味深く、おそらく別段風説書の作成過程で作られた下書きと思われる。小さめの紙片一六枚に、日本人に興味ありそうな中国情報などが断片的に書かれている。紙の劣化が激しく、文字も物理的にかなり読みにくい。しかし、それを包んでいる小さな紙に書いてあることの概略は以下の通りである。

私はこの年次順の記録を、日本の将軍宛に国王陛下によって書かれた親書と関連して作成させました。〔中略〕ヨーロッパの植民〔地化〕の船首が、東からも西からも日本と中国の沿岸へと移動しつつあるということをみせるためです。〔後略〕(13)

ここで言われている「年次順の記録」が何を指すのか、また殖民局で作成されたのか、一般書記局で作成されたのか、わからない。しかし、一八四四年のウィレム二世の親書送付以降、別段風説書の作成が、政庁内では常に親書との関連で扱われていたことがわかる。推測に過ぎないが、殖民局ではもし続けて中国情勢に限定した別段風説書の作成が命じられたならば、関連記事の年表を以て代替すべく、準備を始めていたのではないだろうか。それが、第一文書及び第二文書によって、中途で放棄されたため、その名残がこのフルバールに残されたのではないだろうか。

以上のように、ANRI所蔵一般書記局文書は、フルバールを構成単位とするフルバール構造を持つ文書群であり、フルバールは決議・決定を核とし、付属文書を含む一括文書である。そして、「一八四六年六月一四日付第一六号決議」フルバールに含まれる七つの文書の内容の分析から、一八四六年の別段風説書の一般化の過程だけでなく、この時期における政庁の意思決定のあり方の一端も知ることができた。政庁決議 besluit in rade は、実際には、稟議形式をとる場合があったこともわかった。オランダ本国の植民省の場合、植民大臣のもとにどのような組織があったのか、文書自体からはほとんどわからない。それに対して、一八四〇年代の場合は、少なくとも、一般書記局、殖民局、そして（本書では触れられなかったが）財務局という部局が、日本商館と連携しつつ、活動していた。(17)

結論として、一八四六年に、清英関係に限定した別段風説書の送付はもはや不要である、との意見を殖民局長官が出したこと、それを受けて東インド評議会で稟議がなされたこと、その結果所管部局を殖民局から一般書記局に移した上で、内容も清英関係に限定しない一年間の重要な世界情報の要約に変えることに決められたこと、が明らかになった。

第二節　一八四六年の別段風説書と長崎のオランダ商館

第一節にみるように、一八四六年六月一四日に、オランダ領東インド総督・評議会により、世界中の一般的な情報が別段風説書として送られることが決議された。それ以前の六ヶ年間はアヘン戦争の影響を受けて、中国情勢を内容とする別段風説書が、幕府に提出するべく日本に送られていたが、中国情勢の安定をうけて、内容が変更されたわけである。

本節では、その一八四六年の別段風説書を、日本商館がどう受け止めたかをみてみたい。以下に、一八四六年一〇月三一日付政庁一般書記官宛日本商館長レフィスゾーンの書翰全文を引用する。

今まで、日本政府に宛てられた別段風説書〔の内容〕は、常に、当商館の荷倉役・簿記役及び筆者頭によって、彼等がバタフィアに滞在している間に、集められてきました。それには、一般的な重要性がある情報や『ジャワ新聞』が必ず添付されており、前年バタフィアに向かった日本〔からの〕船や出島に向かっている船の航海についての詳細が添えられていました。〔しかし〕その有用性は、一八四六年六月一四日付政庁決議第一六号によって私に届いた、最近の注目すべきできごとの短い報告〔別段風説書〕によって、今年は大部分失われました。その内容は、かつて日本の当局になされていた情報提供よりはるかに重要なものです。なぜならば、これ「通常の風説書」はやはり狭い情報源から引き出されたものであるからで、かつ、しばしば慎重で用心深かったからです。

もし今後ずっと同様な政庁側からの情報提供をあてにすることができるならば、その場合、荷倉役からの提供は、日本〔〝向け〟あるいは〝から〟〕の船に関係することだけに限ってもよいことになります。従って私は、謹んで貴下に、バタフィアに向かって出発しつつある当商館の荷倉役に、次のことをきちんと知らせてくださるようにお願いします。どの程度まで、来年の別段風説書は彼によって準備されなくてはならないのか、と〔いうことをです〕。今年送られたものに関しては、内容に関しても、オランダ領東インド政庁の首脳部から直接送られたものであるという点においても、江戸の幕府に喜ばれるであろうことを私は疑いません。[18]〔以上傍線部筆者〕

まず、傍線部の「別段風説書」は、近世初頭以来作成されてきた「通常の」風説書の誤りであろうと考え、以下の論を進める。なぜなら、内容として日本往来の船の情報が含まれていたとされており、日本商館が内容を準備したとされているからである。

この書翰の趣旨は、今まで日本商館は「通常の」風説書の作成のため情報収集に苦労してきたので、今後も政庁中枢からの別段風説書の送付を続けてほしい、そして商館による「通常の」風説書は日本往来の船に関する情報だけに限定したい、ということである。商館員の地道な努力とは全く別個に、政庁中枢部で同様の作業が行なわれ、量も圧倒的に多く、内容的にも勝る別段風説書が届いたのである。商館長としては、一八四六年の「通常の」風説書についても、無駄な努力をした、という印象を持ったと思われる。なぜなら、この年の「通常の」風説書の蘭文テキストの控は、管見の限り日本商館文書中に、現存しないからである。日本商館文書の中には、一八三五年から風説書・積荷送状・乗船員名簿を三点一組にして残してあるが、一八四六年は「通常の」風説書のかわりに、別段風説書を後者二点と組み合わせて残してある。[19] 商館長が、今後は別段風説書が「通常の」風説書にとってかわるだろうと考えてそのような形にしたのではないかと思う。（「通常の」風説書の和文テキストは、一八四六年分も残存している。[20]）結果としては、この後も「通常の」風説書は作り続けられて、三点一組で残される。但し、内容は、レフィスゾーンの言うとおり、一八四八年以降ほぼ日本往来の船関連情報に限定されてくる[21]。

この文書は、以下の二点で重要である。まず、管見の限り、今までオランダ側で風説書に係わる者としては商館長しか注目されなかったが、荷倉役以下の商館員が準備に係わっていたことが判明する。次に、今まで、一八世紀以降の「通常の」風説書の情報源について触れた史料は紹介されていなかったが、ここでは『ジャワ新聞』という具体名が挙がっている。

以下、前者の点について、少し深めてみたい。第一に、商館員が風説書の作成準備に関与するようになった端緒を振り返ってみたい。一七九四年、来航したオランダ船は前年に引き続き新任商館長を乗せていなかった。これを受けて、在勤の商館長ヘイスベルト・ヘンミイは、経費節減のため、それまで毎年交代と決められていた商館長の五年交代を、「彼の上司たちの名で」要求する。その際「今後は、ヨーロッパやそれ以外の情報は、彼〔商館長〕の上司たちから商館長宛に書き送ることとし、荷倉役や勝手方 dispensier によって当地にもたらされる〔ことにしたい〕[22]」と伝えた。この五年交代の要求は幕府によって認められ[23]、その結果荷倉役以下の商館員が風説書の作成準備にそれまで以上に深く関与することとなったと思われる。この文面では、総督その他から風説書の内容が書面で送られることになっているが、実際には、荷倉役以下の職員たちが新聞の切り抜きなどを集めて日本にもたらし、それを口頭で補足し、商館で商館長とともに内容をまとめたものであろう。第二に、バタフィア在勤中の職員が、日本商館員という自覚を持って風説書の準備をすることはあり得たのか、という点である。この時期の商館員の勤務形態については、今後本格的な検討が必要であるが、とりあえず、この当時同じ人物が何度も日本に来ており、バタフィアにいる間もある程度日本商館への帰属意識があったと、考えておきたい。（少なくとも荷倉役については、乗ってきた船でそのままバタフィアに帰ること、すなわち貿易期のみ長崎に滞在することを何度か繰り返す場合があったようである[24]。そのため、商館長は、バタフィアに向かう荷倉役に翌年の風説書作成の指示を与えてほしいと要望したのではないか。）第三に、一八三六年から四年間は、

「通常の」風説書の蘭文のテキスト[25]に荷倉役の署名ないし記名がある。[26] このことは、これらの蘭文テキストが、商館長が風説書として提出するために荷倉役が準備したテキストであることを示しているのではないだろうか。提出する和文風説書に署名をするのは商館長であるから、荷倉役署名のテキストはあくまで準備段階のものであるからである。[27]

以上、一八四六年の別段風説書の送付に対する日本商館長の反応を中心に、「通常の」風説書は一八世紀末以来荷倉役以下の商館員が準備に携わったこと、一九世紀半ばには『ジャワ新聞』などを情報源としていたこと、などを明らかにした。

第三節　オランダ商館長の年二回の風説上申構想

『長崎叢書』に収められている『増補長崎畧史』「長崎奉行歴代畧譜」には、長崎奉行平賀信濃守勝定の事績として、一八四六〈弘化三〉年「蘭国甲比丹海外の風説上申を増して一年両度となさんことを請ふ其旧例を改むると云ふを以て之を却く」[28]とある。典拠は示されておらず、その後この記事に言及したのは、管見の限り、安岡昭男のみであるが、[29] 安岡は「通常の」風説書と別段風説書を二つと数えて「両度」であると解釈しているように読める。しかし、当時のオランダ商館長レフィスゾーンが、海外情報の提供を年に二回にしようという構想を持っていたことが、日本商館文書から明らかなので、紹介する。

レフィスゾーンは、一八四五年七月二四日に日本に到着、[30] 前商館長ビックと交代、一一月一日より商館長の地位にあった。そして、一八四六年二月二三日付で、長崎奉行井戸大内蔵覚弘に以下の文書を提出した。『増補長崎畧史』では、提出した相手は平賀信濃守となっているが、平賀が長崎奉行に着任したのは同書によると一八四六年一〇月二四日〈弘化三年九月五日〉である。同書が一件の年だけを知って、月日を特定できなかったため、この一件に係わったのを平賀と誤認したと思われる。商館長の願書を以下に引用する。

長崎奉行　井戸大内蔵様

日本政府に、〔現在までそうであった〕年一回より多く、中国情勢に関して信頼に値するすべての〔最新〕情報と、ヨーロッパやその他の場所の重要なできごとを聞く機会を提供する目的で、恐れながら私は、当地から年二回中国へ向けて出帆するシナ・ジャンク船を仲介として、この重要なことの実行が達成できるという〔現在の〕状況に閣下の注意を向けたいと思います。

この理由で、私は謹んで、当地からシナ・ジャンク船が出帆するたびに、上海や寧波のイギリス領事の仲介を得て、マカオまたはカントンに居住する中国のオランダ領事すなわち全権公使に向けて、〔彼を経由して〕オランダ領東インド総督閣下宛の書翰をバタフィアへ送ることができるよう、閣下の協力と許しを請います。私は、これらの何通かの手紙はしかるべく届けられることを確信します。閣下はその場合、しばしば〔従来〕より迅速かつより正確に、中国やその他の〔最新〕情報を受け取ることができます。その目的で、私は、同時に前述の中国のオランダ領事に、カントンや香港で印刷されている英語の新聞を定期的に年二回、日本へ向けて乍浦を出帆するシナ・ジャンク船に託して私に送ってくれるように依頼します。〔後略〕(31)

この文書の内容を簡単に整理すると、①中国情勢を中心とする世界各地の情報を報告する機会を年二回に増やす可能性があること、②その方法として、年二回長崎から中国へ出帆する中国船と上海または寧波のイギリス領事の仲介を得ること、③カントンにいるオランダ領事を経由して、バタフィアの総督へ手紙を送りたいこと、④その際、カントンや香港で刊行されている英語新聞を、年に二回日本へ向けて乍浦を出帆する中国船に託して送るよう、中国のオランダ領事に商館長から依頼すること、となる。

海外情報提供の回数の増加を主たる目的とするように装いながら、実はカントンやバタフィアとの文通の回数の増加を目指したものであり、その仲介者として、中国船と上海・寧波のイギリス領事が挙げられている。

①については、前提として、一八四〇年より中国情勢を内容とする別段風説書の送付が続けられていたことが挙げられる。レフィスゾーン自身も日本着任時に、第七章で紹介した別段風説書「一八四四年の間に中国のアヘン問題から引き起こされた主要なできごとの第五続報」を携えてやって来た。それらの別段風説書には、②に出てくる上海や寧波のイギリス領事がアヘン戦争の結果置かれるようになったことも記されており、商館長はそのことを前提にこの願書を書いているわけである㉜。

また、アヘン戦争を避けてバタフィアに戻っていた、カントン駐在の貿易代理人セン＝ファン＝バーゼルが、一八四四年八月二九日にあらためてカントン駐在のオランダ領事に任命されたことも㉝、この願書の前提となっている。駐在地としてマカオの地名が出ているのは、カントンは民衆の排外思想が強く、騒擾が起きる場合があったので、その際の避難先として想定されているものと考えられる。この時期には既に香港がイギリス植民地として確保されていたので、マカオが欧米人の避難先となる必然性は失われているが、アヘン戦争前はカントンで何かあった場合の唯一の避難先がマカオであった㉞。中国船については後に述べるが、中国船や上海・寧波のイギリス領事が本当に、オランダのために動いてくれるのか、中国船とイギリス領事は最低限の良好な関係を保ち、書翰の受け渡しができる状態だったのかについては疑問の余地があろう。④については、この時期、複数の英語の新聞が香港やシンガポールで出版されており㉟、別段風説書以外に、これらの新聞記事が直接日本に送られて来て、日本商館でオランダ語に翻訳の上、提出される場合があったことがわかっている。カントンの地名が挙がっているのは、レフィスゾーンが中国情勢をよく知らず、この時期既に新聞の刊行地が香港に移り、カントン刊行の英語新聞がなかったことを知らなかったからであろう。

なお、前年と同年の日本商館の「受信文書集㊱」には、このような願書を出すようにとのバタフィアからの指示はなく、商館長赴任時の総督の口頭の指示による可能性もあるが、おそらく商館長の独断で出された願書だと考えられる。

この日二月二三日条の「商館長日記」をみると、

本日私は、長崎奉行のもとへ、一通の手紙を出した。その内容は、ここ〔長崎〕から乍浦〔中国〕へ年に二回出帆するシナ・ジャンク船を使って、上海あるいは寧波のイギリス領事の仲介によって、中国のオランダ領事と、さらにはバタフィア政庁と書翰のやり取りができるようにという願いであった。(37)

とあり、文通の回数の増加が真の目的であることがはっきりと述べられている。また、中国船の出帆地が乍浦であると明記されており、少なくとも商館長にはこの時期の日本来航の中国船の出航地・帰港地はともに乍浦〔上海と杭州の中ほどにある港、上海と寧波のどちらにも近い〕(38)であると認識されていたことがわかる。

しかし、この商館長の願いは同年四月四日付の奉行井戸からの書面によって却下された。

今まで中国、ヨーロッパ及びその他の土地のできごとは、年に一回我々に知らされた。そこで、商館長は、シナ・ジャンク船の仲介によって、重要なできごとを年に二回我々に知らせたいと要望した。このように新たに起きることは許可するのが難しい。従って、願書は差し戻す。(39)

この書面では、風説書の回数を増やしたいという商館長の建前の方が前面に出されている。しかし、この書面には、差し戻された願書正本とともに「帰帆之唐船江相頼咬𠺕吧表江書通いたし度旨御願申上候横文字」の紙片が付属しており、(40)日本側もオランダ側の真の意図が「咬𠺕吧」〔バタフィア〕との文通の方にあったことには気づいていたと考えられる。

商館長は、この一連のできごとを一八四六年四月一一日付で総督に報告した。

現在ここ〔日本〕を年に二回、五月の末日頃と一一月の初めに乍浦〔中国〕へ向けて出帆するシナ・ジャンク船の仲介によって、毎年の文通を試してみる目的で、〔中略〕長崎奉行に宛て〔て願書を提出し〕ましたが、〔中略〕

これとともに添付している翻訳によって明らかなように、〔日蘭〕双方の利益につながるこの私の要請は、前述の私の手紙の返却という形で断られました[41]。

この書翰によれば、中国船が日本を出帆する時期は五月末と一一月初めである。それを確かめるために、一八四三年から一八四五年にかけての「商館長日記」から、わかる範囲で中国船の出帆・来航記事を抜粋し（＊をつけたもの）、「割符留帳」（中国船に渡される信牌発行の原簿に相当する）による長崎港への入津記録[42]と合わせてみると以下の如くである。なお、この時期の「商館長日記」は欠けている部分があったり記述が簡単だったりして、中国船の出入港を全部把握することはできない。

一八四三年　八月　入津　二隻
　　　　　一一月　出帆　二隻＊
一八四四年　一月　入津　四隻
　　　　　六月　出帆　（隻数不明）＊
　　　　　八月　入津　三隻
一八四五年　二月　入津　四隻[43]
　　　　　六月　出帆　四隻＊
　　　　　八月　入津　二隻
一八四六年　一月　入津　三隻＊（最低一隻は乍浦より）[44]
　　　　　五月　出帆　三隻[45]＊

これによれば、この時期の日中貿易は、一、二月に長崎に来航した中国船が五、六月に帰帆し、八月に来航した中国船が一一月ごろ帰帆する、という形でなされていた。一季の来航数は二ないし四隻程度の小規模だったようである。

「商館長日記」には乍浦以外に中国側の港の名はみられないが、「割符留帳」に出てくる信牌の地名は、厦門（アモイ）、南京、寧波と分かれる。この違いについては今後の課題としたい。なお、八月来航、一一月帰帆の中国船は、オランダ船の来航日程とさほど変わらない。商館長が利用したかったのは、主に五月末から六月初めに出帆する中国船の方であったろう。

最後に、レフィスゾーンのこの提案が受け入れられる可能性があったかどうかについて、考えてみたい。奉行所が断った理由はいわゆる「新儀の沙汰」であるから、ということであった。また、この提案の真の理由は、日本商館がカントン、バタフィアとの連絡を密にしたいということにあったことも奉行側は認識しており、それに考慮を払う動機が奉行の側になかったことによる。しかしそれだけでなく、仲介者として中国駐在のイギリス領事を挙げたことは、日本側には悪く取られたのではないだろうか。商館長にしてみれば、新しい道が開けたということであっても、日本側にはまさにこれまでの別段風説書によってイギリスに対する恐怖が生まれていたであろうし、そのイギリスとの緊密な連携を誇るかのような商館長の提案は、好意を持って受け入れられたとは考えにくい。また、実際に、中国船・上海または寧波のイギリス領事・カントンのオランダ領事の三者の連携が、レフィスゾーンの思うほどうまくいったかについても、疑問があるように思える。

おわりに

本章では、まず第一節で、一八四六年に別段風説書の内容が一般化するに至る、政庁内の意思決定過程を明らかにした。この過程を明らかにするために必要な、政庁一般書記局文書は、もともとオランダ人が作成・蓄積・保管した文書群であり、従って一九世紀のオランダ本国の公文書と同様のフルバール構造を持つ。しかし、インドネシア独立の際オランダに回収されることなく、現在インドネシア政府の管理下に、ＡＮＲＩに保管されている。

第二節では、その一般化を受けて、日本商館がどう対応したかを論じた。一言で言えば、従来の「通常の」風説書の役割を、別段風説書に譲り、「通常の」風説書の内容を削減しようとする動きである。

第三節では、別段風説書の内容の一般化に先んじて、日本商館長レフィスゾーンが、当時の東アジア情勢を利用して「通常の」風説書の提出を年二回にすることを構想し、長崎奉行に上申したことを紹介した。その前提には、中国情勢の大きな変化（上海や寧波にイギリスの領事が置かれたこと）と、オランダ・イギリス間の良好な関係がある。そして、商館長の構想の真の目的は、バタフィアの政庁と日本商館の間の連絡の機会を少しでも増やそうとすることにあったと考えられる。しかし、この要求は長崎奉行によって差し戻され、「通常の」風説書の提出は、従来通り年一回に据え置かれた。

一八四六年、ある意味では政庁から幕府への直接的な情報提供が前面に押し出され、この面における日本商館の活動は後景に退くことになった。対日関係維持における日本商館への依存度は部分的に低下し、それゆえ日本商館長としては、バタフィアに日本情勢を報告し、バタフィアからの指示を仰ぐ機会を増やす必要を感じたと思われる。しかし、中国におけるオランダの立場は安定したものではなく、また日本側も大きな制度変更を望まず、日蘭関係は、大きな変更なしに一八五〇年代を迎えることになる。

（1）　筆者は、二〇〇五年一月一七日から一九日まで、同文書を閲覧する機会に恵まれた。本来、外国人がＡＮＲＩで調査を行なうためには、調査ビザの取得を初めとする多くの手続きが必要であるが、筆者はＴＡＮＡＰの第四回ワークショップ（同ワークショップについては、拙稿「第四回ＴＡＮＡＰワークショップ参加記」〈『日蘭学会通信』一一三号、二〇〇五年〉参照。）の参加者に与えられた特典として、諸手続きなしでの閲覧を、四日間限定で許可された。ワークショップへの参加については、ライデン大学教授レオナルト・ブリュッセイ Leonard Blussé 氏、出納・閲覧に際しては、国文学研究資料館教授安藤正人氏とＡＮＲＩ館長ジョコ・ウトモ Djoko Utomo 氏のご高配を得た。深謝したい。

（2）「総務局」と翻訳している例もある（ヤコブス・Ａ・ファン＝デル＝シェイス著、小暮実徳訳『シェイス　オランダ日本開国論』〈雄松堂、二〇〇四年〉、菅原由美「インドネシアの国立公文書館紹介―コレクションと分類―」〈『アジ研　ワールド・トレンド』二四号、日本貿易振興機構　アジア経済研究所研究支援部、二〇〇五年〉）。しかし、Secretarie の訳語として、書記局・秘書局の要素は抜き難いと考えるため、本書では「一般書記局」の訳語を用いる。「一般書記局」には先例がある（小暮「ファン・デル・シェイスの『オランダ日本開国論』―その書誌的説明と本書の一八五二年までの問題点への検討―」〈『日蘭学会会誌』二一―二号、一九九七年〉）。

（3）*Guide to the Sources of Asian History 4 Indonesia*, The National Archives of Indonesia, Jakarta, 1989, pp. 40-41.

（4）ここでいう Land とは、「中央」に対する「地方」、もっと具体的には「植民地」の含意が強い。しかし、オランダ国立中央文書館でかつて使われていた文書シリーズ名 Koloniaal Archief との混同を避けるため、慣例に従い「地方文書館」と訳する。深見純生氏のご教示による。

（5）前掲 *Guide to the Sources of Asian History 4 Indonesia*, Introductory Note, p. XV.

（6）本書第五章注7参照。

（7）本書では、総督単独で決めたものは「決定」、評議会の評議を経たものは「決議」と訳し分ける（本書第五章参照）。内容をみると必ずしも重要性の大小だけが両者を区別したとは考えられない。総督が、バタフィアを離れてバイテンゾルフ（現ボゴール）の別邸に滞在する場合が多く（例えば本章が扱った一九世紀の半ば）、その場合は評議会の招集が難しかった可能性があることなどから、今後様々な検討が必要であろう。

（8）目録番号 2.10.01 の出納番号 2435-2725、2770-2863 及び 2.10.02 の 7105-9028。

（9）本国植民省には当時毎年、決定・決議全点を日付順に清書した写し（付属文書を欠く）が送られ、植民省文書中に「東インド決議 Oostindische Besluiten」として伝存する。

（10）拙稿「オランダ領東インド総督・評議会による日本関係の決定・決議―日本商館文書の窓からオランダ領東インド政庁一般書記局文書をのぞく―」『科学研究費補助金基盤研究（Ａ）（2）「前近代東アジアにおける日本関係史料の研究」研究成果報告書』（二〇〇七年三月）。

(11) 本書第五章では、総督・評議会決議抜粋（Ingekomen stukken 1846 no. 23〈NFJ1630〉）によった。
(12) Opgegeven nieuws, facturen en monsterrol 1846（NFJ1751）所収。
(13) Besluit, 14 juni 1846, no. 16, Algemeene Secretarie.
(14) この文書については未確認である。
(15) *Almanak en Naamregister van Nederlandsch Indië voor het jaar 1846,* Batavia, 1846.
(16) NFJ1751. 厳密な比較検討は今後の課題であるが、ＡＮＲＩ版と同内容であると言える。
(17) 他にも法務局などがあったが、日本商館との文書のやりとりはほとんどなかった。
(18) Afgegane stukken 1846 no. 43（NFJ1647）.
(19) Opgegeven nieuws, facturen en monsterrol 1846（NFJ1751）.
(20) 『集成』（下）、二五四号。
(21) 『集成』（下）、二五六号以下。
(22) 一七九四年クガツ八日（月日はおそらく和暦）付長崎奉行平賀式部少輔・高尾伊賀守命令書翻訳、Translaat van Japanse geschriften van den jaren 1790 tot 1797（NFJ622）.
(23) 同右。
(24) 乗船員名簿（NFJ1455b, NFJ1456b, NFJ1457b, NFJ1458b, NFJ1459b, NFJ1460b, NFJ1461b, NFJ1463c, NFJ1749-1752 など）による。
(25) NFJ1457b, NFJ1458b, NFJ1459b, NFJ1460b. 提出送状・乗船員名簿とともに三点一組で残されている。
(26) 一八三九年は商館長が荷倉役を兼任している。
(27) 一八四〇年以降の、署名・記名のある「通常の」風説書の現存の蘭文テキストはすべて商館長（後には領事官 kommissaris）の署名・記名である。こちらは提出した和文風説書の控としての蘭文テキストなのであろう。署名者・記名者についての詳細な検討は、今後の課題である。
(28) 金井俊行編『長崎叢書　増補長崎略史　上』三（長崎市役所、一九二六年）五六三―五六四頁。同書「年表第八」（三二五頁）にも同様の記述がある。なお、この内容は、金井俊行編『長崎年表』二（以文会社、一八八八年）六四頁に既にみられる。

(29) 安岡昭男「和蘭別段風説書とその内容」（『法政大学文学部紀要』一六号、一九七一年）一〇四頁。

(30)「商館長日記」（NFJ1615）一八四五年七月二四日条。

(31) 一八四六年度発信文書控 Afgegane stukken 1846 no. 9（NFJ1647）。商館長が提出した正本は、後述のように願書とともに返却されており、これは願書提出時に商館に残された控えである。

(32) 一八四六年以降の別段風説書は、内容がより一般化したものとなるが、それが決議されるのは数ヶ月後のことである。

(33) Dongen, Frans van, *Tussen Neutraliteit en Imperialisme : De Nederlands-Chinese Betrekkingen van 1863 tot 1901*, Groningen, 1966, p. 33.

(34) ここまでの記述は、坂野正高『近代中国政治外交史—ヴァスコ・ダ・ガマから五四運動まで—』（東京大学出版会、一九七三年）一四四—一六一頁による。

(35) 本書第七章参照。

(36) Ingekomen stukken 1845 (NFJ1629), Ingekomen stukken 1846 (NFJ1630).

(37)「商館長日記」（NFJ1616）一八四六年二月二三日条。

(38) 加藤祐三によれば「乍浦は、いうまでもなく長崎来航の中国船が多く出港・帰港する本拠であった」（加藤『黒船前後の世界』〈岩波書店、一九八五年〉二七六頁）。

(39) 一八四六年四月四日〈弘化三年三月九日〉付「年番上席町年寄によって商館長に渡された、長崎奉行閣下からの書面による通知の翻訳」Ingekomen stukken 1846 no. 7（NFJ1630）。この書面が商館長のもとに届いたことは、「商館長日記」（NFJ1616）一八四六年四月六日条にみられる。

(40) 東京大学史料編纂所架蔵の写真帳 7598-86-8 においては、no. 8（NFJ1630）の上に写し込まれているが、内容から考えて、No. 7 に付属するものであることは確実である。

(41) 一八四六年四月一一日付オランダ領東インド総督ロフッセン宛日本商館長レフィスゾーン書翰写、no. 11（NFJ1647）。

(42) 大庭脩編著『唐船進港回棹録・島原本唐人風説書・割符留帳』（関西大学東西学術研究所、一九七四年）一五頁。

(43)「割符留帳」の記載からは、一八四四年二月一八日から一八四五年二月六日に相当する弘化元年の四番船・五番船の長崎入津月日がわからない。一八四四年八月以降一八四五年二月以前であることは確実なので、ここでは六番船・七番船と同じであるとして扱っておいた。

(44)　一八四六年一月の入津数は、「商館長日記」と「割符留帳」で一致する。うち少なくとも一隻は乍浦よりとしたのは「商館長日記」による。

(45)　以上、＊を付したものは、「商館長日記」(NFJ1613) 一八四三年一一月四日条、「商館長日記」(NFJ1614) 一八四四年六月一日条、「商館長日記」(NFJ1615) 一八四五年六月二日条、「商館長日記」(NFJ1616) 一八四六年一月七日条、同年一月八日条、同年一月二四日条、同年五月三〇日条による。

終章　オランダ風説書の終局

——一八五三—五九年——

はじめに

本章は、最終局面のオランダ風説書について解明することを課題とする。

オランダ風説書が、幕府の情報提供義務づけにより成立したのは一六四一年、[1]別段風説書のバタフィア（現ジャカルタ）からの送付開始が一八四〇年である。それ以降は、別段風説書とオランダ側で言う「通常の」風説書の両方が毎年提出された。別段風説書が成立すると、区別のため、それ以前からの風説書は、「通常の」風説書と呼ばれるようになった。別段風説書が、バタフィアのオランダ領東インド政庁（以下「政庁」）の決定・決議に基づき、蘭文が日本商館に送られ、商館長により長崎奉行所に提出されたのに対し、[2]「通常の」風説書は長崎の日本商館で作成された。特に一八四六年に別段風説書の内容が清英関係から世界情勢一般に変化してからは、「通常の」風説書は短く簡略なものになった。[3]

オランダ風説書の最後に関しては、片桐一男が「阿蘭陀風説書の下限とその終焉の事情」として検討を加え、[4]本章に関する限り、以下の結果を得ている。①オランダ風説書は、安政六〈一八五九〉年まで存在した。[5]②オランダ領事官[6]が、風説書の提出を停止したいと申し出たのに対して、幕府は提出を要求した。③幕府は、オランダ風説書を極秘のものから公開すべきものと意向を変えた。④幕府は、風説書の提出を廃止する代わりに、オランダが海外の新聞を舶載することを条件にした。片桐の主張の①と②は、基本的には誤っていないと考えられるが、別段風説書と「通常の」風説書を区別せずに論じているため、事実関係に不明瞭なところがあった。また、日本側の史料にのみ基づいているため、視野にも限界があった。本章では、主にオランダ側史料を用いて、「通常の」風説書と別段風説書の終局をより実証的に明らかにする。

一八五〇年代の日本と世界の情勢について、瞥見しておこう。アメリカは、一八五三年にマシュウ・C・ペリーを通交要求のため日本に派遣した。英・仏・露の三列強は、オスマン・トルコ領への進出を企図、一八五四―一八五六年には露と英・仏・土三国の間でクリミア戦争が起きた。イギリスの提督ジェームズ・スターリングは、ロシア艦隊を追跡して長崎に来航、交渉の結果、一八五四年一〇月に日英約定を締結した。ロシアも、エフフェミイ・V・プチャーチンが、英仏連合艦隊の追跡を避けつつ下田に来航、一八五五年二月に日露和親条約の調印に成功した。最後のオランダ商館長ヤン・H・ドンケル゠クルチウスは、一八五五年七月にオランダ駐日特命全権領事官の辞令を受け取り、米・露と同様の条約を結ぶことを幕府に要求、一八五六年一月三〇日〈安政二年一二月二三日〉日蘭和親条約が締結された(7)。一八五八〈安政五〉年には、七月から一〇月にかけて、日米・日蘭・日露・日英・日仏間の修好通商条約、いわゆる安政の五ヶ国条約が締結された。一方、中国では、一八五〇年から一八六四年まで太平天国の乱が全土を脅かし、一八五六年一〇月のアロー号事件に端を発した第二次アヘン戦争は、一八六〇年まで続いた(8)。

第一節　一八五三―五九年の「通常の」風説書

本節では、一八五三〈嘉永六〉年以降のオランダ船来航状況と「通常の」風説書の提出状況について確認し、それ以外の臨時の情報提供にも言及したい。以下、オランダ船の長崎来航状況、風説書の伝存状況、及び別段風説書の送付決議の典拠史料に関しては、巻末附表を参照されたい。

前述のように、「通常の」風説書は、オランダ船が長崎に入港した際、商館長（場合によってはオランダ船の船長も加わる）と通詞が面談する過程で作成される。一八五三年までは、幕府の取り決めに従い、毎年一隻の商船が長崎に来航するだけだった。

一八五三年には、商船ヘンドリカ号が来航した際、「通常の」風説書が作成された。[9]

一八五四年には、商船サラ・リディア号来航の際に「通常の」風説書が作成された。[10]また幕府の海軍伝習のため来航した蒸気軍艦スンビン号到着時の「通常の」風説書も作成されている。[11]

一八五五年七月二三日〈安政二年六月一〇日〉、ドンケル＝クルチウスは、蒸気軍艦ヘデー号とスンビン号到着の翌々日に、ヘデー号艦長のヘルハルドゥス・ファビウスがバタフィアからの航海の途中香港で聞いた、英仏の軍艦が長崎を訪れる予定だとの情報を、長崎奉行に知らせた。[12]スンビン号は、将軍に寄贈されるため回航されて来たもので、のち観光丸と名前を変える。ヘデー号は別段風説書を載せていたが、ファビウスの情報はそれよりさらに新しい情報だったのである。しかし、「通常の」風説書は作成されていない。[13]同年八月一日〈六月一九日〉に商船ヘンリエッテ・エン・コルネリア号、八月三日〈六月二一日〉に商船ネーデルラント号が来航した。長崎年番通詞の日誌「萬記帳」一八五五年八月二日〈安政二年六月二〇日〉条[14]から、確かにヘンリエッテ・エン・コルネリア号のもたらした情報をもとに、「通常の」風説書が年番通詞によって作成され、長崎奉行の内覧を経て清書され、長崎奉行所に届けられたことがわかる。同様に、八月三日〈六月二一日〉条には、ネーデルラント号の情報をもとに「風説書和解下書」ができ、年番小通詞荒木熊八が奉行所へ持参、奉行の内覧と了承を得、翌日清書された風説書が奉行所に届けられたこともわかる。[15]

一八五五年一〇月一一日〈九月一日〉、ドンケル＝クルチウスは、

〈前略／イギリスの提督ジェームズ・スターリングからファビウス中佐に贈られた多数のタイムズ紙とストレーツ・タイムズ特別版 Straits Times Extra から〉入手した情報の中から、バルト海（北欧の東方に占める海）、クリミア（黒海北岸の半島）やアゾフ海（黒海の北部の内海）の戦線についてのいくつかのニュースを拾って、奉行に伝えさせた。[16]

伝えた情報は、同年六月一一日付ロンドン発信及び同年六月二〇日付アレクサンドリア発信の記事で、商館員のK・フラーフラントが英語から蘭訳したものであった。[17] 日本人のオランダ語力が英語力に勝ることが、辛うじてオランダの情報提供能力の優越性を担保していた。注目されるのは、長崎奉行に提出された文書に別段風説書 Apart Nieuws という表題が付けられていたことである。オランダ側にとって別段風説書とは、本来政庁の決定・決議に基づき作成されるものであったが、日本商館の判断で作成・提出するものであっても、それが「通常の」風説書とは異なる範疇で、かつ書面で渡される場合には、「別段風説書」の呼称をオランダ側が用いる場合もあったことがわかる。[18]

一八五六年八月八日〈七月八日〉入港の、軍艦メデュサ号の「通常の」風説書は伝存しない。通詞は、条約締結後軍艦に尋問に行くのを憚るようになったものと思う。[19] 同艦の艦長を務めたファビウスは、「メデュサ号が、オランダ艦と確認されれば、〈中略〉乗組員名簿を提出しないですむ。〈中略〉日本との条約は信頼に値いする。[20]」と報告書に記している。マシュウ・C・ペリー率いるアメリカの艦隊が来航した際、浦賀奉行所の役人が、船名・乗組員の人数などを聞き質したとき、アメリカ側は「軍艦の特権」を論拠として、返答を拒否した例もある。[21] 八月には二隻の商船が長崎に入港、「通常の」風説書が作成された。[22] イギリス船ホーネット号が、長崎に向かう途中難破したオランダ商船サラ・ヨハンナ号の船長の手紙をもたらし、同年九月一七日〈八月一九日〉ドンケル＝クルチウスはそれを長崎奉行に報告した。[23]

一八五七年二月二三日〈正月二九日〉、商船ウィルミナ・エン・クラーラ号が来航した。同船の情報をもとに「通常

の」風説書が作成されたが[24]、同船には、別段風説書が託送されていなかった。そのため、ドンケル＝クルチウスは、自分に送られてきた諸新聞などをもとに、アロー号事件勃発について、二月二四日（二月一日）付で長崎奉行荒尾石見守成允に報告した[25]。同年には、四隻の商船が来航し、年番通詞が風説を聞き取った[26]。しかし、九月（八月）軍艦ヤパン号（後の咸臨丸）が到着したときの「通常の」風説書は存在していない。

一八五四年、五六年と五七年については、日本商館文書の「発信文書控」に「通常の」風説書の蘭文が存在することは、本書第四章で紹介したとおりである。この段階では、蘭文の正本（原本）が作成されて、日本側に渡されたと解釈するべきなのか、あるいは和文テキストの蘭訳を控として「発信文書控」に収めたのかは、判断できない。前者だとすれば、前述の一八五五年一〇月の「別段風説書」は、「通常の」風説書と内容や提出時期が異なるために「別段」とされたことになる。後者だとすれば、「別段風説書」と呼ばれる文書の重要な要件として、蘭文文書の形で提出されたものであることが挙げられることになろう。筆者の現段階の解釈は後者であるが、後考に俟つ。

一八五八年以降、「通常の」風説書は伝存していない。長崎奉行から老中へ、後述の別段風説書（「例年持越候風説書」）の中止の伺書と同じ日付で、「蘭人毎年差上候風説書御取寄之儀奉伺候書付」も送られた[27]。おそらく、「通常の」風説書の中止を願い出たものだったと考えられる。

唯一、一八五八年に、商船カドサンドリア号の船名、船長名などを記録した「御紅書」[28]という文書があるのみで、この「御紅書」を「風説書」とは呼び難いと思われる。年番通詞はもはやオランダ船から情報を聞き取ろうとしなかったと考えられる[29]。「通常の」風説書の下限を、一八五九年とする説もあるが[30]、「通常の」風説書の最終年は一八五七年と考えるのが妥当ではないだろうか。

一八五九年には、「別段風説書 Apart Nieuws」の表題を持つ文書二通が日本商館文書中に伝存する。これらは、政庁の決定・決議に基づいていないので、厳密な意味では、別段風説書と呼ぶべきものではないと考えられる。前述の一八五五年の例のような、日本商館で作成された、「通常の」風説書とは別の、書面による情報提供の一例であるとも言える。しかし、別段風説書のバタフィアからの送付は廃止するが、日本側が必要とするならば、長崎で作成せよとの、一八五八年七月三〇日付政庁書記官書翰（後述）を受けたものであるため、一面では本来の別段風説書の最後の姿とも評価できる（巻末附表では、別段風説書の欄に記載した）。

第一の「別段風説書」は、一八五九年五月二〇日〈安政六年四月一八日〉付長崎奉行宛領事官ドンケル＝クルチウス書翰の付属文書である。その書翰には、

閣下の「未シガツ」付の書翰[31]への返答として、私は謹んで以下のことをお知らせします。すなわち、当地の情勢が変化したことにより、毎年の別段風説書報告の調製はもはや不可能になりましたが、私が機会のあるごとに入手する諸新聞の中から、日本政府にとって重要であろうと私に思われたことはすべて、私が時々、閣下にお知らせする、と〔いうことです〕。その結果として、私は今既に一八五九年の別段風説書第一号を提出します[32]。

とある。バタフィアからの別段風説書送付は望めなくなったが、送られてきた新聞等をもとに、ドンケル＝クルチウスが「別段風説書」を作成して提出することを約束したものである。この書翰は、一八五九年六月一五日〈安政六年五月一五日〉の町便で「和蘭領事官風説書差出方之儀ニ付申上候書付」として、長崎奉行岡部駿河守長常より江戸へ送られ、一〇日後には老中のもとへ進達された[33]。添付の「別段風説書第一号」は、蘭文で約一頁半と短いが、内容は幕府が興味を持ちそうな情報を厳選したものである[34]。この段階では、ドンケル＝クルチウスは、かなりの頻度で「別段風説書」を作成し、幕府に提供するつもりだったようである。一八五九年の「別段風説書」が、ドンケル＝クルチウス作成であることは確かである[35]。

第二の「別段風説書」は、約二ヶ月後、七月三一日付で、長崎の出島発信となっている。第一の「別段風説書」と異なり、情報の摘要のみを記したものである。ドンケル＝クルチウス自身、あるいは日本商館全体に、全く時間的余

裕がなく、新聞の切抜きを渡し、その摘要を書いて渡したのかもしれない。下記に全文を引用する。

第二号　別段風説書報告

第一節

ヨーロッパでは、オーストリアとサルディニア・フランス両国間に戦争が勃発した。

第二節

スエズ地峡の開削が、始められた。

第三節

中国では、イギリス海軍と中国の軍隊の間で、係争が起こった。中国で発行されている新聞類によれば、その際四六〇人のイギリス人の死傷者が出た。

出島、一八五九年七月三一日　　駐日オランダ領事官D．C．〔ドンケル＝クルチウス〕(36)

長崎奉行所から江戸に向けて送った文書の記録「諸上書銘書」(37)には、一八五九年八月四日〈安政六年七月六日〉に、この「別段風説書」が長崎奉行岡部駿河守から、宿次で江戸へ送られ、老中脇坂中務大輔安宅に進達されたことが記されている。しかし、一八五九年の第一・第二の「別段風説書」の、当時の通詞による翻訳（和文テキスト）は伝存が確認されていない。

片桐は、一八五九年に「通常の」風説書も提出されたかのように書いているが、「諸上書銘書」には、前述の「和蘭領事官風説書差出方之儀ニ付中上候書付」が、長崎奉行から老中に進達されたとあるのみで、この年に「通常の」風説書が提出された証拠にはならない。附表にみるように、一八五九年には長崎来航船の数が激増した（表には示されていないが、アメリカ船・イギリス船などの来航数も激増した）。もはや、通詞が船の来航ごとに情報を聞き取りに行くことは、不可能かつ不必要になったのであろう。

第二節　一八五三―五九年の別段風説書

本節では、一八五三―一八五九年の別段風説書の送付状況と、今まで不明確であった蘭文テキストの所在[38]を明らかにする。

一八五三年、政庁は、例年どおり別段風説書の送付を決議した。それに基づいて、同年の別段風説書は商船ヘンドリカ号で日本に送付された。この蘭文テキストは、オランダ国立中央文書館所蔵日本商館文書中に存在する。また、当時の通詞による和訳（以下、「和文テキスト」）も日本の各所に伝存している[39]。

一八五四年には、幕府の海軍伝習のため、スンビン号が、例年の商船サラ・リディア号とは別に来航した。どちらに別段風説書が託送されたかは不明である。この頃になると日本に来航する列強の船舶の数が増えて、日本への海外情報の独占的提供に、オランダは全く自信を喪失していた。スンビン号艦長のファビウスは以下のように記している。

日本が必要とする「別段風説書」のための情報入手にも、もうオランダだけに頼らずにすむ。イギリス提督は九月七日付書簡で長崎奉行にイラストレーティド・タイムズ紙を提供した。日本人はすでにこの新聞にすっかり目を奪われている。彼らは挿絵、ことに船の挿絵が入っている新聞や雑誌にまったく目がない[40]。

おそらく、英語が読める通詞はごく少数だったと思われるが、挿絵が入っていれば英語の新聞でも需要があり、オランダは他の諸列強に対する優越性を失いつつあった。

一八五五年七月二一日〈安政二年六月九日〉に蒸気軍艦ヘデー号とスンビン号が来航し、翌日別段風説書を提出した[41]。

一八五六年には、別段風説書がどの船に託送されたのかは不明である。この年の蘭文テキストの所在は、従来不明とされてきたが、日本商館文書中に確認した[42]。

一八五七年七月二〇日、政庁は例年どおり日本向けの別段風説書の調製と送付を決議した。同年には七隻の蘭船が長崎に来航したが、このうち五隻の商船はすべて決議以前にバタフィアを出帆しており、七月二四日に出帆したラミナ・エリザベト号にも間に合ったとは考えられない(43)。別段風説書の調製は、政庁内で一ヶ月以上を要する仕事であり、決議されてから四日間で完成するとは考えられず、逆に決議がなされる以前から調製が始まっていたとは考えられない。従って、この年の別段風説書は、八月二六日にバタフィアを出航し(44)、九月二一日〈八月四日〉に日本に到着した軍艦ヤパン号か、九月一六日にバタフィアを出航し、一〇月二三日〈九月六日〉に長崎に到着したヘンリエッテ・エン・コルネリア号に託送されたと考えられる。この年の蘭文テキストは、今まで紹介されていなかったが、筆者はインドネシア国立文書館所蔵政庁一般書記局文書(45)の中に、上記決議正本とともに、蘭文テキスト草稿が伝存していることを確認した(46)。これが、バタフィアから日本に送付された最後の別段風説書となった。この年の和文テキストは、長崎通詞の訳と蕃書調所訳との両方がある。和文テキストの注記によれば、この年の別段風説書は、一八五八年一月二九日〈安政四年一二月一五日〉に出島において長崎奉行所に提出された。蕃書調所の翻訳は、一八五八年二月頃〈安政五年正月〉に幕閣に提出された(47)。

一八五八年夏には、別段風説書は日本商館に送付されて来なかった。同年七月三〇日付領事官ドンケル＝クルチウス宛書記官書翰には、以下のようにある。

日本との関係が変化したことに鑑み、現在まで慣例であった別段風説書の将軍への送付の継続は、不必要になったと考えられます。にもかかわらず、日本側がなお続けて、これを要望することもありうるので、その場合は、そのような〔最新〕情報を編集し日本政府に呈上することを、貴下〔商館長〕に要請することが私に命じられています(48)。

すなわち、今後別段風説書はバタフィアからは送らないので、幕府が必要とするなら、長崎で作れという指示である。

それまで別段風説書の送付は毎年個別に決議されていたので、「別段風説書を送らないこと」は決議されず、書記官の書翰だけで日本商館に伝えられたのである。これをうけて、ドンケル＝クルチウスから長崎奉行に、「今後は別段風説書（及び「通常の」風説書）の提出はやめたい」という申し出が、おそらく文書でなされたと思われる。管見の限りオランダ側にも日本側にもこの文書自体は伝存しないが、後述の幕府内の評議書によると、その文書で「和蘭ニ限り風聞書差上候而者、各国江対し嫌疑も不少候間(49)」という理由が示されたようである（勿論、オランダ側の真意であるとは断定できない）。「諸上書銘書(50)」によると、長崎在勤の奉行岡部駿河守は、一八五九年二月一日（安政五年一二月二九日）の町便で老中太田備後守資始に、「阿蘭陀人例年持越候風説書向後差上兼候段申立候義ニ付」伺書を送った。これは、一五日後太田に進達され、評議にかけられた。そして、外国奉行・大目付・勘定奉行の評議の上、三月〈二月〉付で外国奉行から、別段風説書は存続させたほうが良い旨の答申があった。評議意見は多岐にわたるが、外国奉行は、普通の商船はただ商売だけのために来るので各国情勢を聞き質せるかわからないし、聞き質せたとしても知っているかどうかわからない、従って当面「和蘭風説書無之候而者、事之常変を可承事端も思寄り不申(51)」ことを理由に存続を希望した。そして、長崎奉行からの書面は、以下の付札とともに、一八五九年四月八日〈三月六日〉付で太田から長崎奉行に差し戻された。

〔前略〕領事官申立之趣も有之候得共、彼国者旧来御趣意も有之候訳等、能々説得いたし、風説書者是迄之通差出候様等与申諭し候様、可被致候事(52)

つまり、幕府は別段風説書の存続を希望するという結論に達したわけである。長崎奉行はそれをドンケル＝クルチウスに以下の書翰で伝えた。

ドンケル＝クルチウス閣下

昔から毎年行なわれてきたバタフィアからの別段風説書の提出が、今後は廃止されるだろうということが、昨冬提議された。これは江戸の幕府に奏上され、そしてまた江戸から、以下のように要望するように書き送られて来た。すなわち、それ〔別段風説書〕の提出は、貴国との間に非常に昔から、また絶えることなく保たれてきた友好に基づき、今までの如くなされるべきである、と〔書き送られて来た〕。従って、旧来の如く従来どおりに毎年それを十分入念に提出することを明言せよ。

未シガツ　　　　　　　岡部駿河守(53)

これが、「命令」の形ではなく、宛名に「閣下」を付した書翰形式で伝えられたことは注目に値する。条約締結以降、長崎奉行もオランダ政府を代表する者として、ドンケル＝クルチウスを重んじるようになったと思われる。(54)肝心の別段風説書は提出されないまま、交渉しているうちに、一八五八年は過ぎてしまい、翌年の提出時期が来てしまった。「諸上書銘書」に、一八五八年の別段風説書の江戸への送付の記事がないのは、この故である。

前述のようにこの書翰をうけて、一八五九年には「別段風説書」の長崎での作成が試みられた。しかし、一八六〇年以降、どのような形にせよ「別段風説書」はみられない。片桐の主張④のように、海外の新聞をオランダが持ち渡ることが条件とされた証拠も見あたらない。一八五九年、長崎のオランダ商館は正式に領事館となった。巻末附表に見るように、オランダ船の長崎来航数が激増したのみならず、米・英・露の多数の船舶も長崎に来航するようになった。もはや、オランダが情報提供を武器に、特権を守る時代は終わったのである。

おわりに

本章では、まず、「通常の」風説書・別段風説書の終局について、オランダ側の史料から明らかになる事実を紹介した。すなわち、「通常の」風説書は、一八五七年が下限であるという考えを示し、和親条約締結後は軍艦来航の場合は「通常の」風説書は作られなかったことも指摘した。別段風説書は一八五七年までバタフィアから送付され、一八五八年の別段風説書は存在しないことを明らかにした。そして、政庁の指示に従い、一八五九年には最後の「別段風説書」がドンケル＝クルチウスによって長崎で作成されたが、政庁の決議や決定に基づきバタフィアから送付されたのではないという点で、厳密には別段風説書とは呼び難いとした。「通常の」風説書も別段風説書も、日蘭どちら側かが、廃止するという明確な意思を持って終わったのではなく、自然消滅したと考えるのが妥当だろう。

さらに、この時期には「通常の」風説書でも、政庁の決定や決議に基づく別段風説書でもない、オランダ人からの書面による情報提供が数多く見られたことも指摘した。このような情報は、日蘭双方で「別段風説書」と呼ばれることもあった。

オランダ人の情報提供の類型には、①「通常の」風説書、②特定の問題について情報提供の証拠とするため書かされた念書、③書面による特定情報に関する情報提供、④政庁決定・決議に基づく別段風説書、の四つがあったと整理できる。①、②は一七世紀から存在するが、③、④は一九世紀になってから発生したと思われる。

(1)　本書第一章参照。
(2)　以上の記述は、本書第五章参照。
(3)　本書第八章第二節参照。
(4)　片桐一男「阿蘭陀風説書についての一考察」(上)(『日本歴史』二二六号、一九六七年)。
(5)　安岡昭男は、伝存する最後の写本は安政五年提出分(安政四年分の江戸訳)であり、安政六年分は伝存しないので、「転写の機会を得ないまま埋没したのかも知れない」とする(安岡昭男「和蘭別段風説書とその内容」〈『法政大学文学部紀要』一六号、一九七一年〉)。

（6）原語commissaris。日本側史料には「領事官」と出てくる。現在の「領事」とは職掌が異なるが、フォス美弥子編訳『幕末出島未公開文書―ドンケル＝クルチウス覚え書―』（新人物往来社、一九九二年）二九―三〇頁に従い、本書でも「領事官」の訳語を用いる。
（7）金井圓『近世日本とオランダ』（放送大学教育振興会、一九九三年）八六―八七頁。
（8）坂野正高『近代中国政治外交史―ヴァスコ・ダ・ガマから五四運動まで―』（東京大学出版会、一九七三年）二一七―二六四頁。
（9）『集成』（下）、二六一号。
（10）『集成』（下）、二六二号。
（11）『集成』（下）、二六三号。なお、二六三号末尾には「右之通蒸気船主役阿蘭陀人申口カピタン承申上候に付和解差上申候」とあり、オランダ人から口頭で伝えられたものを和訳して文書にしたように見える。しかし、"Opgave van het nieuws", Afgegane stukken 1854 no. 20（NFJ1654）は同じ八月二一日付で、ほぼ同内容の発信文書である。提供情報の控と思われるが、なぜ発信文書集に含まれるのかについては、一八五六年分、一八五七年分とあわせて今後の課題としたい。（なお、フォス前掲『幕末出島未公開文書』〈八八頁〉八月二一日条には、参考になる記事はない。）
（12）フォス前掲『幕末出島未公開文書』一五五頁。
（13）『集成』（下）、二五二―二五三頁に、同船及びスンビン号の「横文字（書）翰」が記されているが、一八〇八年のフェートン号事件以降作成されるようになった、「略風説書」（来航船の乗組人数、船長名など最低限のデータを記した文書。片桐一男「和蘭風説書集成解題―和蘭風説書の研究―」『集成』〈上〉〈一九七六年〉一五―一六頁参照。）と同程度の内容しか記されていない。そのため、「通常の」風説書とは見なしがたい。また、蘭文の文書が本当に提出されたわけではなく、通詞が聞き取った内容をもとに和文文書だけを勝手に作成した可能性もある。
（14）長崎県立長崎図書館　郷土史料叢書（一）『オランダ通詞会所記録　安政二年萬記帳』（長崎県立長崎図書館、二〇〇一年）二一二頁。なお、安政二年の「萬記帳」には、別段風説書についての記述は全くみられない。「萬記帳」は年番通詞の日誌であるが、別段風説書は別のルートで翻訳され、提出されたと考えるのが妥当であろう。
（15）『オランダ通詞会所記録　安政二年萬記帳』二一〇―二一一頁。
（16）フォス前掲『幕末出島未公開文書』一七七―一七八頁。

(17) 長崎奉行宛オランダ商館長にして領事官ドンケル＝クルチウス書翰（Afgegane stukken 1855 no. 140）と、その付属文書 no. 140a（ともに日本商館文書〈以下、NFJを付して出納番号を記す〉NFJ1655）。

(18) 「通常」の風説書とは異なる範疇で、かつ書面で渡される場合に、日本側がその情報に「別段風説書」の呼称を用いた事例は、一八〇四年のレザノフ来航予告時（松本英治「レザノフ来航予告情報と長崎」片桐一男編『日蘭交流史　その人・物・情報』〈思文閣出版、二〇〇二年〉参照）、一八四四年のウィレム二世の親書送付時（安岡前掲論文参照）、及び一八四五年サマラング号来航予告時（藤田覚『幕藩制国家の政治史的研究―天保期の秩序・軍事・外交―』〈校倉書房、一九八七年〉三〇〇頁参照）などにみられる。

(19) 『集成』（下）、安政三年の参考史料一（二五八頁）は、メデュサ号の乗組人数・船長名などを記した「阿蘭陀蒸気船より差出書翰和解」。本当にオランダ船が差し出した蘭文文書が存在したのかは不明。

(20) フォス美弥子編訳『海国日本の夜明け―オランダ海軍ファビウス駐留日誌―』（思文閣出版、二〇〇〇年）三〇九頁。

(21) 井上勝生『日本の歴史一八　開国と幕末変革』（講談社、二〇〇二年）一七八頁。

(22) 『集成』（下）、二六六―二六七号。

(23) 『集成』（下）、安政三年参考史料二。日本商館文書には、関連史料が見つからない。

(24) 『集成』（下）、二六八号。アロー号事件についての言及はない。

(25) 東京大学史料編纂所『大日本古文書　幕末外国関係文書』一五（一九二二年、東京大学出版会、一九七二年覆刻）四八一―四八二頁。Afgegane stukken 1857 no. 13 (NFJ1657).

(26) 『集成』（下）、二六九―二七二号。

(27) 長崎歴史文化博物館所蔵（長崎県立長崎図書館旧蔵）（一四―二五―七）「従安政四年至慶応二年　諸上書銘書　全」（以下、「諸上書銘書」）。この書面がどのように扱われたかについては、記述がない。

(28) 『集成』（下）、安政五年参考史料（二七三―二七四頁）。「略風説書」レベルの内容である。

(29) 本書第一章でも述べたとおり、幕府からの義務づけは〝日本に対して悪い企てがなされていると聞いた場合は〟報告するように、という内容であり、毎年情報提供をせよという内容ではない。通詞が、幕府の義務づけを拡大解釈して、いわば独自の判断で、情報を聞き取ったため、結果として毎年ないし着船ごとに情報提供がなされた。

(30) 金井前掲書（四六頁）、片桐前掲論文など。

(31)　後注(53)。
(32)　Afgegane stukken 1859 no. 88 (NFJ1659).
(33)　前掲「諸上書銘書」。
(34)　フランス砲兵隊が開発した新型大砲に関する情報を中心にした内容である。以下に、一部分の試訳を掲げる。訳語については、軍事史の専門家のご教示を請う。

「一八五九年別段風説書　第一号

フランスの砲兵隊のもとで、新しい大砲が使用されるようになってきている。これは、内側にライフル銃のような溝をほったものである。一二ポンド砲は攻城砲として、四ポンド砲は野戦砲として。

これ〔新型大砲〕では、中空の〔中に火薬を入れられる〕砲弾だけが使われるだろう。それ〔中空の砲弾〕は、中空でない弾丸のように中に入れて使うと、炸裂する。その弾丸は球体で、板や側板や翼が付いており、それによってそれ〔弾丸〕は砲身の溝の中に押し込まれ、砲撃に今まで知られていなかった確実性を与える。その新型の一二ポンド砲は、一回の砲撃で、たった一二〇〇グラムの火薬を要するだけである。

新しい四ポンド野戦砲の長所は、大砲が非常に小さいので、カービン大砲とも呼べることである。それ〔四ポンド野戦砲〕は、三〇〇キロすなわち〔三〇〇〕オランダ・ポンドの重さであり、それゆえ六人で肩に担いで運ぶことができる。〔中略〕砲撃の確実性は、三一〇〇オランダ・エル〔約二一〇〇メートル〕の距離から馬上の人間に命中させる〔ことができる〕ほどである。〔中略〕

イギリスの女王陛下は、江戸の総領事にオールコック氏を、長崎領事にストーントン・モリソン氏を、箱館領事にペムベルトン・ホジソン氏を任命した。

ポルトガル政府とベルギーの〔政府〕は、友好と通商の条約を締結するため、日本に使節を送るであろう。

ロシア政府は、サンクト・ペテルスブルグと、サハリン〔樺太〕の対岸アムール河口の間に、電信を敷設するであろう。」
(35)　一八五五年までの別段風説書が、日本商館文書の「受信文書集 Ingekomen stukken」に収録されているのと対照的に、「発信文書控集 Afgegane stukken」に収録されている。
(36)　Afgegane stukken 1859 no. 156 (NFJ1659).
(37)　前掲「諸上書銘書」。

(38) 金井圓が「嘉永五（一八五二）年の和蘭別段風説書について」（『日蘭学会会誌』一三―二号、一九八九年）で、一八四六―五四年分の別段風説書及び一八五九年分の前述の第二の「別段風説書」の伝存を紹介した。

(39) 安岡前掲論文。

(40) フォス前掲『海国日本の夜明け』五八頁。

(41) フォス前掲『幕末出島未公開文書』一五五頁。

(42) Ingekomen stukken 1856 no. 45 (NFJ1639). 西澤美穂子氏のご教示による。

(43) 同年のオランダ商船のバタフィア出帆日は『集成』(下)、二六八―二七二号、参考資料其二による。

(44) ヤパン号のバタフィア出航日は、『ジャワ新聞』一八五七年八月二九日付第六九号による。

(45) 閲覧に際しては、安藤正人氏及びジョコ・ウトモ Djoko Utomo 氏のご高配を得た。

(46) 別段風説書の正本は、当然幕府に提出され、幕末に江戸城の火災で焼失したと考えられ、伝存しない。政庁一般書記局文書中に決定・決議付属文書として伝存しているのは、加除・訂正のある草稿である。筆者が伝存を確認したのは、一八四六年・一八四八年・一八五一年・一八五七年の分である。一八四八年分の蘭文テキストの翻訳と拙訳は、拙稿「一八四八（嘉永元）年の別段風説書蘭文テキスト」『科学研究費補助金基盤研究(B)(2)「近世日本関係欧文文書群の史科学的研究」研究成果報告書』（二〇〇七年三月）で、一八五七年分の蘭文テキストの翻刻と拙訳は、拙稿「一八五七（安政四）年最後の別段風説書蘭文テキスト」(上)（『日蘭学会会誌』三一―一号、二〇〇六年）及び「同」(下)（『日蘭学会会誌』三二―一号、二〇〇七年掲載予定）で紹介した。

(47) 安岡前掲論文。

(48) Ingekomen stukken 1858 no. 164 (NFJ1641).

(49) 『幕末外国関係文書』二二（一九三九年、東京大学出版会、一九七三年覆刻）六〇九―六一三頁。出典は、現在東京大学史料編纂所所蔵の外務省引継文書「新聞紙事件」である。

(50) なお、同文書の記事には、「(安政六年) 正月十三日備後守殿江高木幸次郎を以進達」との注記があり、太田への進達は、奥右筆高木を介したことがわかる。遠国奉行と老中とのやり取りにおいて、この時期奥右筆が関与することに特記の必要はないかと思うが、江戸在勤の長崎奉行の名前が史料中に見えないことは指摘する価値があると思う。

(51) 『幕末外国関係文書』二二、六一〇頁。

(52) 前掲「諸上書銘書」。下げ渡しは、奥右筆立田録助を介している。
(53) Ingekomen stukken 1859 no. 168 (NFJ1642). 名村八右衛門・荒木熊八訳。
(54) このようなオランダ領事官宛長崎奉行書翰は、一八五七年一〇月頃から日本商館の「受信文書集」中にみられる。

附　表

「通常の」風説書蘭文控と別段風説書蘭文テキストの一覧（1834-59年）

年次	蘭船の長崎来航状況	「通常の」風説書蘭文控		別段風説書蘭文テキスト	
	オランダ船名（特記しない場合は商船），（ ）内は来航月日（西暦），（1852年分までは『集成』により，1853年以降は，オランダ商館長日記〈NFJ 1621-1622〉，フォス書〈1992年，2000年〉を典拠に来航日を示した．）	蘭文テキスト（原則として和文テキスト提出後に作成された控である．詳細については本書第四章参照．［ ］は該当する『集成』（下）の収載号数．）	『集成』（下）号数	蘭文テキスト（原則として，オランダ国立中央文書館所蔵日本商館文書NFJ番号を記し，インドネシア国立文書館所蔵一般書記局文書ASでのみ確認できるものについては，所収フルバール番号を記す．）	オランダ領東インド政庁別段風説書送付を決めた決定・決議の日付と号数（筆者がAS所収の正本を確認したものについてのみASと記す．抜粋が収録されているNFJ文書も付記する．）
1834〈天保5〉	*Dortenaar*（8/4）	Opgegevene facturen en monsterrol 1834（NFJ1455b）	242		
1835〈天保6〉	*India*（7/23）	Opgegevene facturen, nieuwstijdingen en monsterrol 1835（NFJ1456b）	243		
1836〈天保7〉	*Marij en Hillegonda*（7/26）	Opgegevene facturen, nieuws en monsterrol 1836（NFJ1457b）	244		
1837〈天保8〉	*Twee Cornelissen*（8/4）	Opgegeven nieuws, facturen en monsterrol 1837（NFJ1458b）	245		
1838〈天保9〉	*Scheen Verbond*（7/26）	Opgegeven nieuws, facturen en monsterrol 1838（NFJ1459b）	246		
1839〈天保10〉	*Eendracht*（8/3）	Opgegeven nieuws, facturen en monsterrol 1839（NFJ1460b）	247		

1840〈天保 11〉	*Cornelia en Henriëtte* (7/29)	Opgegeven nieuws, facturen en monsterrol 1840 (NFJ1461b)	248	Opium questie in Sina (NFJ1626)	1840 年 5 月 26 日付第 1 号 Ingekomen stukken 1840 no. 18 (NFJ461)（抜粋）
1841〈天保 12〉	*Middelburg*（遭難，マカオへ）	船の不着のため，NFJ に残存せず		Opium questie in Sina (NFJ1626)（1842 年分と合綴）	
1842〈天保 13〉	*Johannes Marinus* (7/26) *Amboina* (7/26)	Opgegeven nieuws, facturen en monsterrol 1842 (NFJ1463c)	249	Opium questie in Sina (NFJ1626)	
1843〈天保 14〉	*Anna en Eliza* (8/4)	NFJ に残存せず	250	Opium questie in Sina (NFJ1626)	
1844〈天保15〉	*Stad Tiele* (7/30)（軍艦）*Palembang* (9/2)	Opgegeven nieuws, facturen en monsterrol 1844 (NFJ1749)	251	Opium questie in Sina (NFJ1626)	別段風説書については，1840 年 5 月 26 日付の決議による．ただし，南京条約条文の送付は，1844 年 7 月 12 日付総督訓令 Geheime instructie no. 3 (NFJ1710)
1845〈弘化 2〉	*Elshout* (7/24)	Opgegeven nieuws, facturen en monsterrol 1845 (NFJ1750)	253	Opium questie in Sina (NFJ1626)	別段風説書については，1840 年 5 月 26 日付の決議による．ただし，虎門寨追加条約条文の送付は，1845 年 4 月 15 日付政庁書記官書翰 Ingekomen stukken 1845 no. 14 (NFJ1629) による．
1846〈弘化 3〉	*Fanij* (8/12)	NFJ に残存せず	254	Opgegeven nieuws, facturen en monsterrol 1846 (NFJ1751)	1846 年 6 月 14 日付第 16 号 (AS) Ingekomen stukken 1846 no. 23 (NFJ1630)（抜粋）
1847〈弘化 4〉	*Hartogenbosch* (8/6)	Opgegeven nieuws, facturen en monsterrol 1847 Japan (NFJ1752)	255	Opgegeven nieuws, facturen en monsterrol Japan 1847 (NFJ1752)	1847 年 6 月 25 日付第 2 号 Ingekomen stukken 1847 no. 28 (NFJ1631)（抜粋）
1848〈弘化 5／嘉永元〉	*Josefine Catharina* (7/29)	1849 年分と合綴	256	Besluit, 18 juni 1848 no. 1a (AS) 付属文書	1848 年 6 月 18 日付第 1a 号 (AS)

年次	蘭船の長崎来航状況	「通常の」風説書蘭文控		別段風説書蘭文テキスト	
1849〈嘉永 2〉	*Stad Dordrecht* (8/11)	Opgegeven nieuws, facturen en monsterrollen 1849 (NFJ1753) (2年分，1848年分は，和紙墨書写)	257	Opgegeven nieuws, facturen en monsterrollen 1849 (NFJ1753)	1849年6月26日付第9号 Ingekomen stukken 1849 no. 20 (NFJ1632) (抜粋)
1850〈嘉永 3〉	*Delft* (7/19)	Opgegeven nieuws, facturen en monsterrollen 1850 (NFJ1754)	258	Apart Nieuws 1850 (NFJ 1703)	1850年6月20日付第12号 Ingekomen stukken 1850 no. 31 (NFJ1633) (抜粋)
1851〈嘉永 4〉	*Joan* (8/8)	Opgegeven nieuws, facturen en mon[sterrol] 1851 (NFJ1755)	259	Besluit, 7 juni 1851 no. 16 (AS) 付属文書	1851年6月7日付第16号 (AS) Ingekomen stukken 1851 no. 27 (NFJ1634) (抜粋)
1852〈嘉永 5〉	*Cornelia & Henriëtte* (7/21)	Opgegeven nieuws, facturen en monsterrol 1852 (NFJ1756)	260	Apart Nieuws 1852 (NFJ 1704)	1852年6月15日付第3号 Ingekomen stukken 1852 no. 30 (NFJ1635) (抜粋)/Ingekomene en afgegane stukken 1852 no. 9 (NFJ 1698) (抜粋)
1853〈嘉永 6〉	*Hendrika* (8/2)	Opgegeven nieuws, facturen en monsterrollen 1853 (NFJ1757)	261	Apart Nieuws (NFJ1705)	1853年6月13日付第4号 Ingekomen stukken 1853 no. 21 (NFJ1636) (抜粋)
1854〈嘉永 7〉	*Sara Lijdia* (7/29) (軍艦) *Soembing* (8/22)	Afgegane stukken 1854 no. 20 (NFJ1654) [263]	262, 263	Apart Nieuws (NFJ1706 I, 1706 II) (二写本同文)	1854年6月14日付第5号 (NFJ1706) (Apart Nieuwsに付属) (抜粋)
1855〈安政 2〉	(軍艦) *Gedeh* (7/21) (軍艦) *Soembing* (7/21) *Henriëtte en Cornelia* (8/1) *Nederland* (8/3)	NFJに残存せず (Opgegeven nieuws, facturen en monsterrollen 1855〈NFJ1758〉には収録されず)	264, 265	Ingekomen stukken 1855 no. 34 (NFJ1638)	1855年6月5日付第12号 Ingekomen stukken 1855 no. 34 (NFJ1638) (抜粋)
1856〈安政 3〉	(軍艦) *Medusa* (8/8) *Valparaiso* (8/19) *Son* (8/21) *Sara Johanna* (遭難)	Afgegane stukken 1856 no. 71, no. 72 (NFJ1656) [266, 267]	266, 267〔参考史料一，二〕	Ingekomen stukken 1856 no. 45 (NFJ1639)	1856年7月6日付第4号 Ingekomen stukken 1856 no. 45 (NFJ1639) (抜粋)

1857 〈安政 4〉	*Willemina en Clara*（2/22） *Jan Daniel*（7/23） *Anna Digna*（7/24） *Catharina en Theresia*（7/25） *Lammina Elizabeth*（8/26） （軍艦）*Japan*（9/21） *Henriëtte en Cornelia*（10/23）	Afgegane stukken 1857 no. 12, no. 63×2（NFJ1657）[268, 289, 270]	268, 269, 270, 271, 272 〔参考史料一、二〕	Besluit, 20 juli 1857 no. 2（AS）付属文書	1857年7月20日付第2号（AS） Ingekomen stukken 1857 no. 224（NFJ1640）（抜粋）
1858 〈安政 5〉	*Zeevaart*（7/7） *Cadsandria*（8/7） *Cornelia Henriëtte*（9/7） （軍艦）*Jedo*（10/9） *Oldenbarneveld*（11/28）		〔参考史料「安政五午年阿蘭陀弐番船御礼書」〕		
1859 〈安政 6〉	*Anna en Jack*（1/11） *Gellerland*（1/11） *Alida Maria*（1/23） *Jan van Brakel*（1/27） *Jan van Halen*（2/11） *Jacob en Anna*（2/15） *Schiller*（3/2） *Gaatrebras*（3/16） *Adele*（3/19） *Elshout*（3/21） *Princes Charlott*（3/24） *Postilon*（3/25） （軍艦）*Bali*（4/5） *Zeeland*（4/16） *Thelis*（4/24） 5/14以降来航船不明			Afgegane stukken 1859 no. 88（5/20）, no. 156（7/31）（NFJ1640）	

本書収録論文の初出一覧

序　章　新稿

第一部

第一章　「風説書確立以前のオランダ人による情報提供について」（『東京大学史料編纂所研究紀要』九号、一九九九年）

第二章　「一六六〇年代オランダ風説書の確立過程」藤田覚編『十七世紀の日本と東アジア』（山川出版社、二〇〇〇年）

第三章　新稿

第四章　新稿

第二部

第五章　「一八四〇～四五年の別段風説書蘭文テキスト」（『日本歴史』六四三号、二〇〇一年）

第六章　「オランダ国王ウィレム二世の親書再考―一八四四年における『開国勧告』の真意―」（『史学雑誌』一一四編九号、二〇〇五年）

第七章一・二　「幻の一八四五年別段風説書とその情報源」（上）・（下）（『日蘭学会会誌』二六巻二号・二七巻一号、二〇〇二年）

三　「新紹介・一八四五（弘化二）年の別段風説書和文テキスト―佐賀藩鍋島家文庫『籌辺新編』から―」（『論集きんせい』二六号、二〇〇四年）

第八章一　新稿

二　「一八四六年の別段風説書と日本商館」（『日蘭学会通信』通巻一〇六号、二〇〇三年）

三　「オランダ商館長の年二回の風説上申構想」（『日本歴史』六七一号、二〇〇四年）

終　章　「オランダ風説書の終局―一八五三～五九年―」（『論集きんせい』二八号、二〇〇六年）

既発表論文については、本書をまとめるに際して、論旨に大きな変更は加えていないが、旧稿を大幅に加除修正した。

あとがき

本書は、一九九七年七月から翌年二月に至るオランダでの在外研究以来、少しずつ書きためて来た論文をもとに、新稿を加えてまとめたものである。

一九八八年、東京大学大学院人文科学研究科に進学した際の提出書類の研究課題欄に、「近世日本の支配とコミュニケーションの問題」と書いた記憶がある。しかし、何を研究すれば「支配とコミュニケーションの問題」が解けるのか、長い間わからなかった。そのような頼りない問題意識不足の不肖の弟子に、恩師吉田伸之先生は、歴史学とは何かを一から教え、本書出版までの日々を見守ってくださった。学恩ははかりしれない。

私の大学院進学と同時に、日蘭関係史の永積洋子先生が東京大学に着任された。先生に、オランダ語史料を用いた日本史研究の道を指し示し、手をとって導いていただくという栄に浴したことを、本当に幸せに思う。

一九九三年、東京大学史料編纂所の海外史料二室に奉職し、『日本関係海外史料　オランダ商館長日記』の編纂を松井洋子氏とともに担当することになった。初めて読む一七世紀のオランダ語文書に呆然とし、当初はただの足手まといであった。また、修士論文以来、近世大名社会の研究は細々と続けていたものの、毎日向き合っているオランダ語史料を用いた研究の糸口は全く見つからなかった。これではとてもお役に立てないと、ライデン大学での在外研究を決意した。特定国派遣研究員として派遣してくださった日本学術振興会及びオランダ科学研究機構（ＮＷＯ）に深謝したい。在外研究に踏み切れたのは、一九九三年に初めてオランダに旅行した際、強く留学を勧めてくださったライデン大学文学部欧州拡張史研究所（ＩＧＥＥＲ）教授のレオナルト・ブリュッセイ先生のお蔭である。また、在外研究を快諾してくださった松井氏のご厚意に負うところ大である。就職以来、拙い歩みながら本書をまとめるところまで辿り着くことができたのは、ひとえに松井氏のご膝下にあったからである。

在外研究中に、オランダ風説書というテーマに巡りあうことができた。ライデンでの私を支えてくださったのは、ライデン大学日本・朝鮮学科教授のウィレム・ボート先生、同大学で日本商館長日記の英文要旨の出版プロジェクトに携わるシンティア・フィアレイ氏、大先輩のフォス美弥子先生、留学生仲間の藤田加代子氏、マーサ・チャイクリン氏、小暮実徳氏、生活全般でお世話になったクリス・ウーレンベック氏とギタ・ウィンケル氏のご夫妻初め、多くの方々であった。特に、指導教官であるブリュッセイ先生の厳しいご叱正と、藤田氏の親身のお励ましなくして、風説書という研究課題を掴むことはできなかっただろう。

帰国後、ようやくオランダ語史料を扱えるようになってからも、数え切れない方々のお世話になった。海外史料二室の前任でいらした加藤榮一先生と故金井圓先生、海外史料一室にいらした五野井隆史氏、「史料編纂所の海外史料室の椅子に座っていて日本語文書を読むのは、時間の無駄だよ」と背中を押してくださった藤田覚氏、どんな質問にも常に丁寧に答えてくださる横山伊徳氏、オランダ出張をご一緒させていただいた石田千尋氏、内外の調査にご協力くださった木村直樹氏や西澤美穂子氏、毎週研究室でともに仕事をさせていただいてきた田中葉子氏、堀越桃子氏、矢田純子氏、矢森小映子氏、行武和博氏、その他の皆さん、インドネシアの学会で特にお世話になった八百啓介氏と太田淳氏、折々に励ましてくださる鳥井裕美子氏、オランダ東インド会社の、特に本国関係の史料についてご指導くださったフェム・ハーストラ氏、一八五〇年代のオランダ語文書について数々のご教示を頂いたヘルマン・ムースハルト氏。一人ひとり全員のお名前を挙げることができないのが、甚だ不本意である。また、オランダ史研究会、海域アジア史研究会、近世史研究会、日本学士院・東京大学史料編纂所主催国際研究集会、幕藩研究会、洋学史学会、洋学史学会日蘭交流四〇〇年記念シンポジウム等における口頭報告の機会には、多数の有益なご助言を頂戴した。

オランダ語史料の読解の際には、オランダ語を母語とする、同じ分野の研究者のご助力が不可欠である。特に、レイニアー・H・ヘスリンク氏、イサベル・ファン＝ダーレン氏、シンティア・フィアレイ氏には、多大なるご援助を得たことを改めて記して、心からの感謝を捧げる。

この間研究代表者として研究助成を頂戴した、日本科学協会（二〇〇〇年度笹川科学研究助成「開国前夜日蘭外交の相互模索—海外情報伝達における帆船時代の最終段階—」）、日本学術振興会（二〇〇二〜二〇〇四年度科学研究費補助金若手研究（B）「日蘭双方の史料から見たオランダ風説書の史料学的研究」）、稲盛財団（二〇〇二年度稲盛財団研究助成金「一八四〇年代日蘭外交の相互模索—いわゆる『ウィレム二世の開国勧告』を中心に—」）、守谷育英会（二〇〇四年度守谷育英会研究助成金「一八五〇年代オランダ側史料から見た風説書の基礎的研究」）に御礼申し上げる。また、科学研究費補助金基盤研究（C）(2)「一六〜一八世紀日本関係欧文史料の目録化及びデータベース化の研究」（研究代表者　松井洋子氏）と科学研究費補助金基盤研究（B）(2)「近世日本関係欧文文書群の史料学的研究」（研究代表者　松井氏）に研究分担者として、科学研究費COE形成基礎研究費「前近代日本の史料の構造と情報資源化の研究」（研究代表者　石上英一氏）に研究協力者として、参加させていただいたことも、研究の大きな支えであった。

史料の閲覧に際しては、お名前を書き切れない程多くの、国内外の史料保存機関のお世話になった。なお、本書で利用・引用したオランダ語史料や英語新聞のほとんどは、マイクロフィルムか写真帳の形で、東京大学史料編纂所図書室に入庫した。将来にわたる積極的なご利用をお願いしたい。

本書の内容は、アメリカ、インドネシア、オランダ、日本で開催された学会や研究会において英語で報告し、その度に楽しい刺激を得た。本書英文要旨は、その折々に書いた英文をもとに作成した。今まで、英文への助言や校閲をお願いしたトニオ・アンドレイド氏、アダム・クルロ氏、ロバート・ヘリアー氏、曽野鈴子氏、シンティア・フィアレイ氏に謝意を表する。また、本書英文要旨の最終校閲は、リンカン・ペイン氏にお願いした。

本書の刊行には、東京大学学術研究成果刊行助成のご援助を得た。本書の出版にご尽力くださった、東京大学出版会の高木宏氏と山本徹氏にも厚く御礼申し上げる。なお、原稿整理には福田舞子氏の、校正と索引の作成には西澤美穂子氏と矢森小映子氏のご協力を頂いた。

本書をまとめる過程で、一八年前に漠然と目指していた研究課題に、辿り着きつつあるのだ、ということに気づいた。若かった私は、「壁を超えたかった」のだと思う。世の中には多くの壁がある。言語や宗教の壁、男女の壁、立場の違い、それらを超えて、何かが伝わるとき、「同じ人間として、友達になれる」と思うときの幸せは、他に変え難い。勿論、情報伝達の道具は、権力による支配の装置に変わりうる。我々は、オランダ風説書の時代より、はるかにその危機にさらされている。しかし、もはや殻に閉じこもって暮らすことが許されるとは思えない。世界中の誰もが皆、自分の都合と感情を持って生きている。そのことさえわかっていればいい。驕れる者は久しからず。驕らなければ、何とかなるはずだ。二一世紀はそうやって生き抜いていくしかないだろう。

皆様、本当に有難うございました。そして、これからもよろしくお願い申し上げます。

最後に、私事にわたって恐縮だが、ともにオランダ留学を体験し、いつも私の活力の源でいてくれる娘松方妙子と、私の出張の際留守番を引き受けてくれる夫純にも感謝したい。そして、父徳川宗賢亡き後も、私たち姉妹の心の支えでいてくれる母陽子に、この小著を捧げることをお許しいただきたいと思う。

二〇〇六年九月　オランダ国会開会式の日 Prinsjesdag に

松方冬子

藤田 覚著　近世後期政治史と対外関係　A5　五七〇〇円

荒野泰典著　近世日本と東アジア　A5　六〇〇〇円

久留島浩著　近世幕領の行政と組合村　A5　六八〇〇円

吉田伸之著　近世都市社会の身分構造　A5　六四〇〇円

杉森玲子著　近世日本の商人と都市社会　A5　六二〇〇円

西坂 靖著　三井越後屋奉行人の研究　A5　七五〇〇円

歴史科学協議会 鵜飼・蔵持・杉本・宮瀧・若尾 編　歴史をよむ　A5　二五〇〇円

歴史学研究会 日本史研究会 編　日本史講座［全10巻］　四六　各二二〇〇円

ここに表示された価格は本体価格です．御購入の際には消費税が加算されますので御了承下さい．

著者略歴

1966 年　東京都に生まれる.
1988 年　東京大学文学部卒業.
1993 年　東京大学大学院人文科学研究科博士課程単位取得退学.
現　在　東京大学史料編纂所准教授.

主要著書・論文

『オランダ風説書―「鎖国」日本に語られた「世界」―』(中公新書, 2010 年)
「加賀藩の機構と江戸家老」(『史学雑誌』102 編 9 号, 1993 年)
「『不通』と『通路』―大名の交際に関する一考察―」(『日本歴史』558 号, 1994 年)
「浅野家と伊達家の和睦の試みとその失敗―正徳期における近世大名社会の一断面―」(『日本歴史』617 号, 1999 年)

オランダ風説書と近世日本

2007 年 6 月 1 日　初　版
2010 年 11 月 18 日　第 2 刷

〔検印廃止〕

著　者　松《まつ》方《かた》冬《ふゆ》子《こ》

発行所　財団法人　東京大学出版会

代 表 者　長谷川寿一

113-8654 東京都文京区本郷 7-3-1 東大構内
電話 03-3811-8814　Fax 03-3812-6958
振替 00160-6-59964

印刷所　株式会社三陽社
製本所　牧製本印刷株式会社

ISBN 978-4-13-026215-6　Printed in Japan

Oranda Fûsetsugaki to Kinsei Nihon

Dutch Reporting of World News During the Tokugawa Period: 1641-1859

MATSUKATA Fuyuko

Introduction

Oranda fûsetsugaki is, broadly speaking, the Japanese term for news and information about the world provided by the Dutch at the request of the Tokugawa *bakufu*. In a narrower sense, it refers to the documents that conveyed this news translated into Japanese, signed by the Dutch chief factor and under interpreters' seals.

Literally translated "report(s) of rumors from the Dutch", *Oranda fûsetsugaki* were of two kinds. The first, issued between 1641 and 1857, were called "Ordinary News"—in Dutch, *Gewoon Nieuws*—a name that came into use only after the appearance of the "Special News," *Apart Nieuws* or *Betsudan fûsetsugaki,* which lasted from 1840 to 1859. Although Chinese junks from the mainland and various parts of Southeast Asia were another source of information about the wider world—*Tôsen fûsetsugaki,* or report(s) of rumors from junks—this book focuses on *Oranda fûsetsugaki.*

This is not the first study of the *Oranda fûsetsugaki.* The previous efforts can be divided into three phases. Before the World War II, Itazawa Takeo began the first comprehensive research on this subject. Then in the 1960s and 1970s, under the leadership of Itazawa (later Iwao Sei'ichi), Hôsei Rangaku Kenkyûkai produced *Oranda Fûsetsugaki Shûsei,* which contains all the Japanese texts of "Ordinary News" with a general introduction written by Katagiri Kazuo. In the past few decades, there has been renewed interest in the "leakage" or circulation of overseas information thanks to studies on Japan's domestic information networks.

What seems to be lacking, however, is a rigorous investigation into who drafted the *Oranda fûsetsugaki,* as well as when and how. Most recent studies have depended on the studies of the second and sometimes first phases, but confirmation of facts through an examination of Dutch materials is essential. The main purpose of this book is to re-examine the

historical facts around the *Oranda fûsetsugaki* from the Dutch point of view.

Part I. *"Ordinary News": 1641-1857*

Part I examines "Ordinary News", especially from the 1640s to the 1670s. During this time, there were crises arising from European influence such as Christianity, and East Asia was still militarily menaced by the power of the family of Zheng Zhilong and Zheng Chenggong.

When the *bakufu* ordered all the Dutch in Japan to move to Nagasaki island of Deshima in 1641, the Dutch accepted the obligation to gather foreign news, especially about Portuguese or Spanish plans for aggression against Japan. The *bakufu* stressed that this was one of the most important conditions for continuing trade with Japan, and the Dutch complied in order to keep their position as the only European nation trading with Japan. When a Dutch ship arrived in Nagasaki harbor—usually once a year but sometimes more frequently—interpreters interviewed the chief of the Dutch factory about any news of the outside world brought by the ship. The interpreters reported what they had been told to the governor of Nagasaki, sometimes suppressing part of it or otherwise adjusting it to suit the interest of the *bakufu*. In the 1640s and 1650s, the governor of Nagasaki included this information in his reports to Edo. In 1666 the interpreters began preparing official reports after interviewing the Dutch chief. Although he was forbidden to learn Japanese, the chief factor signed these documents to verify his involvement in their preparation, and the governor then sent them on to Edo.

The primary Dutch sources for these reports consisted of letters from the Dutch Governor-General in Batavia, which sometimes contained instructions about which information the chief factor in Nagasaki should relay to the Japanese. The factors also used other sources such as the *Indische Nouvelles* [News from the Indies] or *Vaderlandsche Nouvelles* [News from the Fatherland]. According to the registers, the government in Batavia delivered such newsletters to various factories in Asia, and a few copies of these are in the archives of the Dutch factory in Japan. In the nineteenth century, Dutch officials en route to assume their posts in Nagasaki also collected suitable news in Batavia from newspapers such as the *Javasche Courant*. Overall, the highly developed Dutch information system made these news reports

possible.

Up to 1857 "Ordinary News" was drafted by interpreters in Nagasaki. In other words, official Dutch documents with the chief factor's signature for "Ordinary News" did not exist, although the interpreters sometimes wrote rough drafts in Dutch before translating them. We have also found some Dutch texts that were kept in the Nagasaki factory, including a few draft versions of news sent from Batavia and Dutch translations of the Japanese "Ordinary News" presented to the *bakufu.*

Part II. *"Special News": 1840-1859*

In 1840 the Governor-General in Batavia decided to send a *written* and longer newsletter to Japan in order to inform the *bakufu* of changes in the international situation in East Asia following the Opium War. He ordered that this be presented to the *bakufu* as "Special News" supplementary to the oral reporting or "Ordinary News". The Opium War was a threat to the Dutch because they believed that Great Britain's next target would be Japan. The author thinks this is why the Governor-General decided to send longer, written newsletters to Japan. Western naval power became a prominent issue also for the *bakufu,* a militarily dictatorial regime that otherwise showed little interest in how the trading system in China had changed. The "Special News", which was translated both in Nagasaki and in Edo, seems to have been too long and complex for the Japanese officials to understand.

Bakufu officials took great notice, however, of the 1844 letter sent by King Willem II, which clearly informed the Japanese of the crisis in China and urged the *bakufu* to avoid committing hostile acts against any of the Western powers. The author examines whether Willem's intention was really to advise the *shôgun* to open up the country, as has hitherto been believed among scholars. She concludes that the letter was written in response to the new decree issued by the *bakufu* in 1842 and that its main purpose was to gauge the extent to which the *bakufu*'s attitude toward foreigners had changed. The Dutch government wanted to find out if the *bakufu* officials knew of the changing circumstances in East Asia and whether they intended to expand international trade. The letter was successful in that it elicited a clear answer—that is, "no"—to the second inquiry. Because there is no suggestion in the Dutch documents of their need to end Japan's policy of isolation, and because the king's letter provided no practical information on how to do so, such as a draft of a

commercial treaty, it is doubtful that the Dutch government either wanted or expected the letter to contribute to freer trade with Japan. Although the letter did include advice to open up the country, this was only an expedient to prevent armed conflict with Great Britain. In fact, the Dutch government did not want Japan to develop relationships with other Western powers and the *bakufu*'s answer was seen as a renewed permit for monopolizing Japanese trade.

The letter had another purpose, which was to abolish the traditional system of communication mediated by the officials in Nagasaki. The Dutch government knew that some information could be lost or altered as it went through various intermediaries between the chief Dutch factor in Nagasaki and the highest levels in Edo. At first, the Dutch planned to establish direct communication by dispatching a special envoy to Japan. Because of the financial crisis resulting primarily from the loss of revenue after the independence of Belgium in 1830, this plan was aborted and the chief factor was ordered to undertake the envoy's mission. This effort was unsuccessful. The Dutch government received a direct answer from the senior councilors of the *bakufu,* on the condition that no more letters, even from the king, be sent in the future. Direct government-to-government communication with Edo was thus closed.

In 1846, the Dutch government in Batavia expanded the contents of the "Special News" to include news from around the world, and it continued to send the "Special News" until 1857. In 1858, the chief factor at Deshima received a letter saying that the government in Batavia would no longer send the "Special News" and that the chief himself should draft it if the *bakufu* it was still interested. We find two such examples of the "Special News" written in Nagasaki in 1859, the last year of the *Oranda fûsetsugaki.*

Conclusion

The Tokugawa *bakufu* was interested in obtaining news from the Dutch in order to make decisions about Japan's foreign policy. The primary issues during the seventeenth century concerned Roman Catholicism ; by the nineteenth century Western imperialism had become the focus. In order to know which countries could pose a threat, the *bakufu* tried to learn about the alliances among European countries.

The internal system for controlling the dissemination of information, however, limited the influence of the Dutch reports in Japan. First, the *bakufu* did not monopolize news about the outside world but left its

control to interpreters or local officials. Sometimes intellectuals including the lords of Kyûshû obtained news of the outer world. The interpreters, however, should not be considered "informers" nor their acts "leaks", because the central government did not mean to monopolize "diplomacy" at that point. On the one hand, interpreters were not vassals of the *bakufu* and, on the other hand, lords in Kyûshû were also responsible for guarding the city of Nagasaki. Second, officials in Nagasaki could effectively manipulate the transmission of news from the Dutch to the *bakufu* in Edo. The interpreters and, moreover, the governors of Nagasaki could adjust the news as they saw fit. Indeed, they sometimes would not let reports from the Dutch leave their hands. Third, the situation in East Asia after 1840 required the *bakufu* to comprehend the social and political systems of the Western powers. At that stage, however, the Japanese had not yet developed a native vocabulary to describe Western concepts such as "parliament", "government" or "colony" found in the Dutch text of the "Special News".

The *bakufu* had some sources from which he could receive news from China, but the *bakufu* depended upon the Dutch to obtain information from other parts of the world. The Dutch recognized that their ability to supply information about the outside world was a key factor in supporting their position as the only European state allowed to trade with Japan.

索　引

＊本索引は，地名・人名・史料名を中心に採録した．
＊「オランダ」「オランダ人」「長崎のオランダ通詞」「日本」「日本在勤のオランダ商館長」「風説書」「別段風説書」は，本書全体に関わるため割愛した．
＊原則として，ヨーロッパ人の複合姓は，本文中では例えば「フォン=シーボルト」のように記載したが，索引項目は「シーボルト，フィリップ・フォン=」とした．
＊索引項目に〔　〕で付記した役職名は，本書で言及した時点のものに限定した．なお，〔東インド総督〕は，「東インド総督（オランダ東インド会社の）」を，〔商館長〕は「オランダ商館長（日本在勤の）」を指す．

あ　行

か　行

な　行

は　行

ま　行

や　行

ら 行・わ 行